辽宁省优势特色重点学科建设丛书
渤海大学教育学学科建设丛书

XUE XIAO KE CHENG GUI HUA YAN JIU

学校课程规划研究

房林玉◎著

全国百佳出版社
中央编译出版社
Central Compilation & Translation Press

图书在版编目(CIP)数据

学校课程规划研究 / 房林玉著. — 北京：中央编译出版社，2011.12

ISBN 978-7-5117-1122-9

I.①学… Ⅱ.①房… Ⅲ.①课堂教学－教学改革－中小学 Ⅳ.①G632.421

中国版本图书馆 CIP 数据核字(2011)第 232067 号

学校课程规划研究

出 版 人：	和 龑
著 者：	房林玉
责任编辑：	曲建文 张丽辉
出版发行：	中央编译出版社
地 址：	北京市西城区车公庄大街乙5号鸿儒大厦B座 邮编：100044
电 话：	(010) 52612345 (总编室) (010) 52612363 (编辑室)
	(010) 66161011 (团购部) (010) 52612332 (网络销售)
	(010) 66130345 (发行部) (010) 66509618 (读者服务部)
网 址：	www.cctpbook.com
经 销：	全国新华书店
印 刷：	北京振兴源印务有限公司
开 本：	710 毫米×1000 毫米 1/16
字 数：	233 千字
印 张：	16.75
版 次：	2011 年 12 月第 1 版第 1 次印刷
定 价：	40.00 元

本社常年法律顾问：北京大成律师事务所首席顾问律师 鲁哈达
凡有印装质量问题，本社负责调换，电话：010—66509618

序言 》》

　　本书从存在论意义上审视学校课程规划的本体问题——学校作为场域而存在，它需要一种在场的课程规划。学校是课程活动重要场所，课程改革政策最终需要落实到学校中才能实现。如果没有富有个性的、充满生机与活力的学校，任何改革措施都将会流于形式。随着三级课程管理制度的推进，学校层面课程规划的重要性逐渐凸现出来。三级课程管理制度，使课程权力逐级下放，一方面为学校课程规划提供了空间，另一方面也使学校成为决定课程改革能否成功的关键。但是，学校层面的课程规划无论在理论上还是在实践中都存在一定的问题。目前关于学校课程规划的理论研究往往将超越学校情境的"课程"作为研究对象，它们表达的都是"课程应该是什么或可能是什么"的旨趣，是一种"你应该如何做"的研究，这对学校层面课程规划实践来说只是一种"空中楼阁"、"隔靴搔痒"。在对我国中小学课程内容、课程实施和课程评价调查、分析基础上，本书试图阐释一种具有方法论意义上的课程规划路径。

　　学校课程规划是指学校依据教育方针和政策，遵循一定的教育理念，从学校的课程现状、可持续发展需要以及外部环境等因素出发，围绕学校课程目标，运行办学自主权对学校课程内容、课程实施和课程评价等方面做出设计和安排，最终实现对国家课程规划的增值。作为场域存在的学校课程规划是一种学校在场的课程规划，是关于"我应该如何做"的课程规划。因此，作为场域存在的学校是课程规划的主体，而不局限于机械地、简单地执行外来的、规定好的课程。这种课程规划是一种进行状态的，而不是完成状态，它具有人文性、过程性和情境性。

学校究竟是怎样一个地方？这个地方为何而存在？这些问题是教育改革必须面对的本源性问题。学校意象是人们关于学校是什么样和应该是什么样的整体性描述。学校的工厂意象认为学校应该遵循生产投入和产出式模型，完全在被圈定的轨道上寻找其宗旨与使命。这种意象的学校课程规划不仅导致了学校被简约化的危险，而且使学校沉沦为应试教育的战场。三级课程彰显了学校在课程管理中的主体地位，提出了学校进行课程规划的任务，而学校的工厂意象使学校陷入了应为与难为的实践危机。只有作为场域存在，学校才能进行自主的课程规划，才能最大限度地实现其教育价值。

人们习惯上把学校理解为一个地理空间概念，它是作为"教师角色"和作为"学生角色"的人，按照某些外在的指令、要求和使命，拼凑到一起的地方。而从存在论意义上，学校作为场域而存在。从物理学意义上，场是物质存在的空间，当其他物体进入此空间时，将受到此场施予该物体的作用。从社会学意义上，场域是位置间客观关系的一个网络或一个形构，这些位置是经过客观限定的。在学校场域中，学校作为各种关系的形构而存在，学校课程将作为一种"物质"存在于其中，并作为一种力量对存在其中的教师和学生发生作用。从这个意义上，学校是拥有共同信念、共同追求、共同主题的教师和学生的生存场域。它是一个围绕特定教育事件而组织的结构化场域，这种场域为学校教育提供背景结构。在学校场域中，教育事件绝不是一个静止的完成形态，而是处于生成过程之中，是一个充满矛盾冲突的动态活动。学校场域随着时间的推移而不断地呈现自己，从而表现出开放性、生成性、关系性和整体性。学校场域是人与环境共同构成的具有整体涌现性和自主规划性的生存空间。

从实践层面分析，学校进行课程规划主要受三个方面因素影响：学

序言

校课程是什么、如何解读学校场域中的知识以及如何看待学校场域中的人的存在。学校进行课程规划首先要对学校课程进行价值判断和理解。这就涉及到了课程意识形态问题。课程意识形态是关于课程的信仰和观念。它作为一种话语实践来透视学校课程的存在问题。课程意识形态具有实践精神、批判精神和超越精神。课程意识形态是课程理论与实践的接合点,对其进行分析是课程理论及实践的新方法论,对于理解学校课程实践活动具有建设性意义,本文的理论建构就是基于进步主义、存在现象学、批判理论、后现代主义等课程哲学观所形成的课程意识形态。其次是如何解读学校场域的知识问题。在调研实践中,我们了解到如何解读学校场域的知识既关系到学校课程内容的选择,也影响着教材的编写,更决定着教学方法的运用。目前,在学校层面,如果改革要想取得进一步的突破,我们必须改变简单地从哲学角度理解学校场域知识的做法,而应该从教育学立场出发,深化理解学校场域的知识。从知识的呈现形式、获得过程和最终结果看,学校场域知识在作为客观、普遍性公共知识存在的同时,也作为一种建构性的个人知识存在。学校教育就是通过知识的意义生成把公共知识和个人知识加以统整。第三,如何关怀学校场域中人的整体性生命存在。学校场域的教师和学生作为整体的人,对学校课程进行诠释并对学校课程进行规划。

根据学校课程内容间的关系,我们可以把学校课程分为"集合型"课程与"整合型"课程。如果学校课程内容处于封闭的关系中,即课程内容间的界限分明,相互隔离,这类课程是一种集合型课程;如果学校课程内容处于一种开放的关系中,即课程内容间的界限并不分明,这类课程则为整合型课程。从三级课程以及学科课程在学校中的存在状态,目前学校课程还是一种集合型课程。集合型课程不利于学校充分发挥课程的教育意义。学校课程内容规划要从集合型课程走向整合型课程。整合型学校课程以提升学生在智力、情感、审美、合作、生活等方面知识和能力为价值追求,以通识教育、个性教育、探究教育、职业教育为核心内容,最终促进学生在认识、判断、行为等三级水平上的发展。整合型学校课程重视课程的诠释性和建构性，体现了终身教育思想，关注学生作为整体人的发展。

在学校场域中，课程实施实际上是一个教育事件发生的过程，课程实施活动本身就是教师和学生的存在方式，构成了他们的生活世界，这是从本体论意义上来理解学校课程实施。学校课程实施要由训练型走向情境型。训练型课程实施强调学校课程对学生的刺激—反应效果，具有行为主义倾向，容易导致机械式学习方式，造成课程实施缺乏本真的教育性。情境型课程实施强调构建真实的关注个体的实习场域，在这个实习场域中，学生个体遇到的问题和进行的实践与今后校外所遇到的具有一致性倾向。同时，情境型课程实施不仅关注课程的情境性，而且还关注如何创建关注群体的实践共同体，在这里，教师和学生是作为共同体成员的身份参与到课程实施中。营造情境型课程实施可以分为三种模式：问题中心模式、主题中心模式和项目中心模式。

在通常意义上，课程评价包括对学校的评价、对教师的评价和对学生的评价。本文主要研究对学生的课程评价。在课程改革背景下，学校必须完善对学生的课程评价体系，不能仅局限于评价学生对知识的掌握情况，还要关注学生的学习过程与方法以及其情感、态度和价值观等方面的发展。而当前学生评价主要是一种选拔性评价，过于注重结果，过度依赖"标准化"测试，使评价陷入"客观性"的陷阱。本文提出的整体性履历评价是从存在论意义上理解学校课程评价问题。这种评价形式是对学生生命性、整体性和发展过程性的关照，这种评价形式将课程评价作为学生教育过程本身——是教育活动的内在成分，而不仅仅将其停留于一种教育辅助手段层面。整体性是指将学生作为整体的人来看待，履历是指课程评价的终极意旨在于发展学生在课程中的存在经验，达到学生个体的自由和解放。

目录
CONTENTS

导 论 ··· 1

  一、问题的提出 ································· 1

  二、研究综述 ··································· 1

    （一）关于学校课程规划的必要性 ············· 4

    （二）关于学校课程内容的规划 ··············· 5

    （三）关于学校课程实施的规划 ··············· 9

    （四）关于学校课程评价的规划 ·············· 12

    （五）关于课程规划的制约因素 ·············· 13

    （六）关于课程规划的案例 ·················· 15

  三、研究的价值 ································ 17

  四、研究思路与方法 ···························· 18

    （一）研究思路 ···························· 18

    （二）研究方法 ···························· 21

  五、框架和主要内容 ···························· 21

第一章　学校课程规划的理解 ………………………………… 25

一、学校课程规划的诠释 ……………………………………… 25
　　（一）关于课程规划的认识 …………………………………… 26
　　（二）学校课程规划的逻辑起点 ……………………………… 28
　　（三）学校课程规划内涵 ……………………………………… 29

二、学校课程规划的意义 ……………………………………… 30
　　（一）课程理想变成现实的桥梁 ……………………………… 30
　　（二）学校课程能力的核心 …………………………………… 31
　　（三）建设学校课程文化的路径 ……………………………… 31

第二章　"工厂意象"学校课程规划批判 …………………… 33

一、学校课程规划的"工厂意象"预设 ……………………… 33
　　（一）学校的"工厂意象" …………………………………… 34
　　（二）工厂意象学校的课程内容 ……………………………… 35
　　（三）工厂意象学校的课程实施 ……………………………… 37

二、"工厂意象"学校课程规划存在的危机 ………………… 40
　　（一）学校被简约化的危险 …………………………………… 40
　　（二）学校沦为应试教育的战场 ……………………………… 42
　　（三）学校面对三级课程的实践危机 ………………………… 44

第三章　学校场域的存在论解读 ……………………………… 46

一、学校场域的存在论意义 …………………………………… 46
　　（一）场域的涵义 ……………………………………………… 47
　　（二）存在论意义的学校场域 ………………………………… 50

二、学校场域作为人的生存空间 ……………………………… 54
　　（一）学校场域是真实的生活世界 …………………………… 54
　　（二）学校场域是对话的运作空间 …………………………… 63

第四章 学校课程规划的制约因素 ………………………… 71

一、学校场域中的课程意识形态 ………………………… 71
（一）课程意识形态的界定 ………………………… 72
（二）课程意识形态的实践精神 ………………………… 76
（三）课程意识形态的批判精神 ………………………… 78
（四）课程意识形态的超越精神 ………………………… 80

二、学校场域的知识存在 ………………………… 82
（一）学校场域的公共知识 ………………………… 83
（二）学校场域的个人知识 ………………………… 87
（三）学校场域知识的意义生成 ………………………… 91

三、学校场域中人的生命存在 ………………………… 94
（一）学生作为"整体的人"存在 ………………………… 94
（二）教师和学生对课程的规划 ………………………… 96

第五章 学校场域的课程内容规划 ………………………… 101

一、"集合型"学校课程的事实与局限 ………………………… 101
（一）集合型学校课程的事实 ………………………… 102
（二）集合型学校课程的局限 ………………………… 110

二、超越"集合型"学校课程 ………………………… 118
（一）学校课程初始整体性追求 ………………………… 119
（二）国家课程、地方课程学校化 ………………………… 124
（三）学科课程的统整性 ………………………… 126

三、规划"整合型"学校课程 ………………………… 131
（一）整合型学校课程的内容框架 ………………………… 131
（二）整合型学校课程的合理性 ………………………… 138

第六章 学校场域的课程实施规划 …… 144

一、克服训练型课程实施的局限 …… 144
- （一）训练型课程实施 …… 145
- （二）训练型课程实施的行为主义倾向 …… 150
- （三）训练型课程实施的教育性缺失 …… 152

二、规划情境型课程实施 …… 153
- （一）课程实施的参与隐喻 …… 153
- （二）创建关注个体的课程实习场域 …… 160
- （三）构建关注群体的实践共同体 …… 164

三、营造情境型课程实施的模式 …… 170
- （一）问题中心模式 …… 171
- （二）主题中心模式 …… 175
- （三）项目中心模式 …… 181

第七章 学校场域的课程评价规划 …… 188

一、超越选拔性评价的局囿 …… 189
- （一）把评比行为当作评价目的 …… 189
- （二）他者进行的工具性评价 …… 192
- （三）陷入"客观性"评价误区 …… 193

二、追求整体性履历评价 …… 196
- （一）整体性履历评价的内涵 …… 196
- （二）整体性履历评价的特点 …… 197

三、整体性履历评价的方法 …… 200
- （一）创设评价情境 …… 200
- （二）组建评价共同体 …… 203
- （三）选择课程评价形式 …… 204
- （四）确定课程评价内容 …… 206

附录1　38所调查单位名单 …………………………………… 209

附录2　关于学校课程规划情况的调查问卷 …………………… 211

附录3　九年义务教育全日制小学、初级中学课程计划 ……… 213

附录4　九所学校课程安排表 …………………………………… 226

参考文献 ……………………………………………………………… 244

后　　记 ……………………………………………………………… 254

导 论

一、问题的提出

课程改革的政策、方案必须通过学校来落实和完成。如果没有富有个性的、充满生机与活力的学校,任何改革措施都将会流于形式。三级课程管理制度,使课程权力逐级下放,一方面为学校课程规划提供了空间,另一方面也使学校成为决定课改能否成功的关键。但是,学校层面的课程规划无论在理论上还是在实践中都存在一定的问题。

首先,学校缺乏课程规划意识。学校如何规划好课程已成为我国基础教育课程改革面临的新课题。我国基础教育课程管理制度已经从"控权"发展到"赋权",从"大一统"发展到"多元"。这种课程管理体制赋予了学校进行课程规划的更多权责,对学校而言意味着全新挑战,对学校课程资源和办学条件提出了更高的要求。为了使课程改革精神真正转化为学校的课程实践,学校要改变完全按照上级行政部门指令实施课程的观念,树立进行课程规划的权力意识。这些意识包括学校课程现状与课程规划目标有哪些差异?存在差异的原因是什么?哪些因素影响着学校进行课程规划？学校应如何规划课程内容来实现国家课程和地方课程的学校化？学校如何从自身的条件出发对课程实施和课程评价等方面进行规划？

为了了解学校进行课程规划的意识问题，笔者参加了对 38 所中小学校的调研实践，其中，有 89% 的教材规划与开发人员认为很有必要，4% 的教材规划与开发人员认为可做可不做，7% 的教材规划与开发人员认为没必要；72% 的教师认为很有必要，13% 的教师认为可做可不做，11% 的教师认为没必要，4% 的教师认为不清楚；45% 的学生认为很有必要，26% 的学生认为可做可不做，8% 的学生认为没必要，21% 的学生认为不清楚。从上述调查统计来看，由于我国长期实行中央集权课程管理，学校完全受动于上级教育行政机关，其责任就是不折不扣地执行那些预先设置的程序性课程。学校课程完全由他者进行规划。他者的课程规划使"我们把自己牢固地置入前所未有的强制性关系中，我们认识到这些关系的存在，却发现自己不得不忍受它们"[①]。这种情况造成了学校缺乏对课程进行合理规划的意识。由于课程规划意识不强，在实践中，学校面对国家课程、地方课程和校本课程等三级课程时，依然停留在简单的对"外来课程"进行经验管理水平，这实际上意味着严重的实践危机：学校要么表现出重此失彼，要么表现为机械实施，陷入应为与难为的困境中。其结果，学校未能真正理解三级课程在学校中的地位及价值，往往认为在原来的国家规定的课程基础上，再开设地方课程以及组织教师开发校本课程，这必然会造成教师和学生负担过重。

其次，学校缺乏课程规划能力。学校是三级课程的交汇点，是课程实施的真实场所。任何美好的课程理念只有体现在学校的实际运作中才有可能转化为现实。学校课程规划水平的优劣在很大程度上已经成为决定课程改革成败的关键因素。在三级课程管理体制的框架中，学校获得了前所未有的课程权力，也承担了相应的课程管理责任。在学校层面的

---

① [德] 雅斯贝尔斯：《什么是教育》，邹进译，三联书店 1991 年版，第 126 页。

课程权责中,最为核心的就是对学校课程进行规划。然而,三级课程在学校教育实践中"泾渭分明",是作为三种不同性质的课程在学校中存在,并按照国家、地方、校本而得到不同的重视,享受不同的待遇。国家课程最重要,占了学校大部分时间,地方课程次之,校本课程低(如果不是为了上级检查,甚至可有可无)。在关于三级课程在学校中的关系的调查中,78%的教材规划与开发人员、81%的教师、83%的学生认为它们是主次关系;22%教材规划与开发人员、19%的教师、17%的学生认为它们是并列关系;另外,66%的教材规划与开发人员、27%的教师、68%的学生认为它们相互促进;34%的教材规划与开发人员、73%的教师、32%的学生认为它们相互干扰。

第三,面对新课程理念的实施和三级课程管理体制的确立,关于学校进行课程规划的理论研究表现得明显滞后或不适应。在关于学校进行课程规划的理论的调查中,13%的教材规划与开发人员、15%的教师认为有相关理论指导;而87%的教材规划与开发人员、82%的教师认为缺乏相关理论。学校课程规划对于学校发展的价值,不是作为静态"文本",而是具体的规划实践活动。学校课程规划具有前瞻性、科学性、创新性以及风险性,要求学校有机会获得恰切性的理论指导。斯坦豪斯认为:"课程研究所关注的是目的与现实之间的关系,那种仅把课程看作目的、计划或指导方针以及把课程看作是学校中现存的一切事物的观念都失之偏颇。"① 但由于我国长期秉承"大一统"的课程管理,中小学校仅是上级课程政策的"忠实执行者",其驱动力主要来自上级行政部门的指示与考核,学校形成了强调统一性、标准化,唯书唯上的课程观念和教学模式,这不仅造成了学校缺乏自主进行课程规划能力,而且造成了关于学校进行课程规划的理论研究的缺乏,这必然造成"千校一面"、"万人一书"的局面。

---

① 单丁:《课程流派研究》,山东教育出版社1998年版,第484页。

二、研究综述

学校课程规划主要涉及到学校做什么、如何做和做得怎么样等方面问题。纵观古今中外的课程理论研究与实践，课程规划是学校教育活动的基础问题。由于人们持有不同的教育价值取向、不同的课程观、不同的教师观和学生观，课程规划的研究与实践也表现出巨大差异。

（一）关于学校课程规划的必要性

关于学校课程规划必要性问题，有学者认为，无论是教育部所规划与推广的各级学校课程标准，或因地制宜的各市县地方课程，大抵是由中心到边陲，这种缺乏草根性与地方特色的课程内涵，不仅容易僵化，同时也易忽略学校的个别差异与风格的展现。为了避免这种局面，应强调"学校本位课程发展"，以学校为中心，社会为背景，透过中央、地方与学校三者权利责任的再分配，赋予学校教育人员权力与责任，结合学校内外资源与人力，主动进行学校的课程计划、实施与评鉴。[①]

有学者认为，在三级课程管理体制的框架中，学校获得了前所未有的课程权力，也承担了相应的课程管理责任。在学校层面的课程权责中，最为核心的就是学校课程规划。[②] 课程规划就是课程规划工作者依据某一级学校或某一类学校的教育目的，制定课程目标，确定课程范围，筛选课程内容，选择课程设计模式，规定课程实施步骤和课程评价手段的过程。这是一个周而复始、循环往复的过程，前一轮课程评价的结论可以作为后一轮课程规划的依据。[③] 规划学校课程体现了传统教育

[①] 陈伯璋、许添明主编：《学校本位经营的理念与实务》，九州出版社2006年版，第115—116页。

[②] 崔允漷：《学校课程规划的内涵与实践》，《上海教育科研》2005年第8期。

[③] 王斌华：《课程规划导论》，《外国教育资料》1997年第6期。

观念的转变和新课程改革在学校一级的延续和深入。

　　学校在进行课程规划中需要以课程政策、课程理论、变革理论、学校现状和学校愿景为基础，对学校的课程愿景、组织团队以及课程的诸多方案做出规划。规划学校课程可以采取内生模式、外引模式和分化模式等策略进行。① 当前学校生存与发展的环境正在发生着巨大的变化，我国学校教育正处在历史的转折点。"时机已到，我们要更加仔细地审视过去建造的体系，并认真地努力去创造不同的学校。"②

（二）关于学校课程内容的规划

　　关于学校课程内容的规划，我们必须首先涉及被誉为"现代课程理论之父"的拉尔夫·泰勒。他认为，在编制任何课程与教学计划时必须回答四个基本问题：学校应该达到哪些教育目标？提供哪些教育经验才能实现这些目标？怎样才能有效地组织这些教育经验？我们怎样才能确定这些目标正在得到实现？"在课程规划中关注这四个要素中的任何一个、重点考虑任何一个都会产生一种不同的课程规划模式。"③

　　如何选择可能有助于达到这些目标的学习经验？这是一个关于课程内容的问题。泰勒认为学习是通过学习者所具有的经验而发生的，是通过学习者对他所处的环境做出反应而产生的。学习经验是指学习者与他对做出反应的环境中的外部条件之间的相互作用。教育的手段是学习者已有的教育经验。在设计教育计划以达到某些特定目标时，我们面临的问题是：要决定提供哪些特定的教育经验，因为只有通过这些经验，才会产生学习，从而才能达到教育目标。④ 而泰勒是"使用'经验'这个

---

　　① 靳玉乐、董小平：《论学校课程的规划与实施》，《西南大学学报》2007年第5期。
　　② [美]约翰·古得莱得：《一个称作学校的地方》，苏智欣、胡玲、陈建华译，华东师范大学出版社2006年版，第260页。
　　③ [英]凯利：《课程理论与实践》，吕敏霞译，中国轻工业出版社2007年版，第49页。
　　④ [美]拉尔夫·泰勒：《课程与教学的基本原理》，施良方译，人民教育出版社1994年版，第49页。

词来确定课程规划的基本原理,或是描述课程内容的目标问题"①。因此,在泰勒看来,课程是规划好的活动和内容的程序,包括课程标准、课程指南、教材及其他方案。②"虽然泰勒原理指明了课程规划某些全球发展趋势的要点,但是,这个基本原理对参与的人员、决定的实施范围和工作程序的各种细节并没有作明确的论述。"③

从课程的终极目的看,泰勒关于课程规划的主张是一种"技术兴趣"。课程规划是发生在学校之外的行为,是把学校作为控制对象,过度强调学校对外在目标的实现,这种课程规划重目标、重效率、重视对学校课程行为的控制。在泰勒的目标模式中,课程按照规定的目标来编制,教师必须按照固定的目标来实施课程,教师是被目标所控制的,教师被排斥于学校课程之外,缺乏主体性,只能奴性地在学校课程之外亦步亦趋。就像施瓦布认为的那样,"脱离特殊的实践情境的抽象结果是没有意义的,真正有意义的结果是在适应实际的兴趣、需要和问题的过程中实现的,是内化于过程之中的"④。

进步主义教育家杜威认为教育即生活、教育即生长。学校主要是一种社会组织。教育既然是一种社会过程,学校便是社会生活的一种形式。在这种社会生活的形式里,凡是最有效地培养儿童分享人类所继承下来的财富以及为了社会的目的而运用自己的能力的一切手段,都被集中起来。学校必须呈现现在的生活——即对于儿童来说是真实而生气勃勃的生活。像他在家庭里,在邻里间,在运动场上所经历的生活那样。不通过各种生活形式或不通过那些本身就值得生活的生活形式来实现的教育,对于真正的现实总是贫乏的代替物,结果便形成呆板,死气沉沉。现在教育上许多方面的失败,是由于它忽视了把学校作为社会生活

---

① [英]凯利:《课程理论与实践》,吕敏霞译,中国轻工业出版社2007年版,第49页。
② 单丁:《课程流派研究》,山东教育出版社1998年版,第199页。
③ [美]乔治·A.比彻姆:《课程理论》,黄明皖译,人民教育出版社1989年版,第147页。
④ 单丁:《课程流派研究》,山东教育出版社1998年版,第237—238页。

的一种形式这个基本原则。现代教育把学校当作一个传授某些知识,学习某些课业或养成某些习惯的场所。这些东西的价值被认为多半要取决于遥远的将来;儿童所以必须做这些事情,是为了他将来要做某些别的事情;这些事情只是预备而已。结果是,它们并不成为儿童的生活经验的一部分,因而并不真正具有教育作用。①

杜威认为儿童的生活是一个整体,一个总体。凡是在他的心目中最突出的东西就暂时对他构成整个的宇宙。那个宇宙是变化和流动的,它的内容是以惊人的速度在消失和重新组合。它是儿童自己的世界。它具有儿童自己的生活的统一性和完整性。因此,杜威反对以学科形式呈现课程内容。杜威认为儿童一到学校,多种多样的学科便把他的世界加以割裂和肢解。地理是从某个个别观点选择、摘录和分析成套的材料;算术是另一个部门;语法是另一个科目,等等。还有,在学校里,这些学科中的每一门都被归到某一类去。各种事实是从它们在经验中原来的地位割裂出来,并根据一些一般原则重新排列。把事物归了类,并不是儿童经验的事情;事物不是分门别类地呈现出来的。感情上的生动的联系和活动的连续,把儿童亲身的各种经验综合在一起。一句话,已经归了类的各门科目是许多年代的科学的产物,而不是儿童经验的产物。②

实践课程范式的主要代表施瓦布认为学校课程的终极目的是实践兴趣。施瓦布实践的课程范式是建立在对学校课程意义的一致性解释基础上,指向于课程行为自身的目的,是过程取向的。学校课程是相互作用的有机的"生态系统",这个生态系统不是指向于知识技能的掌握和对环境的控制,而是指向于兴趣需要的满足和能力德性的提高。

施瓦布提出了由"课程集体"审议学校课程内容。他提出了以学校

---

① [美]约翰·杜威:《学校与社会·明日之学校》,赵祥麟、任钟印、吴志宏译,人民教育出版社 2005 年版,第 5—7 页。

② 同上,第 112 页。

为基础建立"课程集体"的完整构想。① 该集体由校长、社区代表、教师、学生、教材专家、课程专家、心理学家和社会学家等组成。学科专家能够将他的学科结构和特点作为正确的模式强加为学校课程的结构和特点。儿童心理学家知道学生该是怎样的而不该怎样,他们能做什么而不能什么;能够用他们的专业知识,根据学生的心理特点,决定为学生提供什么样的课程。课程集体审议在某种程度上体现了学校课程内容的多样性。②

存在现象学课程论的主要代表派纳确立了"存在经验课程"的理念。派纳认为,存在经验课程的主体是具体存在的个体。在学校课程中,学生作为具体的、活生生的人存在,是完整的"超越性的自我"而非各种固定的"角色"或其他人的对象化。学校课程作为存在经验课程正是这种"具体存在的个体"的生活经验的解释。

课程开发的过程模式的主要代表斯坦豪斯认为课程犹如菜谱,首先应设想其可能性,然后再付诸实践。在规划上,学校课程应提供选择内容的原则,改进教学策略的原则,决定学习顺序的原则,判断学生个体优缺点的原则。学校课程应根据过程原则详细说明教师将做什么,学生将做什么。

过程模式的逻辑起点是学校课程内容的选择而非课程目标的预设。但是许多最有价值的东西不是预告能够详细规定的,课程的影响力和可能性是建立在必须探究的知识基础上。任何科目中所包括的基本程序、概念和标准之所以很重要,是因为它们在学科中"成问题"(problematic),它们是探究的焦点,而不是掌握的目标。③ 斯坦豪斯认为学校课程内容的选择必须反映学校教育的本体功能及知识的内在价值,反映学校课程

---

① Schwab, J. J. (1983). The Practical 4: *Something for Curriculum Professors to Do*. *Curriculum Inquiry*, No. 13, 1983.
② [美]伊恩·卫斯特伯瑞主编:《科学、课程与通识教育——施瓦布选集》,郭元祥、乔翠兰译,中国轻工业出版社2008年版,第301—304页。
③ 单丁:《课程流派研究》,山东教育出版社1998年版,第484—485页。

实施过程的实际；同时应该以教育及知识本身固有的标准为依据，而不是以预设的学生行为结果为准绳。①

（三）关于学校课程实施的规划

如何为有效的教学组织学习经验？这是一个关于课程实施的问题。泰勒认为由于必须把学习经验组合在一起，以便形成某种连贯的教学计划。教育经验是以一种滴水穿石的方式产生其效用的，只有通过教育经验的积累，才会在学习者身上产生深刻的变化。为了使教育经验产生累积效应，必须对它们加以组织，使它们起互相强化的作用。组织之所以被认为是课程编制中的一个重要问题，是因为它极大地影响着教学的效率，以及极大地影响主要教育变化发生的学习者身上的程度。在编制一组有效地组织起来的学习经验时，必须符合3项主要的准则。它们是：连续性（continuity）、顺序性（sequence）和整合性（integration）。连续性是指直线式地重申主要的课程要素。例如，在社会学科中，如果认为培养学生阅读社会学科方面的材料的技能是一个重要目标，那么，在课程安排上，必须使学生有机会反复地、连续地练习这些技能，从而掌握这些技能。这意味着：要让学生在一段时间里连续操练同样的技能。顺序性与连续性有关，但又超越连续性。如果完全只是在同一水平上一遍又一遍地重现一个主要的课程要素，便不可能使学生在理解、技能、态度和其它某些因素方面有不断的发展。作为一个准则，顺序性强调：重要的是把每一后继经验建立在前面经验基础之上，同时又对有关内容作更深入、广泛的探讨。例如，在社会学科中培养学生阅读这些材料时所涉及的技能操作的广度；逐渐增加分析的深度，使六年级社会学科的教学计划，不仅仅是重复五年级已涉及的那些阅读技能，而是要对这些技能作更广泛、深入的处理。整合性是指课程经验的横向关系。这些经

---

① 郝德永：《课程研制方法论》，教育科学出版社2000年版，第177页。

验的组织应该有助于学生逐渐获得一种统一的观点,并把自己的行为与所学习的课程要素统一起来。①

关于学校课程实施,杜威认为,在传统学校的教室里,一切都是有利于"静听"的,儿童很少有活动的机会和地方,这样必然会阻碍儿童的自然发展。从批判传统的学校教育出发,杜威提出了"从做中学"这个基本原则。教学过程应该就是"做"的过程,教学应该从儿童的现在生活经验出发,儿童应该从自身的活动中进行学习。人们最初的知识和最牢固地保持的知识,是关于怎样做的知识;应该认识到,自然的发展进程总是从包含着从做中学的那些情境开始。通过解决问题所得到的学问比通过其他学习方法所得到的学问更能使人养成真正的超然物外、不偏不倚、不徇私情的治学态度。在杜威那里,"从做中学"实际上也就是"从活动中学"、"从经验中学"。杜威认为,儿童生来就有一个自然的愿望,要做事,要工作,对作业活动具有强烈的兴趣。儿童身体上的许多器官,特别是双手,可以看作一种通过尝试和思维来学得其用法的工具。如果能使儿童从那些真正有教育意义和兴趣的活动中进行学习,也许是标志着对于儿童一生有益的一个转折点。在杜威看来,所有的学习都要涉及到"做",只有通过"做"得来的知识,才是"真知识",因为无论从哲学、心理学还是生物学的角度来说,"做"是儿童的本性。杜威强调"做",并不排斥学生内部的思维活动,"做"的目的是为了培养学生的思维能力。"持久的改进教学方法和学习方法的唯一直接途径,在于把注意集中在要求思维、促进思维和检验思维的种种条件上。"在实践上,他主张通过"主动作业"来进行教学,如园艺、木工、金工、烹饪等。主动作业用于课堂教学的实践就是"问题教学法"。杜威认为,问题教学法与赫尔巴特的教学阶段的理论有很大区别。赫尔巴特的教学法是以思维附属于获得知识的过程,问题教学法则是以获得知识附属于

---

① [美]拉尔夫·泰勒:《课程与教学的基本原理》,施良方译,人民教育出版社1994年版,第66—68页。

思维的过程。问题教学法也不同于福禄培尔的儿童自我活动,福禄培尔只注重自我活动的象征意义,而杜威认为学校乃是一种社会机构,问题教学法是为儿童未来的社会生活作准备的。①

关于课程实施,施瓦布认为学校课程是由教师、学生、教材、环境四要素所构成的。"教师即课程"(The teacher is the curriculum),教师不是孤立于课程之外,而是课程的有机构成部分、课程的创造者、课程的主体。教师和学生作为学校课程的有机构成部分,是相互作用的主体存在。教师和学生是一种"交互主体"的关系,两者之间的相互作用是最生动、深刻、微妙而复杂的,这种相互作用是课程意义的源泉。② 环境被看作是课程实施的限制条件,通过观察和监控环境来预测学生的兴趣和协助课程活动的设计。环境强调学生之间的合作、"游戏规则"的建立,这构成了课程规划的社会因素。以教材为载体的学科内容是学校课程的来源,从这个来源中选择出具有挑战性的教学目标和事件,将它们作为学校课程活动的催化剂。③

关于课程实施,派纳认为存在经验课程作为方法而存在。学校课程实施是学生个体与文本、教师、其他学生以及学生个体自身所展开的相互作用的过程。文本与学生之间构成"生活连续体",这种生活连续体是学生对文本的即时反应和学生自身"履历情境"所形成的一种内在联系。"履历情境"是学生自我在其生活世界中的经验的记载,是学生回归自我的桥梁。由文本、学生的即时反应、学生的履历情境构成了学校生活的连续体。④

斯坦豪斯认为,课程实施是一个开放的系统,因为学生的学习不是直线式的、被动的反应过程,而是一个主动参与和探究的过程,在这一

---

① [美]约翰·杜威:《民主主义与教育》,王承绪译,人民教育出版社2005年版,第211—213页。
② 单丁:《课程流派研究》,山东教育出版社1998年版,第235—240页。
③ [美]伊恩·卫斯特伯瑞主编:《科学、课程与通识教育——施瓦布选集》,郭元祥、乔翠兰主译,中国轻工业出版社2008年版,第305页。
④ 单丁:《课程流派研究》,山东教育出版社1998年版,第276—281页。

过程中，不存在简单的正确结果或错误结果。学校课程实施应关注教师和学生对课程的理解与判断。①

（四）关于学校课程评价的规划

如何评价学习经验的有效性？这是关于课程评价方面的问题。泰勒认为评价过程实质上是一个确定课程与教学计划实际达到教育目标的程度的过程。评价这个概念有两个重要的方面。第一，它寓意评价必须评估学生的行为，因为教育所追求的正是这些行为的变化。第二，它寓意评价在任何时候都必须包括一种以上的评估，因为要了解变化是否已经发生，必须先在早期做出一次评估，再在后期做出几次评估，从而才能确定所发生的变化。评价过程是从教育计划的目标着手的。由于评价的目的在于了解这些目标实际上实现得怎样，所以评价的程序，需要得到每一个主要教育目标所隐含的每一种行为的证据。评价程序的第二个步骤是要确定使学生有机会表现教育目标所隐含的那种行为的情境。关于评价结果的使用，泰勒认为从评价手段得出的结果，不是一个单一的分数或一个单一的描述性术语，而是表明学生目前成绩的一个剖析图，或者是一组综合的描述性术语。要把在一定时期的前后，进行的几种评价手段所得到的结果加以比较，以便估计正在发生的变化量。②

杜威的课程评价观集中体现在对不同科目的价值评价上。在科目评价中，杜威谋求把内在的价值与工具价值统一起来。杜威主张，既然教育并不是谋生的手段，而是与过富有成效和本身有意义的生活的过程是一致的，它所能提出的唯一最终价值正是生活的过程本身。这个生活过程并不是各种科目和活动从属的目的，各种科目和活动乃是整体的组成

---

① 郝德永：《课程研制方法论》，教育科学出版社 2000 年版，第 177 页。
② ［美］拉尔夫·泰勒：《课程与教学的基本原理》，施良方译，人民教育出版社 1994 年版，第 84—100 页。

部分。①

关于课程评价，斯坦豪斯主张形成性评价。课程评价应以教育本体以及知识内在的价值及标准为依据，而不是预设目标达成度的鉴别。教师在学生学习过程及结果评价中，应是一个诊断者，而非打分者。过程模式倾向于形成性评价，认为将考试作为一种目标或唯一手段，必将使学校课程失去其本应具有的特点。②

（五）关于课程规划的制约因素

世界课程舞台上具有广泛影响的弗雷斯特·帕克和格伦·哈斯在《课程规划——当代之取向》一书中多维度透视了影响21世纪课程规划的四大关键因素，即社会力量、人的发展理论、学习的本质和知识的本质。这些要素构成了21世纪课程规划的四大基础，也是课程规划和教育决策的重要依据。理解上述课程规划的四个基础将有助于规划一种协调的课程。

学校课程规划必须表达社会的目标和价值、人们的生活方式，必须与特定时空人们的生活和观念相协调。鉴于社会环境是极具影响力、不断变化的，学校课程规划必须对社会的描述加以提炼、不断地修改。社会力量主要包括文化张力、社会压力、社会变革、社会未来。两位学者创造性地把社会力量划分为宏观、中观和微观三个层面，特别强调对学生的未来进行规划，这对我国的课程改革具有重要的启发意义。课程规划者应着力思考影响课程的社会力量的三个层级，即国家和国际层级、地方社区层级、文化层级。国家和国际层级关注的是课程规划必须辨明和运用的趋势和关键问题，如平等权力、暴力和犯罪、目的和意义的缺失、变化中的工作世界、全球的相互依赖、种族和文化差异、变化之中的价值和道德观、环境、家庭等方面。地方社区层级上的社会力量对学

---

① 单丁：《课程流派研究》，山东教育出版社1998年版，第74页。
② 郝德永：《课程研制方法论》，教育科学出版社2000年版，第178页。

生的影响颇大，决定性地影响着他们所体验的课程的适度，包括社区的价值观、学生的背景、家庭机构、阶级机构等方面。第三个层级是文化，课程于其中得以实施。文化是特定群体的人们共同拥有的生活方式，它表达了这些人认知世界的方式，它包括价值观、态度，以及影响其行为的信仰。在文化层级上的社会力量包括价值观、信仰、传统、假设等。①

认识人的整个发展过程是课程的基础。目前，随着对终身学习重要性的认识不断加深，课程规划者越来越关注人的发展，尤其是关注成人早期、中期和晚期的发展。认识人的发展有利于课程规划者能按照学习者的特点和需要来设计课程。课程规划需要人的发展五个方面的指导，它们分别是：个体差异的生物基础、身体的生长发育、智力发展和成就、情感的发展和培育以及文化和社会发展。两位学者认为，人的发展理论，包括皮亚杰的认知发展理论、埃里克森的成长阶段理论以及科尔伯格的道德发展理论对课程规划产生了重大的影响。②

明了知识的本质将有助于用学习者发现的、有用的、且能在不同情境中进行转换的学习结果来规划课程。对于课程规划来说，知识是一个重要的基础。关于知识有不同的观点。关于知识的本质，两位学者归纳出三种有代表性的知识观，即结构化的学科知识、个人经验的知识、学科同个人经验融合的知识。如果把知识看作作为结构化的学科知识，那么知识几乎是由概念集合而成。所有被发现、被获得或者被发明的知识都已经被组织成最有用的结构或学科。教育的唯一目的就是接受过去创造的学科知识，就是设计出一些方式，以便学习者能尽自己最大可能地去获得这些学科知识。为了能遵循这种方法，课程规划者和教师必须检视每一门科目或学科，并且确定课程的序列、步调和活动，以便将事实、概念以及概念系统能够有效地呈现给学习者。还有些人把知识看作

---

① ［美］弗雷斯特·帕克、格伦·哈斯：《课程规划——当代之取向》，谢登斌、俞红珍等译，浙江教育出版社 2000 年版，第 59—68 页。

② 同上，第 126—131 页。

是个人经验的弹性化的、流动性的产品。人们不仅仅是被动的知识接受者；他们也从他们自己的经验中衍生出知识，并且利用这些知识去追求自己的目标。按照这一观点，由学科专家所组织的知识在生活经验以及新的情境或问题中通常没有什么用处。一门学科的定义与结构被视为人类创造的结果，鉴于新知识的涌现，这些定义与结构能被修改，甚至于整个学科都会由于新学科的创生而被取代。第三种观点主张作为学科和个人经验融合的知识。课程规划者要引导学习者懂得具有内容的学科在解决具有个人意义的问题时有怎样的用处。当学习者获得了有用的知识时，他们就创建了那些知识的个人结构。分割学科的结构化方法以及溯源于学习者个人经验的跨学科的、问题解决的方法提供了一个看待知识以及课程中知识间关系相平衡的观点。这种观点也提醒我们，存在着不同类型的知识以及人对于获得知识有着不同的目的。学习者在按照他的目的去应用知识的时候，即把所学的知识进行迁移的时候，如果知识是一个有规律的结构，那么就将为学习者提供帮助。如果学科的结构不能为学习者迁移的发生提供充分的规律，那么学习者可能就需要帮助，去为他们所学的知识提供结构。课程规划要考虑知识作为学科和个人经验融合。

（六）关于课程规划的案例

国家教育部普通高等学校人文社科重点研究基地华东师范大学课程与教学研究所与杭州安吉路小学的合作进行了学校课程规划的实践与理论研究，并以学校课程规划为研究主题著有《学校课程规划与实施》一书。学校课程规划是学校课程开发与管理的一项重要工作，为了全面推进以创新精神与实践能力为核心的素质教育，在我国基础教育三级课程管理的框架内，杭州市安吉路实践学校进行了学校课程规划的实践，以下是安吉路实验学校课程规划与实施的案例。

学校愿景是课程规划的灵魂，也是学校课程的归宿。安吉路实验学校首先确立了学校的愿景，即关爱、卓越、引领。学校还提出了自己的使命是提供丰富而适应性强的课程，使每一位独具个性的学生在智力、情感、道德、社会和身体方面得到充分发展，为在多样化社会中做一个终身学习者和负责任的公民作好准备。

课程方案是课程规划的核心内容。在充分研究和对话的基础上，安吉路实验学校确立了学校的课程蓝图和概貌。1. 设计原则。基于政策：本方案的框架设计依据教育部颁发的《义务教育课程设置方案》(2001)、《浙江省省级基础教育课程改革实验区实验方案》（浙教基［2002］209号）、《杭州市义务教育新课程实验课程设置及课时安排》（杭课改办［2003］5号）。基于学校：本方案的设计体现学校本位的特征，重视学校的传统，关注已有的创新，倾听师生的声音，从学校的使命出发，构建九年一贯的课程。基于研究：学校课程发展的依据是相关的专题研究，如安吉路实验学校课程发展的回顾与展望、学校发展的SWOT分析、教师专业发展的FAPO分析，以及学生的课程期待和家长的意见。基于对话：本方案的设计过程就是一种对话的过程，它体现了理论工作者、实践工作者、管理者、教师、学生及其家长这一课程共同体民主决策的精神。2. 课程设置方案。本方案由语言与文学、数学、社会与人文、科学与信息技术、艺术、体育与健康、综合实践活动与校本课程等七个领域组成，其中综合实践活动与校本课程领域主要体现课程的选择性。3. 规划了课程设置与课时安排。4. 规划了重要主题教育的安排。重要主题教育是学校课程中的一个部分。学校确定的重要主题包括：生活适应教育，心理健康与生命教育，世界遗产教育，反腐倡廉教育，国防、交通、安全教育，国际理解教育等。学校将采用多种多样的方式实施这些内容，特别是学校将对每一主题的教育提供概念图，整合到实践活动与校本课程领域，以及其他领域中实施。

学校课程规划是学校课程的理想蓝图，这种理想蓝图的实现有赖于课程共同体对课程规划的理解以及有效的课程实施或行动。安吉路实验学校从让每一位教师理解学校课程规划、学科内容的改进、学校教学质量检测实施框架等方面阐述了学校课程规划的实施。①

三、研究的价值

首先,本书是关于学校在场的课程规划,是一种"我应该如何做"的研究。目前关于学校课程规划的研究往往将超越学校情境的"课程"作为研究对象,它们表达的是"课程应该是什么或可能是什么"的旨趣,是一种"你应该如何做"的研究。由于学校课程规划是学校对课程应该做什么以及怎样做等方面进行整体性的设计、统筹与安排,所以作为场域存在的学校应该是课程规划的主体,而不是机械地、简单地执行外来的、规定好的课程。作为场域存在的学校课程规划是一种进行状态的,而不是完成状态的课程规划,它具有人文性、过程性和情境性。而目前从理论和实践两个层面系统地论述学校在场的课程规划的研究并不多见。在对我国中小学课程内容、课程实施和课程评价调查、分析基础上,本文试图阐释一种具有普遍价值的方法论意义上的学校在场的课程规划路径。

其次,本书认为从存在论意义上学校作为场域而存在。人们习惯上把学校理解为一个空间概念,它是作为"教师角色"和作为"学生角色"的人,按照某些外在的指令、要求和使命,拼凑到一起的地方。学校像工厂一样按照被制度化的、成定论的知识以及社会化标准"加工人"。这样,学校完全按外在圈定的轨道来寻找宗旨与使命。而存在论意义的学校是拥有共同信念、共同追求、共同主题的教师和学生的生存场域。它是一个围绕特定教育事件而组织的结构化场域,这种结构化场域为学校教育提供背景结构。在学校场域中,教育事件绝不是一个静止的完成形态,而是处于生成过程之中,是一个充满矛盾冲突的动态活动。

---

① 骆玲芳、崔允漷主编:《学校课程规划与实施》,华东师范大学出版社2006年版,第1—23页。

学校场域随着时间的推移而不断地呈现自己，从而表现出开放性、生成性和联系性。学校场域是人与环境共同构成的具有整体涌现性和自我规划性的生存空间。

第三，本书从存在论意义上提出了整合型学校课程内容、情境型课程实施、整体性履历评价。整合型学校课程以提升学生在智力、情感、审美、合作、生活等方面知识和能力为价值追求，以通识教育、个性教育、探究教育、职业教育为核心内容，最终促进学生在认识、判断、行为等三级水平上的发展。整合型学校课程重视课程的诠释性和建构性，体现了终身教育思想，关注学生作为整体人的发展。情境型课程实施关注课程的情境性，强调构建关注个体的课程实习场域，在这个实习场域中，学生个体遇到的问题和进行的实践与今后校外所遇到的问题具有一致性倾向。同时，情境型课程实施还重视如何创建关注群体的实践共同体，在这里，教师和学生以共同体成员的身份参与到课程实施中。整体性履历评价形式是对学生生命性、整体性和发展过程性的关照，这种评价形式将课程评价作为学校教育过程本身——是教育活动的内在成分，而不仅仅将其停留于一种教育辅助手段层面。"整体性"是指将学生作为整体的人来看待，"履历"是指课程评价的终极意旨在于发展学生在课程中的存在经验，达到学生个体的自由和解放。

四、研究思路与方法

（一）研究思路

在对山东省中小学校课程改革调查中，我发现无论是三级课程的落实情况，还是教师的教学方式、学生的学习方式等方面都已经取得了巨大的成绩，甚至有些让人赞叹不已。与此同时，我又认识到学校层面的课程改革存在一定问题，学校在很大程度上只是既定课程方案的执行者，缺乏自主地进行课程规划的意识和能力，在学校课程内容、课程实施、课程评价等方面还有待进一步形成学校特色。学校层面的课程改革面临的一个无法回避的问题是：在课程内容、课程结构以及教师观、学生观、教学模式、学习方式等方面已经取得了重大改变的情况下，学校层面的课程改革应该如何进一步突破？下一步应该做什么？怎么做？由于学校是课程改革最终落实者，它是课程改革能否彻底成功的关键所在，如果这些问题不引起中小学校的高度重视，那么课程改革很可能徘徊不前，甚至造成虎头蛇尾的局面。因此，课程改革要想取得最后胜利，必须调动中小学校自主发展的积极性，提高其自主发展的能力。而学校成为充满生机活力的教育机构的核心要素是要具有课程规划的意识和能力。那么，学校如何进行课程规划呢？

在研究学校进行课程规划问题时，我经常问题自己：学校的课程内容已经规定好，课程实施基本上采取班级授课形式，学生的课程评价基本上是不同形式的考试以及档案袋评价等方式，学校有什么可规划的呢？但是，学校只是按照外来的指令行事，教师按照固定的模式行走于不同班级，即使有一定的探究活动，学生大部分时间也只是坐在教室里听课，这样的学校教育是本真意义上的教育吗？学校只要贯彻执行上级教育部门的要求就可以了吗？学校教育到底如何适应时代发展的要求？学校到底为学生提供什么样的课程内容？如何使学校教育活动真正成为学生的生活世界的重要内容？如何使课程评价不再是教师和学生的紧箍咒？

解决上述问题的根本在于我们如何理解学校。我们通常是如何看待学校的呢？为了说明问题，我提出了"学校意象"的概念。学校意象是人们关于学校是什么样和应该是什么样的整体性描述。而我们关于学校的意象是什么呢？我们习惯上把学校理解为一个地理空间概念，它是作为"教师角色"和作为"学生角色"的人，按照某些外在的指令、要求和使命，拼凑到一起的地方。这样，学校就应该完全在被圈定的轨道上寻找其宗旨与使命，应该遵循生产投入和产出式模型。学校被认为像工厂一样高效率地加工人，这就是学校的工厂意象。学校的工厂意象导致了学校被简约化，而且沉沦为应试教育的战场。

　　学校究竟是怎样一个地方？这个地方为何而存在？这些问题即是教育改革必须面对的本源性问题，也是学校成为本真意义的教育机构的关键所在。在思考这些问题时，我发现了场域（field）概念的价值。从物理学意义上，场是物质存在的空间，当其他物体进入此空间时，将受到此场施予该物体的作用。从社会学意义上，场域是位置间客观关系的一个网络或一个形构，这些位置是经过客观限定的。而从存在论意义上，学校不正是作为场域而存在的吗？学校场域不正是随着时间的推移而不断呈现自己吗？学校场域不正是人与环境共同构成的具有整体涌现性和自主规划性的生存空间吗！

　　正因为学校作为场域而存在，它就具有了进行课程规划的必要性和可能性。学校在进行课程规划时受哪些因素制约呢？学校要规划什么样的课程，首先要对学校课程进行价值判断和理解。为此，我提出了"课程意识形态"概念。课程意识形态是关于课程的信仰和观念，它作为一种话语实践来透视学校课程的存在问题，它是课程理论与实践的接合点。另外，学校进行课程规划还要受到我们如何解读学校场域中的知识以及如何看待学校场域中的人的存在问题。为此，我提出改变简单地从哲学角度理解学校场域知识的做法，而从教育学立场出发，深化理解学校场域的知识。同时，我主张关怀学校场域的人的整体性生命存在。学校场域中的教师和学生作为整体的人，对学校课程进行诠释并对学校课程进行规划。

　　最后在基于从存在论意义上理解学校存在和分析了学校进行课程规划的制约因素基础上，我对集合型学校课程、训练型课程实施、选拔性评价等进行批判，并提出了整合型学校课程、情境型课程实施、整体性履历评价。

（二）研究方法

1. 本书运用了现象学的方法，从存在论意义上审视学校课程规划的本体问题，主张学校作为场域而存在，它需要一种在场的课程规划。本书把现象学本质直觉的认识论作为研究的基本方法，面对学校课程本身——在对"工厂意象"学校课程规划批判的基础上，剖析了"集合型"学校课程、训练型课程实施、选拔性课程评价，提出了"整合型"学校课程、情境型课程实施、整体性履历评价。

2. 问卷调查法。本书基于对山东省38所中小学校的调查基础上，并进行了关于学校课程规划情况的调查问卷，分析了十个省、两个自治区和两个直辖市的九年义务教育全日制小学、初级中学的课程计划。

五、框架和主要内容

本书共分为七章：

第一章关于学校课程规划的理解。学校课程规划是指学校对课程应该做什么以及怎样做等方面进行整体性的设计、统筹与安排，最终设计出具有学校特色的课程。学校课程规划的任务范围包括对课程内容、课程实施和课程评价等三个方面。从存在论意义上，学校作为场域而存在，因此，学校是课程规划的主体，学校层面的课程规划是一种学校在场的、进行状态的课程规划，它具有人文性、过程性和情境性。

第二章关于"工厂意象"学校课程规划的批判。学校究竟是怎样一个地方？这个地方为何而存在？这些问题是教育改革必须面对的本源性问题。学校意象是人们关于学校是什么样和应该是什么样的整体性描述。工厂意象认为学校应该遵循生产投入和产出式模型，完全在被圈定的轨道上寻找其宗旨与使命。这种意象的学校课程规划不仅导致了学校被简约化的危险，而且使学校沉沦为应试教育的战场。工厂意象的课程规划使学校陷入了应为与难为的实践危机。

第三章关于学校场域的存在论解读。从物理学意义上，场是物质存在的空间，当其他物体进入此空间时，将受到此场施予该物体的作用。从社会学意义上，场域是位置间客观关系的一个网络或一个形构，这些位置是经过客观限定的。从存在论意义上，学校是拥有共同信念、共同追求、共同主题的教师和学生生存场域。它是一个围绕特定教育事件而组织的结构化场域，这种场域为学校教育提供背景结构。在学校场域中，教育事件绝不是一个静止的完成形态，而是处于生成过程之中，是一个充满矛盾冲突的动态活动。学校场域随着时间的推移而不断地呈现自己，从而表现出开放性、生成性、联系性和整体性。学校场域是人与环境共同构成的具有整体涌现性和自我规划性的生存空间。

第四章关于学校课程规划的制约因素。从实践层面分析，学校进行课程规划主要受三个方面因素影响：学校课程是什么、如何解读学校场域中的知识以及如何看待学校场域中的人的存在。学校进行课程规划首先要对学校课程进行价值判断和理解。这涉及到了课程意识形态问题。课程意识形态是关于课程的信仰和观念。它作为一种话语实践来透视学校课程的存在问题。本文的理论建构就是基于进步主义、存在现象学、批判理论、后现代主义等课程哲学观所形成的课程意识形态。其次是如何解读学校场域的知识问题。目前，在学校层面，如果改革要想取得进一步的突破，我们必须改变简单地从哲学角度理解学校场域知识的做法，而从教育学立场出发，深化理解学校场域的知识。第三，如何关怀学校场域的人的整体性生命存在。学校场域的教师和学生作为整体的人，对学校课程进行规划。

第五章关于学校场域的课程内容规划。根据学校课程内容间的关系，我们可以把学校课程分为"集合型"课程与"整合型"课程。如果学校课程内容处于封闭的关系中，即课程内容间的界限分明，相互隔离，这类课程就是集合型课程；如果学校课程内容处于一种开放的关系中，即课程内容间的界限并不分明，这类课程则为整合型课程。从三级课程以及学科课程在学校中的存在状态，目前学校课程还是一种集合型课程。集合型课程不利于学校充分实现课程的教育意义。学校课程内容规划要从"集合型"课程走向"整合型"课程。整合型学校课程以提升学生在智力、情感、审美、合作、生活等方面知识和能力为价值追求，以通识教育、个性教育、探究教育、职业教育为核心内容，最终促进学生在认识、判断、行为等三级水平上的发展。整合型学校课程重视课程的诠释性和建构性，体现了终身教育思想，关注学生作为整体人的发展。

第六章关于学校场域的课程实施规划。在学校场域中，课程实施实际上是一个教育事件发生的过程，课程实施活动本身就是教师和学生的存在方式，构成了他们的生活世界，这是从本体论意义上来理解学校课程实施。学校课程实施要由训练型走向情境型。训练型课程实施强调学校课程对学生的刺激—反应效果，具有行为主义倾向，容易导致机械式学习方式，造成课程实施缺乏本真的教育性。情境型课程实施强调构建真实的关注个体的课程实习场域，在这个实习场域中，学生个体遇到的问题和进行的实践与今后校外所遇到的具有一致性倾向。同时，情境型课程实施不仅关注课程的情境性，而且还关注如何创建关注群体的实践共同体，在这里，教师和学生是作为共同体成员的身份参与到课程实施中。营造情境型课程实施可以分为三种模式：问题中心模式、主题中心模式和项目中心模式。

第七章关于学校场域的课程评价规划。在通常意义上，课程评价包括对学校的评价、对教师的评价和对学生的评价。本文主要研究对学生的课程评价。在课程改革背景下，学校必须完善对学生的课程评价体系，不能仅局限于评价学生对知识的掌握情况，还要关注学生的学习过程与方法以及其情感、态度和价值观等方面的发展。而当前学生评价主要是一种选拔性评价，过于注重结果，过度依赖"标准化"测试，使评价陷入"客观性"的陷阱。本文提出的整体性履历评价是从存在论意义上理解学校课程评价问题。这种评价形式是对学生生命性、整体性和发展过程性的关照，这种评价形式将课程评价作为学校教育过程本身——是教育活动的内在成分，而不仅仅将其停留于一种教育辅助手段层面。"整体性"是指将学生作为整体的人来看待，"履历"是指课程评价的终极意旨在于发展学生在课程中的存在经验，达到学生个体的自由和解放。

第一章　学校课程规划的理解

关于课程规划的理解是学校进行课程规划的前提。学校进行课程规划活动是课程规划理论在学校中的具体运用。通过课程规划理论与课程规划实践相互碰撞，避免理论脱离实践及实践因缺乏理论指导而发生盲目性、随意性。"当学校成为课程规划的责任主体时，为了获得高品质的学校课程，学校就必须寻求课程理论对其课程规划行为进行规范和指导。课程理论可以帮助学校解决课程规划中无法回避的理论性和技术性难题。"[①] 我们可以从关于课程规划问题的认识、学校课程规划的逻辑起点、学校课程规划的内涵以及学校进行课程规划的意义等方面来理解学校课程规划问题。

一、学校课程规划的诠释

学校课程规划是指学校对课程应该做什么以及怎样做等方面进行整体性的设计、统筹与安排，最终设计出具有学校特色的课程。人们如何

[①] 靳玉乐、董小平：《论学校课程的规划与实施》，《西南大学学报》2007 年第 5 期。

认识课程规划问题呢？学校课程规划的逻辑起点是什么？学校课程规划的内涵是什么？

（一）关于课程规划的认识

对于课程规划的认识主要有两种观点：一种是将课程规划视为整体课程系统的基本过程之一；另一种是从课程管理的角度来看待课程规划的。

1. 课程规划是课程系统的基本过程

这种观点的主要代表是美国的乔治·A.比彻姆。他认为，学校教育指的是所有学校有目的地维护和实施的那些基本活动。学校教育的系统是业务上的概念，它说明学校教育的特性及其可识别的内部特征。接近于学校教育特征和基本性质的系统主要涉及课程系统、教学系统和评价系统。课程系统是有关课程各种职能的决策和实行的体系。它被看做学校整个工作的一部分。这个系统包括制作课程、实施课程和评价课程及课程系统的效果等主要的职能。课程的规划、实施与评价的过程是课程系统的基本过程。

课程系统总目标是为决定学校应该教什么，并为应该将哪些决定作为教学策略的出发点提供框架。每所学校都要做教育计划，进行教学和评价成绩。可是在许多学校，各项课程决定的编制却是看不见的、无意识的和不合理的。当这种状况流行时，我们就不能说有了课程系统。但是当有一个深思熟虑的、经常性的组织来规划课程、实施课程和评价课程时，我们却可以说是有了课程系统。课程系统的主要工程师是教育厅（局）长、校长和课程指导员，还可以由学校系统之外的顾问人员加以协助。这些工程师们负责组织、指导制订各项任务和规划课程，并通过教学方案在课堂上实施课程、评价课程，按照从评价中所积累的资料来修订课程。

按学校教育的职权必须做出的第一个选择是课程活动的范围。这个活动范围是制订课程规划的范围。一旦这些范围已经选定，参与课程决策的人员也就可以进行选择，然后决定课程目标的工作程序，挑选课程设计，研究设计的细节和着手编写课程。课程系统最明显而必要的输出是规划好的课程。①

2. 课程规划是课程管理的一部分

对课程规划的另一种认识是将其看作是课程管理的一部分。任何课程规划都应始于对课程目标的陈述，如果人们不这么做的话，那就违反了一个基本的理性原则。对学校的教育成就设定目标和进行政策规划已经成为一种被崇尚的行为。常见的课程规划模式有以下三种：

第一种是目标规划模式。这种规划模式将重点放在测试有多少儿童达到了国家专制的教育成绩测试程序的标准，而不是测试他们在达标过程中所获得的教育实践的意义和所了解的教育实践的性质。人们对课程规划的目标模式的基本评价是：它试图将教育变成一种科学活动和一种类似工业过程的活动。如果我们接受这种课程规划模式，就等于不必征求个人的意愿和兴趣，在教育领域中采纳工业生产的模式，按照一些明确的目的去塑造人。

第二种是内容规划模式。在实践中，将课程内容作为课程规划起点，从内容角度进行课程规划有一定的历史传统。教育的内涵是为了促进儿童认识力的发展，批判意识的增长，促进人的发展，因此，只有掌握一定的知识才能够促进人们的发展。按内容规划课程的模式提出了一些有关课程内容选择方面的重要问题，尤其强调课程内容中应该包含一些构成人类经验和认识力方面的、有价值的文化遗产。

第三种模式是上述两种规划方式的结合。对这种模式来说，按照一定的标准选择出来的内容是教育的目的，而目标则是一些被"切咬的碎片"、达标要求，为实现"传送"之便，内容被分割成不同的部分。这

---

① ［美］乔治·A.比彻姆：《课程理论》，黄明皖译，人民教育出版社1989年版，第129—134页。

种课程规划模式将教学视作知识的传输，其传输方式不会也不能充分满足教育活动所具有的一些广博需求，如增进自主性、实现个人及社会的发展、增长审美意识、实现经验和活动自身的价值等。

总之，现有的课程规划模式带来的是一整套令人不满的教育实践指导原则。无论按内容规划课程模式，还是按目标规划课程的模式，甚至是二者的结合，都不能提供一个具有真正教育性意义的课程规划的样板。事实上，更严重的是，在整个教育体制中使用这些规划模式给学校带来的是一种极不合适的课程，它限制了面向全体学生的教育目标的实现。①

（二）学校课程规划的逻辑起点

学校课程规划就是学校对课程应该做什么以及怎样做等方面问题进行整体性的设计、统筹与安排，最终规划出具有学校特色的课程。因此，学校课程规划的任务范围包括对课程内容、课程实施和课程评价等三个方面。理解学校课程规划的内涵，我们必须首先理解关于课程的内涵，因为关于课程的理解是学校课程规划的逻辑起点。由于受不同的教育背景、教育哲学观和不同的主观意图影响，课程获得了不同的理解。具有代表性的理解可分为两大类：第一类是从名词角度理解"课程"（curriculum），其含义具有"跑道"的意义。这样，"课程"围绕学生的身体和心理预先为其设定的静态的学习计划、学科内容以及最终要达到的学习结果。第二类从动词角度理解"课程"（currere），其含义是指动态的学习过程，强调学习的经验。本书对课程的理解，兼容了上述两类课程理解的合理之处，将课程理解为既包括"课"——教育内容，又包括"程"——教育过程，它就像行进中的列车，为了实现教育目标（目的站），教育活动的参与者（乘客）按照计划（列车表）以一定的教育

---

① ［英］凯利：《课程理论与实践》，吕敏霞译，中国轻工业出版社2007年版，第49—81页。

内容（列车）为媒介，在教育活动中获得教育性经验（沿途风景），最终促进其全面发展（终点站）。

（三）学校课程规划内涵

学校课程规划指学校遵循一定的方法论，依据教育方针和政策，遵循一定的教育理念，从学校课程现状、课程资源、可持续发展需要以及外部环境等因素出发，运行办学自主权对学校课程内容、课程实施和课程评价等做出设计和安排，最终实现对国家课程规划的增值。同时，本文的课程规划不是将学校课程视为被规划的客体，不是提出学校进行课程规划的技术性的具体模式或操作规范，也不是把一个已经规划好的"课程成品"搬到学校以便让学校简单执行，不是一种静态的完成状态，因为这样做将屈从于"技术理性"（technological rationality），仅停留在"技师的智慧"，是"反理论的"（atheoretical）。本书所探讨的学校课程规划力求充分尊重具体学校课程实践情境的特殊性，是对以"社会效率"、"目标管理"、"行为控制"为核心特点的"工艺学模式"课程规划的颠覆。这种课程规划把学校视为课程规划的主体，是一种学校在场的课程规划，是一种进行状态，具有过程性和情境性，即学校课程实践过程内在地渗透着课程规划过程。

学校课程规划产生于课程行为并通过课程行为而修正，这两个过程是相互作用的，一个引入另一个并依赖于另一个。学校课程规划者必须意识到所规划的课程都具有暂时性、局限性，并且随着情况的变化，学校课程都将逐渐暴露出不完善。学校课程的每一次规划最终都将被新的规划所替代，这就是学校课程规划的辩证法。本文试图从理论上阐释一种具有方法论意义上的新的课程规划途径，这种新途径对于学校进行课程规划更具有普遍价值。

二、学校课程规划的意义

新课程体系的构建呼唤着与之相适应的学校课程规划能力,这种课程规划能力是新课程得以有效实施的实践智慧的保证,也是新课程文化形成的内在动力。课程改革政策最终需要落实到学校中并通过学校课程规划活动才能实现。学校如何规划出高质量课程的问题已经逐渐引起教育理论研究者和实践者高度重视。人们逐渐认识到如果缺少学校课程规划,国家课程、地方课程将无法达到预期目的,无法实现真正意义上的课程改革,学校课程规划是课程改革进一步深化的突破点。如果想通过一种有意义方式提升学校课程价值,我们必须进行一场真正全新的学校课程规划,一种在整体论意义上的学校课程规划。

(一) 课程理想变成现实的桥梁

学校需要靠课程规划来完成对三级课程进行新的整合而不是简单相加。在三级课程管理制度下,学校课程如何规划,是摆在学校面前的重大课题。学校应该把国家课程和地方课程进行学校化,从而实现两种课程内在的文化意义。学校课程规划不仅是学校在较长时期发展教育事业的依据,而且是学校课程发展的主要保证。它有利于学校教育的协调发展;有利于集中有限教育资源,尽快实现学校教育目标;有利于学样课程发展的连续性,确保学校课程的可持续发展。

在关于学校与三级课程关系的调查中,9%的教材规划与开发人员、37%的教师、46%的学生认为是照章执行;91%的教材规划与开发人员、63%的教师、54%的学生认为需要进行学校化。从调查中可以看出,如果说国家课程规划提供了一种理想的课程,教师实施的课程是一种现实的课程,那么学校课程规划就是实现从理想课程到现实课程转化的桥梁。学校要从增强课程对学校的适应性和资源整合出发,对国家、地方和校本等课程进行统筹安排与协调，使不同层次、不同类别的课程形成一个有机整体。国家和地方都不能替代学校来进行课程规划。只有学校才能够切实地把握理想与现实之间的平衡，才能找到理想课程与学校现实之间的结合点。学校课程规划的根本动力来源于学校本身。

（二）学校课程能力的核心

课程规划是学校生存、发展和创特色的基石。学校不仅是教育行政部门领导下的国家政策与方案的实施者，也是存在于独特情境中的教育实体，它必须使自身的实践活动具有独立性。学校应该根据社会需要和现实条件来规划课程。学校课程规划追求着学校自主发展理想，最终目的在于使学校更自觉地认识自身及其与外部世界的关系，更具有张力与活力。只有这样，学校才能提供个性化的教育。

学校改革是寻求开发学校自我解决问题的能力，使学校形成一种能够主动适应校内外变化的机制。任何改革学校教育的尝试都必须由每所具体学校结合自身情况来实现。机械地按照教育政策或外部方案改进学校，常常无法达到预期的改进目标。试图依靠一个方案解决所有学校问题的策略在面对具体学校时，不仅不能事半功倍，反而往往显得苍白无力，甚至事与愿违。因此，学校课程规划是学校课程权责的核心，是突破课改"瓶颈"必由之路。只有探索学校课程规划问题，逐渐形成比较完善的、新型课程规划机制，才能使学校教育焕发生机与活力。

（三）建设学校课程文化的路径

课程文化的再造是课程改革的直接诉求和终极目标。"课程改革要取得成果，就必须实现从技术取向到文化取向的转变，那种把新课程嵌入旧课程文化的做法只能使课程改革流于形式。"[①] 学校原有的课程文化

---

① 金志远：《课程文化研究述评》，《中小学管理》2004 年第 7 期。

是一种"应试文化",在思想上、制度上对课程改革造成各种障碍,陈规陋习积重难返。学校需要通过课程规划建构新的课程文化来荡涤旧的、不良的学校课程文化。"课程文化的建构性属性表明它不是照搬来的、定论性的'原文化'或'他文化',而是一种探究式的、自成性的、生成性的文化。建构并不是无中生有、凭空捏造。课程文化作为一种建构性文化,并不意味着它是完全脱离历史与现实中文化现象的'新文化',而是脱胎于历史与现实文化的一种文化。"[1]

学校作为国家课程及地方课程最终执行者,需要通过形成学校特色的课程文化来实现两级课程的学校化。三级课程管理体制的推行彰显了学校的主体地位,但作为课程管理的制度文本,它只是预定了国家进行课程改革的行动意向。学校教育是一种校本实践活动,是学校教职工自主解决问题的过程,每一所学校都有自己独特的文化。学校只有保持自己的个性,形成新的课程文化,才能获得进步和发展的动力。学校课程文化"既蕴涵了国家与地方的意志,又承载了学校的意志,是国家权力、地方权力与学校权力在课程方面进行对话的综合反映"[2]。

总之,学校课程规划是对学校课程的预测、设计和安排。它对提高学校课程执行力,建设学校课程文化有重要意义,是课程理想变成现实的桥梁。学校课程规划是课程改革进一步深化的突破点。学校如何规划出高质量的课程来落实课程改革的理念?这个问题逐渐引起教育理论研究者和实践者高度重视,人们逐渐认识到如果缺少学校层面课程规划,国家课程、地方课程将无法达到预期目的。

---

[1] 郝德永:《走向文化批判与生成的建构性课程文化观》,《教育研究》2001年第6期。
[2] 靳玉乐、董小平:《论学校课程的规划与实施》,《西南大学学报》2007年第5期。

第二章 "工厂意象"学校课程规划批判

学校意象是人们关于学校是什么样和应该是什么样的整体性描述,它总是渗透于我们的思想和行动中。魏晋时期的王弼在《周易略例·明象》中说:"尽意莫若象,尽象莫若言。言出于象,故可寻言以观象;象生于意,故可寻象以观意。意以象尽,象以言著。"人们关于学校教育问题的不同见解,也是基于对学校的不同意象。如学生是否应该被动地置于通向目标的轨道之中?学校课程内容是否应该包含不确定性问题?中小学阶段是否应该给学生分数等级?这种激烈的教育争论往往起源于学校的不同意象。因此,关于学校的意象不仅是制约教育改革的关键因素之一。

一、学校课程规划的"工厂意象"预设

正如约翰·米勒分析的那样,教育在采用机器隐喻时,学校变成了工厂,成为学习如何满足政府和企业期望的地方。学生通常整齐地排坐在教室里,大量地做着练习,背诵书本。学校没有给学生的心灵留下多

少位置,尽管许多科目都有培养学生心灵的特质,像艺术课等,但这些课通常在教育计划中都是边缘化的一部分,有时甚至被完全从学校课程实施中剔除出去。学校的主要任务是制造消费者和生产者。① 工厂意象的学校受工具理性教育观影响,学校失去了发展学生健全个性的内在价值,沦落为提高国家劳动力素质的工具——教育工厂。学校工厂式的机械化的教学程式和学习式造成了学生焦虑、紧张、高强度、高压力、单调、乏味的生活状况。就像罗恩·米勒所说:"技术统治论者成功地强迫教育者越来越狭隘地关注他们所称的'标准',这些'标准'被与深刻理解世界没有多少关系的、武断的内容包裹着。"② 学校的工厂意象的核心是效率和控制,它是一种"技术兴趣",它把学校、学校的环境和人视为被利用、被操纵的客体,这样,学校就必然不能实现其自主与责任。

(一) 学校的"工厂意象"

工厂意象赋予了学校以工具性存在的逻辑与品质,学校被视为满足未来生活需要的"工厂"。它只能按照被制度化的、成定论的知识以及社会化标准"加工人"。学校完全按外在圈定的轨道来寻找宗旨与使命。这样,学校教育被异化为机械灌输与控制活动,学校基本职责和存在依据也就是对外来课程的单向度传递、复制与诠释,它的自为意识逐渐萎缩。工厂意象的学校"强化了课程与教学的工具价值,漠视其内在价值,课程与教学由此被彻底功利化。一方面课程与教学失去其主动性和尊严性而沦为政治和经济的工具,另一方面,对实利知识和技能的专宠导致纯粹的才智作为精神的侵象掩盖了人类精神的匮乏。人类尊严在课程与教学领域的悄然退隐,无可避免地导致工具性的曲解行为在现实中

---

① Miller, J. P. (1996), *Education and the Soul*, http://www.hent.org/world/papers/education_soul.com.
② Miller, R (Winter 2001), *Make Connections to the World: Some Thoughts on Holistic Curriculum*. Encounter: Education for Meaning and Social Justice, Vol. 14, No. 4, p.31.

恣意妄为。课程与教学由此愈来愈远离教育的本真诉求"[①]。工厂意象低估了学校教育的复杂性，忽视了学校教育与企业生产之间的差异，学校教育的真谛悄悄地消失了。

（二）工厂意象学校的课程内容

学校课程内容的选择遵循生产投入——产出式模型旨趣。工厂意象的学校遵循生产投入——产出式模型，把教育变成满足生产者和消费者期待的塑造活动，把"成才"误解为是学校教育的最高理想。工厂意象的学校通过统一的课程设置、教学形式、考试方法，像工厂批量生产同一规格的产品一样，"生产"同一型号的"人才"。这样，学校实际上把学习限制在向市场（升学或就业）提供服务范围之内。学生在学校学习，与其说是获得知识，不如说是通过逐级学校，最终换取大学文凭，由此可以谋生。工厂意象使"成才"这一外在的标准取代了学校教育"培养人"的存在依据，社会化取代了人化、"成才"取代了"成人"。

斯宾塞（H. Spencer）在1859年所发表的《什么知识最有价值》一文中写道："为我们的完美生活作好准备，乃是教育所应完成的功能；一种教育课程是否合理的判断，就要看这种功能的完成程度如何为准。"为完美生活作准备，工厂意象的学校把人的价值归结为"材"，把人置于手段、客体的地位，完全叛离了生命内涵——学习不是生命的需要，而取决于外在的需要。学校以明确的质量标准控制学习结果，其课程目标、实施策略以及评价依据都以"效率化"、"标准化"、"精确化"为逻辑基准。工厂意象的学校教育被程序化、机械化，"教育的任务就是为一种刻板的职能、固定情境、一时生存以及特殊行业或特定职位作好准

[①] 钟启泉：《追寻课程与教学的本真意义》，引自安桂清：《整体课程论》，华东师范大学出版社2007的版，总序。

备。"① 遵循生产投入——产出式模型的学校教育是一种工具论逻辑与实践。工厂意象完全漠视、抹杀了学校作为个体存在的主动性及自我规划的品质,造成了学校的沉沦。

作为学校课程内容的主要载体的教科书被商品化。工厂意象学校的主要任务就是把以教科书为载体的知识传授给学生。面向大多数学校的教科书按预先划定的意义和价值,如同其他商品一样,起始于所谓的科学研究,在经费预算及有关规定允许范围内,进行批量生产,然后作为销售者的教师则把已加工成型的教科书分发给作为消费者的学生。各种教科书都不断地提供一些同样结构的"补充读物"。这些教科书的基本特征是去语脉化、中立化。教科书知识被当作不容置疑的真理,杜绝任何偶然性,试图把资料设计得非常完善。为了对所有学生都进行同样的培养,教科书采用了标准化资料,在形式、内容和用法上都是一致的,达到远距离控制教育过程。为了实现对知识的"高效占有",教科书被"科学"编制,这种编制方法常常与批量生产轿车、洗衣机和电视机的方法相似。

在工厂意象学校中,教师和学生只是教科书的附属物。教学被看作是装配线式的简单工作,教师是一个标准化系统中的工作人员,他们的生活大部分是一种简单行为重复。学生只能进行书本知识的"认同式"学习。学习被简化为对知识的"效率化"占有,被完全禁锢在教科书知识范畴内。学习顺理成章地变成了耐心地接受、记忆和重复存储材料的存储行为,被异化为一种机械般的灌输、训练、产品加工活动及社会控制手段。对于作为消费者的学生来说,这些套装的教科书商品经常显得陈旧,远离自己的生活。虽然学校有计划地激发学生对教科书的持续渴求。但是,即便这种渴求能导致对教科书内容的不断吸收,学生也绝不会产生学有所获的喜悦并因此而得以满足。当学生不愿接受此"商品"

---

① 联合国教科文组织国际教育发展委员会编著:《学会生存——教育世界的今天和明天》,教育科学出版社 1996 年版,第 98 页。

时，他们会被告知将来"考大学"有用，他们则不情愿地继续忍受。教师成了教科书的受众，学生成了老师的受众，这样的学校生活进入了一个拒绝交流，拒绝对话的时代，培养的是"单向度的人"。

（三）工厂意象学校的课程实施

工厂意象的学校课程的实施是知识技能的交流而非人格的交流。师生之间关系抽象为"人——物"或者"人——有机体"关系。教师教的目的就是使"物"、"有机体"成为"人才"。教师与学生只是一种通过知识传授为中介的间接性接触，是有效支配、控制的对象性关系，作为完整的精神整体的人格相遇缺失了。在工厂意象的学校中，课程传递的"信息"只有唯一的解释、唯一的存在形式。教师成了课本的受众，学生成了老师的受众，这样的课程生活进入了一个拒绝交流，拒绝对话的时代。

1. 教师被工具化

在工厂意象学校中，教师只是课程的"代言人"。工厂意象的学校遵循"泰勒原理"，追求客观的、价值中立的课程产品，课程由学科专家和课程专家通过一种程式化过程开发。工厂意象的学校课程具有如下特点：第一，预设性。课程设计者已经预先设定了课程的目标、要达到的效果以及给学生带来的变化等。课程作为预期的"产品"强调学校教育的"共性"而忽视了具体的教育情境。这种人为地割裂了教师与课程之间天然联系的课程往往通过其内在的预设性完全控制教师的课程实践，使教师成为课程的"附庸"。在教育实践中，"课程作为标准化、法理化的教育内容，不允许教师有任何的自主性的解释与建构，而只有机械传递的权力"[①]。结果，教师被剥夺了参与学校课程规划的权力，失去了应有的课程参与意义。第二，控制性。为了达到预设目的，必然要对

---

① 郝德永：《教师是课程的主人，有义务建构"自己的课程"》，《中国教育报》2003年。

课程实施过程进行控制。控制的有效途径之一就是制定详细的课程实施指南，教师要按照指南所提供的步骤将课程产品推向学生，实现课程目标。这种控制性试图僭越教师而将课程材料客观地呈现给学生。教师处于课程权力的最底层，其专业职能萎缩为接受他人的课程指令、根据他人的意图实施课程以达到预设的目的。第三，价值中立。课程被理解为教育行政部门规定的教育内容的"公共框架"，构成课程内容的是价值中立的课程材料，体现了所谓的"客观性"。从而缺乏把课程作为师生在学校与课堂里创造的"学习经验"加以理解的传统。

教师"代言人"的角色，使他们习惯了自己原有的思维和行为方式，这些习惯了的东西总是有惯性的，影响教师对课程的认同与接受。学校课程管理关涉教师课程意识的提升、课程权力的表达以及课程开发能力的提高。但是，长期以来，课程与教学的二元对立，造成教师缺乏参与课程规划的权力和机会，使教师的课程规划意识和创造能力逐步衰退甚至丧失。教师因缺乏相应的参与课程规划的课程意识和开发课程的能力，感觉无从下手，很多教师宁愿放弃这部分权力。教师"代言人"的角色，使教师成为教育行政部门各项规定的机械执行者，成为各种教学参考资料的简单照搬"技术熟练者"。这种由教师单向度地向学生传递"制度化知识"的课程将教师排斥于课程之外，教师的任务只是按照教科书、教学参考资料、考试试卷和标准答案去教学。这些都是由专家开发设计好了的。因此教师逐渐丧失了课程意识，丧失了课程能力，只知道按照政府和专家确定的课程内容教会学生某种既定的、死的知识，而不能在特定的教育情景中对给定的课程内容不断进行变革和创新。"技术熟练者"的教师角色导致课程不断走向孤立、封闭、萎缩，走向难、繁、偏、旧；同时，教师的课程行为也因此不断走向死板、机械和沉闷。

2. 学生被原料化

在工厂意象的学校中，学生通过客体化和角色化而被原料化，作为

第二章 "工厂意象"学校课程规划批判

第一人称的学生消失在这种角色人的背后。"学生是由他人控制的,按他人构想被塑造的,学生的命运不是掌握在自己手中。"① 在工厂意象的学校中,学生作为原材料,按照设定好的规格、标准,被学校加工和塑造,然后提供给上级学校进行再加工。原材料的加工者则是教师。教师唯书是从,学生按照教师的要求"齐步走"。学校关注的是知识技能而非人格的交流。它把学生束缚在知识积累的一维目标,经常忽视学生自身的需要。学校教育的目的就是使"物"、"有机体"能够"成才"。在学校中,"儿童像羊群一样被赶进教育的加工厂,在那里无视他们独特的个性,而把他们按同一个模样加工和塑造。我们的教师们被迫,或自认为被迫去按照别人给他们规定好的路线去教学"②。教师和学生被抽象为"人——物"或者"人——有机体"关系,是一种控制与被控制、压迫与被压迫。这种关系,把人当作无生命的东西,强调对生命体的完全、绝对的控制,把完整的人变成了片面的工具人。

工厂意象造成了学校功利主义的盛行,遮蔽了学生的生命本原性需求,这是一种本末倒置的做法。学校教育把人的本质、人的价值归结为"才",把人置于手段、客体的地位,完全叛离了生命内涵——学习本身不是生命的需要,而取决于外在的需要。教师和学生之间是一种控制与被控制、压迫与被压迫的关系。这种关系,把有生命的人当作无生命的东西,由于对生命体的完全、绝对的控制,完整的人变成了片面的工具人。"人的工具化,导致了人性的虚无,人的本体性存在价值完全被抹杀。"③ 工厂意象的学校追求高效占有的工具化品性与机制,以认同性、规约性为特征。学习作为知识占有的工具及"效率化"追求,完全被禁锢在课本知识范畴内,变成了耐心地接受、记忆和重复存储材料的存储行为,被异化为一种机械般的灌输、训练、产品加工活动及社会控制手

---

① 徐继存:《学生:作为课程资源和影响课程的因素》,《当代教育科学》2006 年第 2 期。
② 奈勒:《教育学基础》,转引自陈友松:《当代西方教育哲学》,教育科学出版社 1982 年版,第 119 页。
③ 冯建军:《生命与教育》,教育科学出版社 2004 年版,第 5 页。

段。学校课程强调课程社会价值,它规定了为社会发展做贡献的人才标准,要求通过课程为国家、社会培养建设者和接班人。课程目标关注人的社会性,忽视了课程对于学生自我发展的价值,并将学生异化为社会发展工具。"很久以来,教育的任务就是为一种刻板的职能、固定情境、一时生存以及特殊行业或特定职位作好准备。"①

二、"工厂意象"学校课程规划存在的危机

学校的工厂意象造成了学校生存与发展危机。工厂意象将学校视为被动的、封闭的、孤立的执行机构来对待,这严重地阻碍了学校的发展,消磨着学校的能动性和创造性,导致学校日益的僵化和封闭,使学校成为外在目的的附庸和工具,难以提供培养创造精神和独立个性学生的教育。"痛苦经验的学校,总是使得我们常常面对太多使人幻想破灭的复杂性衍生的枝枝权权。认可和理解这种不受欢迎的现象不仅帮助我们避免各种无效、失望和无意义的悔恨,而且帮助指向寻访我们认知和实践尝试中所面对的各种挑战的现实认知道路。"②

(一) 学校被简约化的危险

工厂意象的学校采取一种简约的形式,其运作所遵循的规则简化为外部的法则。"我们称作学校的社会机构的首要职责就在于提供一个简化的环境。选择相当基本并能为青少年反应的种种特征。然后建立一个循序渐进的秩序,利用先学会的因素作为领会比较复杂的因素的手

---

① 联合国教科文组织国际教育发展委员会编著:《学会生存——教育世界的今天和明天》,教育科学出版社 1996 年版,第 98 页。
② [美] 尼古拉斯·雷舍尔:《复杂性——一种哲学概观》,吴彤译,上海世纪出版集团 2007 年版,第 6 页。

段。"① 工厂的意象会带来毁灭性的后果。这种意象用工业化价值观污染了学校，削弱了教育的抱负，把学校课程变成了训练计划。学校被贬低到无需个性化的教育工厂。"在这种学校里，任何进行冒险、酝酿惊喜和运用独特机智的行为都被视为'杂音'。……教育由一种过程变成为商品，一件人们得到后再出售的商品。"②

  学校教育时刻处于复杂的情境中，这就要求教师和学生具有相机行事的意识，具有创造性实践的教育想象。学校所处的环境，教职员工的能力，可利用资源存在巨大差异。学生并非出自标准的型号，他们有不同的先天禀赋，不同的兴趣，不同的家庭背景等，这些都会极大地影响着学校的教育实践活动。学校教育实践是复杂的，经常迂回于偶发的任务之中。而工厂意象的学校习惯对学校复杂系统采用技术化管理方式。学校从选定经验如何适合目标的角度出发来界定教育意义。学校课程是一个封闭性的系统，总是趋向预定目的，成为测量的理想工具。课程设计适合于所有的学校，无需对学校组织的方式提出任何新的要求。同时，由于教科书是标准化的，处于教学流水线上的教师和学生很少需要相机行事的处理方式，他们通常并不需要作复杂的判断。教学是规定好的，方法是固定的，教师的作用在很大程度上是执行具体指定的动作。尽管这种表现模式在某些学校系统中是有效的，但它却有危险。因为在被简约化的学校教育中，教师与学生的关系是一种权威与服从的关系，学生与学生之间的竞争代替了合作。学校教育蜕变为一种以学科课程为中心从事知识技能的训练和强化胜任能力的过程，这是一个冰冷的世界，生活世界中那种生动的主观性荡然无存。这就是当下教育和生活、学校和社会疏远甚至分离带来的现实。

  在客观性知识信念的支配下，个体从生活中所获得的大量的缄默知

---

① [美]约翰·杜威：《民主主义与教育》，王承绪译，人民教育出版社2005年版，第26页。

② [美]埃利奥特·W. 艾斯纳：《教育想象——学校课程设计与评价》，李雁冰主译，教育科学出版社2008年版，第387页。

识也被理所当然地"剥夺"了知识的合法性地位。在许多教育理论和教育实践工作者的眼中,"知识"就是"显性知识",不能用语言加以表述的认识成果也就算不上是"知识",不配享有"知识"的美名。这也可以说是支配教育理论与实践工作者的又一种"缄默的"知识观念。不仅如此,人们还认为这种说不清道不明的东西在认识的过程中只能起负面的干扰作用,正需要用科学的"显性知识"来加以"取代的"。在这种认识论前提下,教学过程实际上就是在漠视学生大量缄默知识的前提下向学生传递显性知识的过程,教师和学生始终关注的是显性知识的逻辑及其论证,或从"概念"到"命题",或从"事实"到"结论",或从"假设"到"证据",而不关注它们与学生缄默知识之间的内在关联、冲突或矛盾。因此,"教学"对于学生而言始终是一种"外向的活动",与自己的存在状况和认识经验关系甚少。但是,由于缺乏缄默知识的充分参与,或者说由于教师没有了解也不愿意帮助学生了解自己的缄默知识,学生就不可能在学习过程中真正"理解"显性知识,真正将显性知识变为自己的精神财富和生活的向导,从而也就不能真正意识和使用自己理智的力量,并由此导致学生学习的自卑心理和依赖心理。此外,在大多数情况下,学生的头脑中都有两种知识体系:一种是缄默的日常生活知识,另一种是显性的教材知识。他们也用它们来满足自己不同的需要:前者为生活,后者为考试。这恐怕也是造成平常所说的(显性)知识与能力、教育与生活脱节的原因之一。①

(二)学校沦为应试教育的战场

"应试教育"以考试为手段,以分数为标准,以选拔为目的。其弊端主要有:第一,考试只以知识为依据,学校只重智育,忽视德育和体育,忽视生活和劳动技能的培养,影响学生的全面发展;第二,在智育

---

① 石中英:《波兰尼的知识理论及其教育意义》,《华东师范大学学报(教育科学版)》2001年第6期。

中只重知识的记诵,搞题海战术,加重学生的课业负担,摧残学生的身心健康;第三,压抑学生的个性发展,扼杀其创造才能、爱好和特长;第四,学校为了追求升学率,只重视少数有可能升学的学生而置广大学生于不顾,忽视了大多数学生的成长和发展。①

工厂意象学校的隐性功能是监护、教化和选拔,"应试教育"成为学校最高价值追求。学校教育被异化了,学生成了"知识的容器"、"考试的机器"和"分数的奴隶"。考试成绩作为评价学校教育效果的重要手段。判断受教育者是否发生了预期的变化以及发生了怎样的变化,均需借助于考试才能了解。考试作为一种永恒的竞争手段是中性的,本身无可厚非。但在工厂意象的学校中,首要任务是提高学生的考试成绩。学校以提高升学率为目的、围绕"应考"进行教育,结果学校变成了"应试"的战场。学校成为一切均可加以测量的世界。由于过度的紧张所带来的应试竞争使学校教育的病理愈加严重了:"标准化"的"应试教育"造成了学校以及其中的教师和学生的创造性与个性的失落。"教育的形式化正是始于其本质成为问题之时。……在这种情况下,本来是用训练的方法来处理广泛的学习资料,现在变成了空洞无聊的尽义务而已;本来学生的学习目的是求取最佳发展,现在却变成了虚荣心,只是为了求得他人的看重和考试成绩;本来是渐渐进入富有内涵的整体,现在变成了仅仅是学习一些可能有用的事物而已;本来是理想的陶冶,现在却只是为了通过考试学一些很快就被遗忘的知识"。②

工厂意象的学校教育是一种把少数人从多数人中选拔出来的淘汰式教育。工厂意象的学校把测量作为评估价值之唯一手段,这就必然忽视那些无法测量的体验。那些不可测量的情感、兴趣、价值观等变得次要性了。师生基本忘却了去做自己的事情,忘却了要成为自己,而只是努力完成别人视为有价值之物——考试成绩。在"应试"成为学校教育最

---

① 强海燕:《中美加英四国基础教育研究》,人民教育出版社2005年版,第28页。
② [德]雅斯贝尔斯:《什么是教育》,邹进译,三联书店1991年版,第45页。

高价值追求中,考试成绩成了学校教育的终极目标。这种学校教育使竞赛本身成为深入人的内心并形成其习性的东西。工厂意象学校趋于认可所有类型的等级划分,考试评价只重结果不管过程,严重违背学生身心发展规律。"人们一旦甘于接受由他人确定的用以测量自己个人成长的标准,那就很快会用同样标准来衡量自身。此时,他们已不必再由他人勉强其循规蹈矩,而是自觉自愿地不越雷池一步,并钻进按别人所示而觅得的自己的洞穴之中。而且,在这一过程中,他们也使其同伴一样地循规蹈矩,直至所有人均能适应为止。"[1]

(三) 学校面对三级课程的实践危机

任何改革学校教育的尝试都必须由每所具体学校结合自身情况来实现。机械地按照教育政策或外部方案改进学校,常常无法达到预期的改进目标。学校是三级课程的交汇点,是课程实施的真实场所。三级课程强调学校课程要更加符合特定的地方环境和教育需求,要求学校协调好课程与国家、地方和个人之间的关系。三级课程彰显了学校在课程管理中的主体地位,扩大了学校的课程权力,提出了学校进行课程规划的责任。在三级课程管理制度下,学校不是简单地执行校外的强制性课程,而是要将三级课程进行学校化,从而实现课程内在的文化意义。学校的课程不应当是国家课程及地方课程的复制、原封不动地简单执行。学校课程既渗透着国家课程和地方课程标准,又蕴涵着学校对那些标准的合理选用、重新组合和适度调整。学校必须基于国家及地方课程标准,结合学校的传统和优势,根据学校发展的特点,结合学生的兴趣和需要,规划体现学校特色的具体课程。在面对具体学校时,试图依靠一个方案解决所有学校问题的策略,往往显得苍白无力,事与愿违。

但是,工厂意象学校缺乏课程规划能力,无法真正理解三级课程在

---

[1] [奥地利] 伊万·伊利奇:《非学校化社会》,吴康宁译,(台北) 桂冠图书股份有限公司1992年版,第56页。

学校中的地位及价值,使学校陷入"应为"与"难为"的困境中。工厂意象的学校只是政府的一个附属单位,严格执行上级的课程政策,管理教师和学生的具体课程行为。由于工厂意象的学校只是课程的执行者,简单停留在对外来课程进行经验管理水平上,结果造成学校面对三级课程时要么重此失彼,要么机械执行。工厂意象的学校适合于秉承"大一统"的课程管理,更愿做上级课程政策的"忠实执行者"。学校课程完全由他者进行规划。他者的课程规划使"我们把自己牢固地置入前所未有的强制性关系中,我们认识到这些关系的存在,却发现自己不得不忍受它们"[①]。学校严重缺乏进行课程规划的能力,在实践中仅仅对预设课程进行日常程序性操作。这就造成三级课程在学校教育实践中"泾渭分明"。

---

① [德]卡尔·雅斯贝斯:《时代的精神状况》,王德峰译,上海世纪出版集团、上海译文出版社 2003 年版,第 126 页。

第三章 学校场域的存在论解读

人们习惯上把学校理解为一个空间概念，它是作为"教师角色"和作为"学生角色"的人，按照某些外在的指令、要求和使命，拼凑到一起的地方。而存在论意义的学校是拥有共同信念、共同追求、共同主题的教师和学生的生存场域。它是一个围绕特定教育事件而组织的结构化场域，这种结构化场域为学校教育提供背景结构。在学校场域中，教育事件绝不是一个静止的完成形态，而是处于生成过程之中，是一个充满矛盾冲突的动态活动。学校场域随着时间的推移而不断地呈现自己，从而表现出开放性、生成性和联系性。学校场域是人与环境共同构成的具有整体涌现性和自我规划性的生存空间。

一、学校场域的存在论意义

学校场域是一个共时与历时交融的人的生存空间。正是在这个空间里，教育的效果得以发挥，并且由于这种效果的存在，对任何与该空间有关的对象所经历的一切事情，都必须参照学校场域中的关系来理解。"青少年在连续的和进步的社会生活中所必需具有的态度和倾向的发展，不能通过信念、情感和知识的直接传授发生，它要通过环境的中介发生。环境由一个生物实行其特殊活动时有关的全部条件所组成。"① 学校场域要不断提供和改善学习者的生存环境，提高他们生命和生活的质量，这是学校教育的真正意义所在，也是学校生活的出发点与归宿。

(一) 场域的涵义

场域（field）是法国著名社会学家布迪厄（Bourdieu. P.）社会学中的一个空间隐喻。他将其定义为"位置间客观关系的一个网络或一个形构，这些位置是经过客观限定的"②。场域"指的就是那种相对自主的空间，那种具有自身法则的小世界。作为一个小世界，尽管它服从于某些社会法则，但是并没有一致性。如果说它永远也无法完全逃避小世界的限制，那么，它自己就具有部分的，或多或少还能够引起别人注意的自主"③。布迪厄在《实践与反思—反思社会学导引》一书中对场域问题做了较为系统的阐释。布迪厄主张将场域作为一种开放式概念使用，并认为只有将其置于关系系统中，才能获得概念的真正涵义。

1. 根据场域概念进行思考就是从关系的角度进行思考

近代科学的标志就是关系的思维方式，而不是结构主义思维方式。布迪厄认为一个场域就是在各种位置之间存在的客观关系的一个网络（network）或一个构型（configuration）。正是在这些位置的存在和它们强加于占据特定位置的行动者或机构之上的决定性因素之中，这些位置得到了客观的界定，其根据是这些位置在不同类型的权力（或资本）的分配结构中实际的和潜在的处境，占有这些权力就意味着把持了在这一场域中利害攸关的专门利润的得益权，另一个根据是这些位置与其他位

---

① [美] 约翰·杜威：《民主主义与教育》，王承绪译，人民教育出版社 2005 年版，第 28 页。

② L. D. Wacquant, *Towards a Reflexive Sociology: A Workshop with Pierre Bourdieu* [J], Sociological Theory, Vol. 7, 1989.39.

③ [法] 皮埃尔·布尔迪厄：《科学的社会用途——写给科学场的临床社会学》，刘成富、张艳译，南京大学出版社 2005 年版，第 30 页。

置之间的客观关系。① 在布迪厄看来，场域是那些参与场域活动的社会行动者的实践与周围的社会经济条件之间的一个关键性的中介环节。对置身于一定场域中的行动者产生影响的外在决定因素，并不直接作用在他们身上，而是通过场域的特有形式和力量的特定中介环节，预先经历了一次重新形塑的过程，才能对他们产生影响。② 各种场域都是关系的系统，而这些关系系统又独立于这些关系所确定的人群。这样，一方面个人像电子一样，在某种意义上是场域作用的产物；另一方面又并非被外力机械地推拉扯去的"粒子"。③ 只是在这样的场域中，直接的或单一的权力被隐匿起来，看到的是通过场域而产生的作用。

2. 场域是一个运作空间

在这个空间里，场域的效果得以发挥，由于这种效果的存在，对任何与该空间有关联的对象，都不能仅凭研究对象的内在性质来解释。场域的界限位于场域效果停止作用的地方。④ 场域是力量关系——不仅仅是意义关系——和旨在改变场域的斗争关系的地方，因此也是无休止的变革的地方。在场域的某个既定状态下可以被察觉的协调统合，场域表面上对共同功能的取向实际上肇始于冲突和竞争，而并非结构内在固有的自我发展的结果。同时，一个场域并不能简单化成具有组成部分和要素的构成论意义的集合。每一个子场域都具有自身的逻辑、规则和常规，而在场域分割的每一个阶段，都需要一种真正质的飞跃。每一个场域都构成一个潜在开放的游戏空间，其疆界是一些动态的界限，它们本身就是场域内斗争的关键。场域是一个没有创造者的游戏，比任何人可

---

① ［法］皮埃尔·布迪厄、［美］华康德：《实践与反思—反思社会学导引》，李猛、李康译，邓正来校，中央编译出版社1998年版，第133—134页。
② 包亚明译：《文化资本与社会炼金术—布尔迪厄访谈录》，上海北京：人民出版社1997年版，第151页。
③ ［法］皮埃尔·布迪厄、［美］华康德：《实践与反思—反思社会学导引》，李猛、李康译，邓正来校，中央编译出版社1998年版，第144—146页。
④ 同上，第138页。

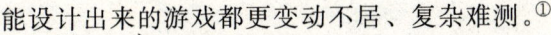

能设计出来的游戏都更变动不居、复杂难测。①

3. 场域也是一个游戏空间

虽然场域不像游戏，是深思熟虑的创造行为的产物，但却遵循规则，尽管这些规则并不明确，也未编集成典。于是，在游戏者之间就有了一笔游戏投资，卷入游戏的游戏者彼此敌对，有时甚至残酷无情，但只有在他们都对游戏及其胜负关键深信不疑、达成共识时，这一切才可能发生。游戏者之间这种共谋（collusion）关系正是他们竞争的基础。②场域还是一个争夺空间。场域中各种位置的占据者利用种种策略来保证或改善他们在场域中的位置，不断在场域中展开斗争，斗争的焦点在于谁能够强加一种对自身所拥有的资本最为有利的等级化原则。形象地说，这就意味着你手里各种花色的牌的大小固然重要，但更重要的是哪一种花色是王牌。③

4. 场域又是一种历史生成

布迪厄认为，将社会学和历史学分离开来，是一种灾难性的分工。他曾举艺术场域与经济场域之间关系的例子，说明事实上不存在超越历史因素影响的场域之间关系的法则，场域间的关系并非一劳永逸，而是随历史的演进不断改变的。因此，如果不对场域的结构进行共时性的分析，就不能把握该场域的动力机制，不对结构的构成、不对结构中各种位置间的张力以及这个场域和其他场域、尤其是权力场域间的张力进行一种历史分析，也就是生成性分析，就不能把握这种结构。④

---

① ［法］皮埃尔·布迪厄、［美］华康德：《实践与反思—反思社会学导引》，李猛、李康译，邓正来校，中央编译出版社1998年版，第142页。
② 包亚明译：《文化资本与社会炼金术—布尔迪厄访谈录》，上海北京：人民出版社1997年版，第143页。
③ 杨善华主编：《当代西方社会学理论》，北京大学出版社1999年版，第281页。
④ ［法］皮埃尔·布迪厄、［美］华康德：《实践与反思—反思社会学导引》，李猛、李康译，邓正来校，中央编译出版社1998年版，第131、127页。

(二) 存在论意义的学校场域

从物理学意义上,场是物质存在的空间,当其他物体进入此空间时,将受到此场施予该物体的作用。从社会学意义上,场域是位置间客观关系的一个网络或一个形构,这些位置是经过客观限定的。在学校场域中,学校课程将作为一种"物质"存在于其中,并作为一种力量对存在其中的教师和学生产生一种力的作用。

1. 学校场域的整体性存在

学校场域是具有教育功能的整体性存在。"学校是一个相互作用的统一体,所有在学校中相处的个体被有机地联系在一起。这个整体的生命存在于它所有的部分之中,没有这些部分,这个整体也就不能存在。"[①] 学校场域作为整体性存在必然具有整体涌现性。所谓整体涌现性,是指整体具有它的组成部分及其总和所不具有的特征,即整体具有"诸多组分一旦按照某种方式整合为系统就会呈现出来、一经分解为独立的组分便不复存在的特征"[②]。整体涌现性是一种系统效应,它根源于组分效应、规模效应、结构效应和环境效应等。整体涌现性分为正涌现、负涌现和零涌现。只有系统结构合理,其组成部分互动导致系统功能产生正的整体涌现性,整体大于部分之和;当系统结构不合理,其组成部分互动导致系统产生负的整体涌现性,整体小于部分之和;当系统没有产生整体涌现性,其组成部分未被整合成系统,彼此之间没有互动,整体等于部分之和。学校场域整体涌现性产生的动力机制是该场域具有复杂性、多元性、异质性和竞争性。

学校是一个非线性系统。它不能像线性系统那样从其简化模型获得结果,然后期望这种结果适用于在真实世界中的更复杂的对应物的境

---

① [美]威拉德·沃勒:《作为社会有机体的学校》,转引王震宇译,历以贤主编:《西方教育社会学文选》,(台湾)五南图书出版公司1992年版,第551页。
② 苗东升:《系统科学大学讲稿》,中国人民大学出版社2007年版,第21页。

况。在学校这个非线性系统，一个小的变更，甚至小到无法觉察，都可能引发大的差异，差之毫厘，谬以千里。由于在任何可觉察范围里构成学校系统的各个子系统均为非线性的，学校场域的整体性存在更具有复杂性，而且学校的复杂性也是必需的。学校作为非线性系统必须被整体地和综合地研究。在学校努力提高学生知识和能力的整个过程中，复杂性的内在动力一直在起作用。"在一个缺乏复杂性的世界里，复杂的心智将无法产生，事实上也无法通过进化形成。"① 学校场域的整体涌现性必须以组分的多元性和异质性为基础。单调不成音乐，单色不成图画，多元与异质对系统整体涌现性的形成都是不可或缺的。学校场域的多元性和异质性使其鼓励变化，接纳多重观点、问题和解释。在场域中，师生能够展开情境对话、交流。学校场域的整体性存在强调情境的生成性。在学校场域中，知识是建构的而不是灌输的，需要学习者深入到自己的意识结构中，投身于一个真实自然、结构不良的情境脉络中。这样，学习的意义不只是单方面呈现或传输的，而是通过情境化视角、对话性交互作用创造的。

2. 学校场域具有自我规划性

作为场域存在的学校具有自我规划性。整个时代发展的趋势要求学校成为自主发展与规划的机构。在复杂性日益增强的社会中，学校要生存和发展，就必须成为自主发展的主体，主动适应环境的变化，自主进行理性的规划，寻求和创造适合自己发展的空间和途径。没有学校的自主发展，就无法培养出能够在未来世界中更好生存的自主发展的新人。一所依附性的学校，一所缺少自主规划的学校是无法给学校中的教师、学生提供自主发展的环境。因此，这种自我规划性是本真学校的此在。学校的场域存在性要求它协调好与科层课程管理体制和管理系统的关系，学校必须调动一切可以利用的人力资源，相对自主地对课程内容、

---

① [美]尼古拉斯·雷舍尔：《复杂性——一种哲学概观》，吴彤译，上海世纪出版集团2007年版，第3页。

课程实施以及课程评价等方面进行规划。

学校场域是一个相对独立的、具有包容性的世界。"事实上，无论外部限制的形式是什么，它总是只有通过'场域'的中介才能发挥作用，通过'场域'的逻辑成为'中项'。有关'场域'自主权的最重要的表现之一，就是它对外部限制和要求进行'折射'的能力，并通过一些特殊形式把它们再现出来。"① 学校的自我规划性正是学校作为"逻辑中项"的场域对外部教育改革要求的"折射"能力的表现。学校的自我规划性是指学校场域适当摆脱外部的限制，在发展的过程中体现出自己固有的本质。强调自我规划性就是对学校场域的独立地位和价值的关注。因为在教育发展变化中，学校有它自己本身的目标或追求，而不应机械地、简单地执行总体教育目标。在整个教育系统之中，学校是实施改革的具体承担者。教育改革正是需要这种具有自主办学意识和能力的学校来具体落实。

学校生存在一个日益复杂的、不断变化的环境中，仅仅有外部力量的努力，仅仅有政策、权力、制度等外部条件的提供和保障不足以确保学校规划出具有特色的课程。每所学校都有自身的特殊性、独立性和能动性，为了更好地生存和发展，学校必须保持一定的自我规划性。学校进行课程规划追求着学校自主发展的理想，它把学校作为能够并且应该自主发展的机构。

个性化的课程规划使学校更富于活力，实现依法自主办学、自主发展、自我负责。社会的多样化呼唤多样化的人才，而多样化的人才需要多样化的学校。学校应该根据社会的实际需要、学校的客观基础以及现实条件规划本校的课程。这意味着学校必须保持它的独立性和自我规划性。只有这样，学校才能成为一种使人获得解放、摆脱不自主状态的力量，才能提供个性化的教育。因此，学校进行课程规划就是要促进学校

---

① ［法］皮埃尔·布尔迪厄：《科学的社会用途——写给科学场的临床社会学》，刘成富、张艳译，南京大学出版社2005年版，第30页。

走向自主发展，从而为学生的发展营造一个更美好的场域。

当然，强调课程规划的个性化、特殊性、具体性并不排斥社会统一性，更不是封闭和孤立。相反，学校进行课程规划要坚持社会统一性与学校自身特殊性的统一，它是在遵循国家教育方针政策、反映社会需要的基础上形成着自己的独立性和办学特色。

学校是具体的，每个学校除了具有其他学校的共性特征外，还具有自己的特殊性。学校进行课程规划是学校课程执行力的必然要求和重要体现。它是学校求生存、求发展和创特色的基石。学校进行课程规划是学校根据国家教育方针以及学校自身的办学理念、目标定位、办学优势及可利用的资源，从增强课程对学校的适应性和资源整合出发，对国家、地方和校本等不同层次、不同类别的课程进行统筹设计、安排与协调，使不同层次类别的课程形成个有机的整体。

学校进行课程规划的最终目的：一方面在于使学校更自觉地认识自身及其与外部世界的关系，变得更具有弹性、更灵活、更有活力；另一方面在于关注如何通过课程来满足学生的不同需要、个性差别、强烈的好奇心和求知欲，如何培养学生的独立思考能力、终身学习能力，以及与他人协商、合作和共同发展的能力，培养具有创新精神、实践能力和独立个性的自主发展的新人，而不是被动的、服从的、驯服的考试机器。

学校的差异性和多样性使学校具备了变化和创造的能力。每所学校都具有自身的特殊性、独立性和能动性，为了更好地生存和发展，学校必须保持自己的个性。只有尊重学校的多样性、差异性，学校才能获得进步和发展的动力。学校进行课程规划追求着学校自身自主发展的理想，它把学校作为能够且应该自主发展的机构。

课程规划的个性化使学校更富于活力，保持自身独立性和个性，实现依法自主办学、自主发展、自我负责。学校是培养人的机构，人的发展本身应成为学校的最终目的和价值追求。学校应该根据社会的实际需要、学校的客观基础以及现实条件规划本校的课程。这意味着学校必须保持它的独立性、个性，学校必须使其自身的实践活动成为一种独立的实践活动。只有这样，学校才能成为一种使人获得解放、摆脱不自主状态的力量，才能提供个性化的教育，才能培养出有个性的、创造性的、独立自主人格的学生。因此，学校进行课程规划就是要促进学校走向自主发展，从而为学生的发展建设一个更美好的场域。让每一个学生在离开学校走向社会的时候，都为他们将要面对的世界作好了充分的准备。

二、学校场域作为人的生存空间

当学校被视为人的生存空间时，学校场域就成为洋溢着人格主义态度的真正的生活世界。胡塞尔认为生活世界与科学世界有着本质区别：生活世界是以可被实际知觉的主观性为特点的，生活世界是目的、意义和价值的源泉。[①] 学校场域中的教育活动"正是通过个体'生活经验'的解释而提升人的内在生活，最终将'人的真谛'——主体性解放出来"[②]。人的回归才是教育改革的真正条件。学校课程必须强调认可个人的生命感受的存在，并能够挖掘人的全部生命的内涵和意义。因此，学校场域作为人的生存空间而存在。

（一）学校场域是真实的生活世界

作为场域存在的学校要求课程指向真实生活。学校教育只有作为真实的生活世界才能激发出力量而成为真正的教育。但是，这并不是说课程要以它的全部时空直接指向生活，而是说要在追求知识的同时更要去追求人的生活的价值。学校课程的着眼点在于向学生的生活世界回归，学校需要拆除在课程与生活之间用书本知识垒造起来的隔离墙，让学校

[①] 单丁：《课程流派研究》，山东教育出版社1998年版，第264页。
[②] 同上，第278页。

的课程焕发出生活的气息，让学生的生活焕发出生命的活力。

1. 寻求课程的生活意义

纵观整个20世纪，对课程内容选择起支配作用的主要是科学世界。所谓科学世界，是指建立在数理、逻辑结构的基础上，由概念原理和规律规则构成的世界。科学世界对课程体系、课程内容所起作用被日益强化，这导致了课程与生活世界的割裂，导致了学校教育知识的非人性化现象。课程在与生活世界的剥离中不断被人们诘问、剖析和审视，因此需要去寻找失落的人的主体价值。就现实而言，中小学课程也总是在强调理性知识的价值和强调儿童的经验之间摇摆，未能处理好课程与生活世界之间的关系。人的发展需求呼唤着课程应加强与生活世界的统整。

首先，只有关注学生的生活世界，社会生活中的价值冲突和学生内心的价值冲突在其成长发展中的作用才能进入学校教育的视野，学校才可能发掘其教育价值。

现实中的教育世界是一个异化了的世界，是一个被成人、知识、考试等扭曲了的世界。"应试教育"成了这个教育世界的一个表征，学生在这个世界中成了"知识的容器"、"考试的机器"和"分数的奴隶"。然而，不少教育工作者对此却是习以为常。这不仅对思想是一种致命的限制，从教育的角度来讲也是一个严重的错误。尽管学生的生活是一个整体，一个总体，但是学生一到学校，多种多样的学科便把他们的生活世界加以割裂和肢解。因而，教育工作者应该对教育世界有一个全面的认识，要认识到教育世界的进步和有价值的方面，也要看到它的庞杂和有缺陷的地方。这样，才能为课程回归生活奠定坚实的基础。

任何人对于生活的目标、意义和价值的追求，是不可能通过灌输而获得的，而只能通过对历史、对传统、对生命的领悟而发现。如果我们承认，人是什么？人为什么活着？人应该怎样活着？这一类人生意义的问题难以仅仅依靠理性、逻辑、概念与范畴而获得确解，那么，学校课程就没有理由漠视学生的生活世界，漠视社会生活中和学生内心世界的价值冲突。只有在学生的生活世界中，在学生的现实遭遇中，在学生内心世界的价值冲突中，才真正蕴藏着宝贵的教育时机，才能够真正开掘出学生道德人格生成与确立的源头活水。

　　学生不可能把自己的生活、自己的感受远远地丢在校门之外，怀着纯而又纯的学习愿望来到学校。关心学生，不能只关心他们的学习如何，他们的智力发展如何，还应当关心他们的整个精神世界的活动，关心他们的全部生活。学校教育不是在学科上下功夫，而是在整体的人身上下功夫。如果说，生活指的是生命的存在状态，那么，生活世界指的是生活实在与应有的畛域。教育者是在人的生活世界之中进行的，都超不出生活世界的畛域，教育活动和人在教育中的生活都是属于生活世界的；生活世界是教育的根基，是教育之所以能够促进学生个体多种品质生成的奥妙蕴藏的处所。

　　其次，课程要引入现实生活的因素，要与学生的生活实际密切关联，使生活成为构成课程的重要素材。

　　教育作为一种社会活动，是发生在师生之间的真实的生活世界中的，生活世界是教育发生的场所，学生的体验和经验构成了学校经验的重要内容；生活世界也是教育意义得以建构的场所，课程只有向生活世界的回归才能体现教育意义的真谛。课程是学生的课程，学校教育应该在学生的日常生活中关注教育意义的建构、关注师生之间的对话与理解，这才是有意义的教育、才是充满人性的教育。尽管客观科学的逻辑超越了直观的主观生活世界，但它却只有回溯到生活世界时，才具有它的真理性。

　　生活世界是课程的基础，是目的、意义和价值的源泉。要克服传统课程与学生生活世界剥离的局限，突破学科疆域的束缚，努力向儿童的生活和经验回归。这种回归意味着教育是关于生活，通过生活并为了生活。既要结合书本知识的学习，也要从生活世界中所内含实践性、生成性的旨趣出发，努力创设一些实践与交往活动。这样做既能让学生将知识应用到社会生活中去，同时也能使学生从实践活动与交往活动中体验、感悟、经历生活的实际情境,寻找生活中的问题,发现知识的价值与意义,享受到属于自己的生活的乐趣。

课程要充分利用学生的生活经验。学生是一个活生生的人,他在日常生活中形成的兴趣、爱好、价值取向、情感体验方式等会成为他生命的一部分,并对他在学校的学习起着奠基作用。但在目前的学校里,当学生走进教室时,他不得不把他在课外的观念、兴趣和活动搁置一旁。事实上,学生的已有的生活经验是构成以后认知的必要基础。课程在对学生施加某种影响时,面对着的不仅仅是此时此地的学生,而是一个由过去、现在乃至未来的渴望所共同影响与决定着的学生。学生目前的存在中留下了由以往生活经历所产生的烙印,同时又被学生的理想涂抹上了未来的色彩。因此,课程应当从跨越当前的、过去的和未来的时间纬度上来把握学生,从与学生发生各种关联的人、物、事的空间维度上去把握学生。只有这样,才能得到生成中的人的形象。

第三,寻求课程的生活意义,目的在于统整学生的知识学习与精神建构。学校课程要改变课程过于注重知识传授的倾向,改变课程内容繁、难、偏、旧和偏重书本知识的现状,改变过去强调接受学习、死记硬背、机械训练的现象。加强课程与学生生活和现实社会的联系,促进学科知识的应用,促进生活、体验与学科的统一。"学校不是被动学习预先组织好的教材的场所,而必须是自发地、能动地进行创造和活动的场所,课程不是学科知识的罗列,而必须是由儿童的活动或生活构成的。"[①] 只有当知识学习与学生的经验融化在一起,知识才能与个体发生意义关系,对个体生命的建构发挥作用。

寻求课程的生活意义,乃是在不受制于学科界限的情况下,由教育者和学生合作认定重要的问题和议题,进而环绕着这些主题来形成课程组织,以增强人和社会统整的可能性。"不是把社会文化或学科置于教育过程的中心,强制儿童去接受,而是确认'儿童有固有的观点、思维

[①] [日]佐藤正夫:《教学论原理》,钟启泉译,人民教育出版社1998年版,第156页。

方式和感受方式'的独特的存在。要求外部的文化、学科从属儿童的内在的生命要求。"①

2. 课程内容要回归生活

纵观整个20世纪，课程体系成为惟科学主义的传播者，课程内容指向科学世界，一律采用确定的、量化的方式或符号加以界定，那些很难量化的内容就被排斥在课程内容之外。课程目标指向学生知识与技能的获得，缺乏对生活的正确认识，缺乏对学生的认识，把学生看作是被动的接受知识的容器，忽视学生情感、心理发展，没有认识到学生是作为丰富多彩的生活世界的人而存在并接受教育。它只能使人感到我应该是什么样的，而遗忘了我原本是什么样的，真实感的丧失使课程这个世界变得陌生而遥远了。因而就无法满足学生生活的全部要求，甚至严重扼杀了学生的天性。这种课程越来越脱离生活世界，进而导致教育中生活意义的失落。因而，我们必须以人的现实生活为基础而超越理性生活，建构一个可能真切的完整的生活世界，它不仅要展示学生当前的生活情境，还要致力于学生生活质量的提高和社会发展的整体把握。学校要纠正传统课程哲学的痼疾，使课程与学生的生活实际相关联。课程内容不能仅仅是来自科学世界，还必须以生活世界作为背景和来源，这样课程才能成为沟通学生现实生活和可能生活的桥梁。

首先，"生活世界"蕴涵了一种新的思维取向，它从过程、创造的角度来审视人的文化本性，体现出思维范式的转型。

如果说近代关于人的观念是抽象的、预定的，人的本质是先在就有的，人是自我封闭的、抽象的自然人或理性人，那么，生活世界论关于人的观念则是生成性、境域性的，正是基于这一点，生活世界引入到学校课程的视域中，能为教师和学生解读不同课程文本提供新的视角。

生活世界理论更新了人们的思维方式。在生活世界的视野内，寻找

---

① ［日］佐藤正夫：《教学论原理》，钟启泉译，人民教育出版社1998年版，第147页。

意义是人类生活的出发点和归宿。提高生活质量就意味着善于寻找并提升生活的意义。因此，生活世界观不仅是现代人的一种基本思维方式，还是现代人的一种基本素质要求——学会生活。在生活世界话语的基础上，学校教育是一种特殊的生活过程，而不仅仅是未来生活的准备。学校教育应该关怀教师和学生的当下生活，应当成为此时此刻的个体可能生活价值实现的一种特殊方式。学校教育还应直接启发、拓展个体全面的生活视野和价值视野，引导、尊重个体独特的生活价值取向和追求生活价值的方式，尊重并关怀个体日常生活的价值。

学校课程要加强课程内容与学生生活以及现代社会科技发展的联系，关注学生的学习兴趣和经验，精选终身学习必备的基础知识和技能。课程内容力争反映现代科技发展的新成果，使课程具有时代精神。此外，学校不再单纯以学科为中心组织课程内容，不再刻意追求学科体系的严密性、完整性、逻辑性，注重课程与学生经验结合在一起，使新知识、新概念的形成建立在学生现实生活的基础上。课程内容切实反映学生生活经验，努力体现时代特点，这将会有效地改变学生学习生活和现实世界相脱节的状况，极大地调动学生学习的主动性和积极性。

其次，学校课程须指向真实的生活世界，因为一个个活的生命体不能在理性思维的条分缕析中还原。但这并不是说学校课程要以它的全部时空直接指向生活，而是要在追求知识的同时更要去追求学生的生命价值，唤醒其主体意识。

增强教育内容的生活化，加强教育与学生生活和现实社会的联系，这意味着教育要直接面向社会，与生活融为一体。学校教育要与学生生活和社会现实保持密切的联系，使实践和生活成为学生个人发展的活的源头。正如杜威指出学校必须呈现现在的生活——即对于儿童来说是真实而生气勃勃的生活。像他在家庭里，在邻里间，在运动场上所经历的生活那样。总之，教育生活化作为现代教育发展的重要理念，已经渗透到教育改革的实践之中。

课程不应是单一的、理论化的、体系化的书本知识，而是向学生呈现人类群体的生活经验，并把它们纳入到学生生活世界中加以组织。所以，学生在学校的学习不再只是单一形式的训练或机械记忆，课程内容也不再只是提供一些死记硬背的抽象知识，而是着重培养学生日常生活中所必须具备的基本能力和正确的生活态度，这成为教育生活化之要旨。"人们可能易于承认，最吸引的是使学校成为儿童能真正生活、获得他所喜爱的生活经验、发现经验本身的意义的地方。但是，有时我们听到这样的询问：在这个基础上，儿童怎样得到必要的知识？他怎样经受必要的训练？是的，对于很多人，即使不是大多数人来说，正常的生活过程似乎是与获得知识和训练不相容的。"[1] 学校生活要与儿童自己的生活相契合，满足儿童的需要和兴趣，使校园成为儿童的乐园而不是囚笼和监牢，使儿童在现实的学校生活中得到乐趣；同时，学校生活要与社会生活相契合，适应现代社会变化的趋势并成为推动社会发展的重要力量。

第三，学校课程要向实际生活领域扩展。

由于学校本身受各种条件的限制，使得学校永远无法完整的再现完整的生活，将生活引进学校总是有选择性和局限性。因此，教育要充分利用生活对儿童所具有的发展意义，就不能单靠将生活引进学校，还要走出学校，进入实际生活领域。应该说，教育回归生活主要是在这一层面上说的。

教育向实际生活领域的扩展，不仅意味着内容与范围的拓展，更主要的意味着教育方式的变革，学生的生活不是成人的生活，而是儿童的生活。既然是儿童的生活，那就是以儿童的眼光和方式来审视与实现的生活，不能以成人的标准与方式来处理儿童的生活。

生活的生成与发展意义在于它的活动内容的丰富性、真实性，尤其

---

[1] ［美］约翰·杜威：《学校与社会·明日之学校》，人民教育出版社 2005 年版，第 51 页。

在于它是学生自主选择和自发的活动。对于这样的活动,成人的过多介入会破坏它的真实性,因而会失去其活动的发展意义。但是,教育不直接干预学生的生活过程,并不意味着教育的无所作为,学校可以教会学生对生活内容和方式进行自主选择、自由探索的精神和能力,帮助他们理解不同领域、不同社会空间的生活的不同意义和价值,培养他们的生活态度,所有这些也正是生活世界走进教育所带来的必然转型。

第四,回归生活世界指的是关注生活世界,关注生活世界的整体,并且挖掘、利用生活世界中积极的部分,改造其消极的部分,从而更好地实现师生生命的可能性。

学校教育要关注学生的现实生活,在结合学生理想生活的基础上,建构学生美好的可能生活。

(1) 关注学生的现实生活

现实生活是一个笼统的提法,学生的日常生活有私人生活与公共生活之分。在关注学生现实生活的时候,不仅要看到学生是生活在整个社会生活之中的,还要看到学生个体具体的生活过程和生活情节。理解儿童的生活世界。儿童的生活世界与成人的生活世界有着丝丝缕缕的联系,而且还有其独特的一面。儿童的世界是一个具有他们个人兴趣的人的世界,而不是一个事实和规律的世界。儿童世界的主要特征,不是什么与外界事物相符合这个意义上的真理,而是感情和同情。理解了儿童的日常生活世界,关注了儿童的生活内容、生活方式、生存状态以及其理想生活与可能,教育世界向生活世界的回归才有可能变为现实。

(2) 关照学生的理想生活

作为未成年人的中小学生,在成长的过程中会有很多的理想,对未来生活会有很多美好的向往。这些也是教育世界应该关注的。因而,回归学生的生活世界,必须要了解学生的理想生活

(3) 建构学生的可能生活

建构学生的可能生活是学校课程的根本目的所在,课程在回归学生现实生活世界的旅途中还须关照学生的可能存在和生活。因为可能生活

对学生具有内在价值，能给予学生生存状态和生活方式以人文关怀，而这些也是长期以来我们制定课程内容时常忘却的。因而，课程内容不仅要关注现实生活，更重要的是要有理想性，通过体验现实生活，感悟和追求可能生活，来赋予课程内容生活意义和生命价值。

学校教育在联系学生的现实生活和理想生活时，要带有批判的眼光，吸收其中合理、健康的一面。如果学校教育对下一代的影响总是停留在告诉、复写前人经历过的生活方式的层次上，那么，学校教育就丧失了建构的价值和意义，从而堕落为一种传统的保守势力，成为一种无意识的机械传递式的活动。

第五，提出课程回归生活世界，并非是要回到经验主义、生活中心主义的覆辙上去。

学校课程要关注生活世界至少应包括两层含义：（1）它必须以人类已有的全部文化财富为基础，包括科学知识。（2）生活世界是分层次的，不同阶段的生活世界所包涵进去的科学知识的发展水平不尽相同。认识到以上两点是很重要的，这表明学校课程关注生活世界与对科学世界的关注应是并行不悖的。一方面，学校课程要解决如何既有效地消除学科课中与学生生活实际、社会现实无以相容的一面，另一方面，学校课程要妥善地解决学生的学习时间的有限性与人类文化知识的无限性之间的矛盾。"生活毕竟是重要的事情；儿童时代的生活在程度上不亚于成人的生活。的确，如果认为理智地、认真地重视儿童在丰富的、有价值的和扩展了的生活中现在的需要和力所能及的事，与以后成人生活的需要和可能做到的事有什么冲突，那是奇怪的。'让我们与儿童生活在一起'肯定意味着，首先，我们的儿童一定要生活——不是那种强迫他们在各种不同条件下压制和阻碍他们的生长的生活，对那种条件的最长远的考虑是与儿童现在的生活联系起来的。如果我们寻求教育上的天国，其他一切问题就会迎刃而解——换句话说就是，如果我们了解和同情儿童时代的真正本能和需要，并且探求它的最充分的要求和发展，那么，成人生活的训练、知识和文化修养都会及时到来。"①

因此，学校课程要"回归"生活世界，是指课程要"走进"学生的生活世界，联系学生生活的现实和现实的生活体验、理解、感悟，将儿童置于生活之中来把握和教育；建构学生生活要求发挥教育的生活指导意义，通过教育来完善学生生活，使学生在体验生活和领悟生活真谛的基础上达到人格的自我建构。同时，回归学生的生活世界并不是说传统课程没有生活或不在生活中，而要改变传统课程脱离儿童生活的局面，让儿童走出成人为自己预设的生活，过自己的有价值的生活。

（二）学校场域是对话的运作空间

学校教育需要教师和学生充满活力，懂得欣赏教育过程，能从经验中建构意义。"一个人的活动和别人的活动联系起来，他就有一个社会环境。他所做的和所能做的事情，有赖于别人的期待、要求、赞许和谴责。一个和别人有联系的人，如果不考虑别人的活动，就不能完成他自己的活动。因为，这些活动是实现他的各种趋势的不可缺少的条件。当他活动时，引起别人的活动；别人活动时，也引起他的活动。"② 为此，要把学校建构成一个有意义的世界，我们需要将学校看作为人的生存空间，让教师和学生充分感受到游戏和冒险的自由。

学校通过营造学习对话场域来提供真实自然的情境脉络，创造教育事件发生场域。因为，学习不是个体在头脑中存储事实、理论的简单程序，而是在语境中与他人形成对话，实现自我超越。因此，学校要营造有利于教育事件发生的场域空间，"一个人只有在努力使其观点对其他人明白易懂并进而参与到其他人的观点之中的时候，他才能有效地学

---

① ［美］约翰·杜威：《学校与社会·明日之学校》，人民教育出版社2005年版，第51页。

② ［美］约翰·杜威：《民主主义与教育》，王承绪译，人民教育出版社2005年版，第18页。

习。……真正的对话是一种很高的技巧,这种技巧需要基于交往意愿的同情性的和实践性的引导,这种引导反过来又基于同情地、预期性地参与到其他人的心理之中的能力"①。学校教育是一种开放的、持续的、丰富的交往活动,对话实践内在于学校教育之中,作为场域存在的学校为对话实践提供适切的情境脉络。

1. 对话:学习者自我超越的途径

人的发展过程是生命自我否定、自我超越的过程。"人有内在于生命本性的超越性,有对现实规定性的不满足和对'是其所应是'的不懈追求。人正是通过对自己生命的不断追求和超越,来提示生命的意义和价值,使人不只是一个动物性的存在,更是一个价值存在。"② "思考着未来,生活在未来,这乃是人的本性的一个必要成分。"③ 学习的目的并非只局限于接纳、占有知识,而是从人生命深处唤起自我意识,将人的创造力、生命感、价值感唤醒。缺乏自我意识和超越意识的人必然缺乏行动的动力。唤醒人的超越意识,培养人的超越精神和超越能力,是生命的超越性对学习实践的必然要求。在促进个体生命发展的意义上,课程活动就是一种超越性活动。

作为有意识的生命存在,学习者是不会仅仅停留于现实的满足,而是不停地寻求着对已有本我的超越,追求自身生命价值的不断升华,这正是学习的真正根基。学习者的超越绝不仅仅是一个精神过程,而是以现实为基础、内在地包含着超越性的实践。个体生命的超越性是通过实践活动并在实践活动中完成的。"理想的教育并不是要以各种现实的规定性去束缚人、限制人,而是要使人从现实性中看到各种发展的可能性,并善于将可能性转化为现实性;它要使人树立起发展和超越现实的理想,并善于将理想付之于现实。培养一种理想与现实相统一的人,超

---

① 单丁:《课程流派研究》,山东教育出版社1998年版,第173页。
② 冯建军:《生命与教育》,教育科学出版社2004年版,第299页。
③ [德]卡西尔:《人论》,甘阳译,上海译文出版社1985年版,第68页。

越意识和超越能力相统一的人,这才是教育之宗旨"①。因此,学习作为教育的基本实践形式,必然要凸显生命的自我超越性。而对话型学习是实现自我超越性学习的最佳途径。

2. 对话:追寻生命原点的学习实践

学习源于生命发展的需要,又因人的生命而存在,点化和润泽生命乃学习之终极旨趣。但是,在工厂意象的学校中,学习实践关注的不是人本身的需要,而是把学习理解为社会借此保存、延续、进步以及个体借此来获得某种素质而在未来过上"幸福""完满"生活的工具。这种工具主义思维方式,导致了功利主义学习盛行,遮蔽了学习的生命本原性需求,这是一种本末倒置的做法。因此,学校课程要改变学习内容的呈现方式,确立学生的主体地位,促进学生积极主动地学习;倡导学习过程转变成学生不断提出问题、解决问题的探索过程,并且能够针对不同的学习内容,选择接受、探索、模仿、体验等丰富多样的适合个人特点的学习方式。

学校场域是对话的空间,这就要求课程实施的人性化,课程实施中实现真正的对话、交流和互动。课程实施的人性化必须弱化教材的权威性、弱化教师的中心地位,追求一种师生间平等互换的对话语境,共同进行有关学习主题、意见、思想、情感的交换和分享;师生双方均作为真实的活生生的主体投入于课程实施中,投入于积极对话中,各自敞开自我、接纳对方、互相倾听、互相吸引、互相包容,共同参与"此时此刻"真实的课程实施中。因而,课程实施过程是师生展开对话、理解而达成"我—你"师生关系的过程,是教师与学生运用想象力来从事意义创造和分享的过程。

为了改变工厂意象的学校教育中的非人化现象,把教师的存储者、驯化者的角色转换成学生中的共同学习者。教师与学生需进行"公共领

---

① 鲁洁:《论教育之适应与超越》,《教育研究》1996年第2期。

域"的对话。这种对话是一个开放的系统,有师生的对话、生生的对话、师生与文本及历史的对话等等。对话不只是一种探寻终极真理的形式,而且是帮助对话者做出明智选择与判断的活动。通过对话,"教师的学生与学生的教师"将转换成"教师学生与学生教师"。教师必须与学生一起努力,进行批判性的思考,追求双方的人性化。"如果人通过命名世界来改造世界是在他们说出的词当中得到反映的,那么对话自身就成了他们获取作为人的意义的途径。对话因此有存在的必要。"[1] 没有了对话,就没有了交流;没有了交流,也就没有真正的教育。

对话必须要对知识客体有一种持久的好奇心。对话本身不是目的,而是一种更好地理解知识客体的手段。否则,对话便成了交谈,只注重谈论个人生活阅历而已。"对话是人与人之间的接触,以世界为中介,旨在命名世界。因此,对话不会在想要命名世界的人与不想要命名的人之间发生。"[2] 如果学生没有必需的认识上的好奇心,不能把生活阅历转化成知识,不能把获得的知识用于发现新知识,他们就根本不可能积极地参与到作为学习和认知过程的对话之中来。

权力通过对话得以重新分配,霸权性的话语不复存在了。在学校场域中,每个人都有发言的机会,因为对话是平等的、自觉的、开放的、真诚的和深刻的。对话来自每位参与者的心灵渴望,它不但使对话者彼此达成理解,同时在思想的交流中获得更深刻的认识。对话不是一个人向另一个人"灌输"思想的行为,是双方联合反思和行动。如果自认为是真理和知识的拥有者,而其他人是无知者,那么怎么能对话?"那些不承认自己与他人一样终有一死的人,离进行接触的要求还远着呢。"在对话中,"既没有完全的无知者,也没有完美的圣贤:他们只是一些

---

[1] [巴西]保罗·弗莱雷:《被压迫者教育学》,顾建新等译,华东师范大学出版社2001年版,第37页。

[2] 同上,第40页。

一起努力,学会比现在懂得更多东西的人"①。因此,学生不再是温顺的听众,而是在与教师进行对话的过程中的批判性的合作者。

课程实施变成一种对话交往的过程,师生不仅在认知领域诠释并创造出新的文本,而且共同实现了思想和情感上的协商与转变。于是,学校课程因为对话而变得更有教育意义,学校作为公共场域也比任何地方都需要对话,更离不开对话。

3. 营造学习对话场域

人是关系中的人,人的世界是交往的世界。个体并不是内容和理性的占有者,而是它们的分享者。博学而合理的陈述并不是内部心理的外部表达,而是在不断进行的社会交流中的整合。因此,只有立足于对话型学习的交往关系,学习的过程才能成为生命的激情对话和心与心的交融,才能使学习过程尊重生命,体现尊严,给个性的发展以充分的空间。学校场域的对话处于一个开放的系统,有师生的对话、生生的对话、师生与文本及历史的对话等等。对话不是一种探寻终极真理的形式,而是帮助对话者做出明智选择与判断的活动。

(1) 对话学习的结构

着眼于对话结构,学习牵涉三个维度的对话性实践。"就是跟客观世界的交往与对话,跟他人的交往与对话,跟自身的交往与对话。就是说,学习是建构客观世界意义的认知性、文化性实践,建构人际关系的社会性、政治性实践,实现自我修养的伦理性、存在性实践。"②

与客体的对话。所谓学习,不是习得现成的知识和技能,在头脑中形成"概念性表象";而是学习者通过对象性活动作用于事物及他者的"活的生命体"的实践活动。作为学习对象的客体并不是赋有现成的意

---

① [巴西]保罗·弗莱雷:《被压迫者教育学》,顾建新等译,华东师范大学出版社 2001 年版,第 40 页。
② [日]佐藤学:《学习的快乐——走向对话》,钟启泉译,教育科学出版社 2004 年版,第 20 页。

义,而是学习者借助语言给予命名才能建构意义。知识的意义并不存在于教科书之中,而是通过学习者的工具性思维同客体的对话才得以建构的。这种情境化的、对话式的理解可能发生在真实场景中,也可能通过共享的符号系统"与文本的反思性交谈"。

与自我的对话。在最根本的意义上,学习是学习者以自我为对象,通过自己对自己的主动改造和超越而实现的主动发展。学习者通过与自我的对话,析出自身和反思自身,重建自己的内部经验,改造自己所拥有的意义关系,实现探索与塑造自我,最终实现对自身的超越,对现存的超越。

与他人的对话。学习是内含着同他人关系的社会性实践,是在同他人沟通的社会过程中实现的。一切学习都是在师生关系与伙伴关系之中实现的。对话型学习不是把习得的知识视为个人掌握和独吞,而是与他人一起共享知识。这样,学习是作为同客体、他人对话而实现自我探究和超越的"三位一体"实践。

(2) 对话主体的话语权力平等

对话型学习不是在个体的头脑中存储事实、理论以及合理的探索程序,而是产生各种语境,并使其中所形成的对话能跟他人当前的实际追求联系在一起。要实现自我超越对话型学习,必然要营造学生主动参与的对话型学习场域。这种场域使"学校自身将成为一种生动的社会生活的真正形式,而不仅仅是学习功课的场所"①。主体对话以对他人见解的关注与尊重和对自身见解的反省性思维为基础;以平等的人际关系为前提。

然而,在权威与服从关系的课堂中,经过长时间的准备,教师不仅获得了"解救无知学生"的知识拥有者身份,而且独占了课堂的话语权。对话主体运用的是以"教师提问、学生回答、教师评价"三要素组

---

① [美] 约翰·杜威:《学校与社会·明日之学校》,人民教育出版社 2005 年版,第 29 页。

成的"教室语言"——由知道正确答案的教师提问,不知道正确答案的学生回答,然后教师做出评价。这样,尽管学生扮演对话角色,但是,对话中体现的二项式、即兴式的性质被剥夺了。"就对话而言,学生进入一个早已开始的对话之中,而他和她的声音不可能被听到。这个情况有点类似于一个人突然被推入正在开演的戏剧之中,而他的任务被限定为只能沿着别人在说的话题随声附和。"① 然而,"对话不可能发生在否认他人具有说出他们的词的权利的人和说话权利被否认了的人之间展开。那些被否认了说出他们的词这一基本权利的人,必须首先重新获得这种权利,并阻止这种非人性化的侵犯的继续"②。只有先把话语权力赋予学生,学生的问题意识、创新意识、主体意识才能真正被激发,学生才能真正成为对话的主体;只有采用有利于交流的方式拓展对话中话语和行为的方式,对话型学习才能得以真正实现。因此,赋予学生平等的话语权是主体间对话的基本前提。

(3) 学习的异质性尊重

对话型学习形成的场合是存在差异的场合。置身于差异之中,正是形成学习、形成对话的基础。对话是联合反思和行动,对话需要信任,尊重差异是对话型学习的前提。尊重差异首先要承认学生之间发展的差异性,每个学生都有自己的思想、知识基础、能力和特长,都有自身的需求、潜能;其次,对话双方要通过相互理解来维持差异,而不是仅仅指向于达成一致意义上的共识。只有尊重双方的差异性,才能获得双方的信任。"离开了对人的信任,对话就无可避免地退化成家长式操纵的闹剧。能够把对话建立在信任基础之上,对话就变成了一种水平关系,对话者之间的互相信任是逻辑的必然结果。"③ 因此,差异性正是对话的

---

① [美]莱斯利·P. 斯特弗、杰里·盖尔主编:《教育中的建构主义》,华东师范大学出版社 2002 年版,第 26 页。
② [巴西]保罗·弗莱雷:《被压迫者教育学》,顾建新等译,华东师范大学出版社 2001 年版,第 38 页。
③ 同上,第 40 页。

原动力，抹杀了差异的同一性不可能形成对话型学习。对话作为那些投身于学习实践这一共同任务的人之间的接触，如果双方或一方总是注意别人的无知，缺乏对异质性的尊重，对话就会破裂。因此，学习形成之处，也是尊重和鼓励个别化认识与表达、形成共享这些差异、和谐相处的场所。

第四章 学校课程规划的制约因素

学校进行课程规划主要受三个方面因素影响：学校进行课程规划首先要对学校课程进行价值判断，这就涉及到了课程意识形态问题；其次，如何从教育学立场，而不是简单从哲学视角出发，理解学校场域的知识，也是制约学校课程规划的关键因素；第三，学校场域的教师和学生作为整体的人，对学校课程进行诠释，所以，如何关怀学校场域中人的整体性生命存在也是制约学校课程规划的关键因素。

一、学校场域中的课程意识形态

课程意识形态分析是课程理论及实践的新方法论。课程意识形态是关于课程的信仰和观念。它强调通过对课程实践的阐释，达到对课程的共识性理解，进而维护课程理论与实践的合法性。课程意识形态将课程作为一种话语实践来透视学校课程的存在问题。它不只是停留在一般规律性陈述，而是强调对课程实践情境的特殊性洞察、对课程实践意义的探寻以及对课程实践方向感的确立。课程意识形态具有实践精神、批判精神和超越精神。课程意识形态是课程理论与实践的接合点，对于理解学校课程实践活动具有建设性意义。

课程意识形态是学校课程规划能力的核心因素,它决定学校课程规划的价值取向以及课程选择哪些内容、课程如何实施和课程如何评价等问题。课程意识形态可以让我们从历史的、多元的视角来理解学校课程实践和课程哲学思想,而不再停留于非此即彼的观念层面争论。学校课程不仅仅是什么应被解释为知识的分析性问题,更是一种课程意识形态问题。在对课程领域进行技术和效率问题思考的同时,更应通过对课程意识形态的分析来探寻学校课程实践活动的教育性。课程意识形态是课程理论与课程实践的接合点,通过课程意识形态的解读,我们可以分析课程实践中复杂的相互作用。课程改革的真正成功需要课程政策制定者、课程学者和课程实践者对课程意识形态问题进行思考。"意识形态的方法在这个过程中变为普遍使用的方法,而这个过程还在我们眼前继续,而且因此被置于经验观察之下。"[1] 课程意识形态在理解学校课程实践活动方面具有建设性意义。然而,在学校教育活动中,我们往往忽视课程意识形态对课程实践的影响。

(一)课程意识形态的界定

理解意识形态概念是界定课程意识形态的前提。"意识形态是一个日益多元化的社会的产物,与服务于局部性利益的竞争性群体相联系。……世俗化的意识形态领域关心的则是此岸世界的转变中的公共方案,这个转变通过诉之于科学和理性显然可以自我证明为合法的。"[2] 我们从德斯蒂·德·特拉西的观念科学到马克思和曼海姆著作中可以看到意识形态概念的历史嬗变。

---

[1] [德] 卡尔·曼海姆:《意识形态与乌托邦》,黎鸣、李书崇译,商务印书馆2007年版,第77页。

[2] [英] 大卫·麦克里兰:《意识形态》,孔兆政、蒋龙翔译,吉林北京:人民出版社2005年版,第4页。

意识形态概念最初由法国拿破仑时代的思想家德斯蒂·德·托拉西（Distutt de Tracy）提出。意识形态（Ideology）一词由'Idéo'（观念）和'logie'（学问）构成，它最初的含义是"观念学"，只表示思想理论。托拉西"试图建立一门科学理论，揭开观念的真正起源和本质，把神学从颐使一切科学的地位上驱逐出去，建立思想自身的统一性，再进一步自下而上地重构政治学、经济学和伦理学，使科学统摄整个精神领域，从简单的感知到崇高的信仰"①。尽管意识形态概念描述的科学应该代表一个最高阶段，然而，它很快成了一个谩骂的词，被认为指的是某种思想观念的空洞无物、毫无根据和晦涩诡辩。"当拿破仑发现这个哲学团体反对他的帝国野心，从而轻蔑地称这批人为'意识形态主义者'时，现代的意识形态观便诞生了。因此，这个词带上了贬义，像'教条主义者'这个词一样，一直保留至今。"②

马克思的著作使意识形态概念获得了新的地位。马克思在《德意志意识形态》中把费尔巴哈、鲍威尔和施蒂纳等"青年黑格尔派"的观点称为"德意志意识形态"，指出青年黑格尔派幻想地认为要打的真正战役是观念的战役，认为对所接受的观念采取批判态度就可以改变现实。他们的目的"在于揭穿同现实的影子所作的哲学斗争，揭穿这种如此投合沉溺于幻想的精神萎靡的德国人民口味的哲学斗争，使这种斗争得不到任何信任"③。虽然意识形态概念最初被马克思用于对青年黑格尔派的攻击方面，但是，在马克思、恩格斯刻画社会结构与历史变革中，此概念有了更为一般的作用。马克思、恩格斯把意识形态概念视为一种观念体系，它来自于经济条件与阶级生产关系。马克思在1859年的《政治经济学批判序言》中指出："在考察这些变革时，必须时刻把下面两者

---

① 周宏：《理解与批判——马克思意识形态理论的文本学研究》，上海三联书店2003年版，第38—39页。
② [德]卡尔·曼海姆：《意识形态与乌托邦》，黎鸣、李书崇译，商务印书馆2007年版，第72—73页。
③ 《马克思恩格斯全集》（第三卷），人民出版社1960年版，第15—16页。

区别开来：一种是生产的经济条件方面所发生的物质的、可以用自然科学的精确性指明的变革，一种是人们借以意识到这个冲突并力求把它克服的那些法律的、政治的、宗教的、艺术的或哲学的，简言之，意识形态的形式。"①

在马克思以后，意识形态概念出现了新的中性化倾向。列宁号召以一种"社会主义意识形态"来抗击资产阶级意识形态，避免"自发工联主义觉悟"②的陷阱。从中可以看出，意识形态概念在马克思主义内隐含了中性化。卡尔·曼海姆的《意识形态与乌托邦》"代表在马克思主义传统之外第一个系统进试图阐述意识形态这一中性概念"③。曼海姆认为"'意识形态'这一术语总的说来有两个截然不同的和可区分的含义——特殊含义和总体含义"④。"正是马克思主义理论首先融合了意识形态的特殊概念和总体概念。正是这一理论在思想上首先给予阶级地位和阶级利益的作用以应有的强调。由于马克思主义发源于黑格尔主义，所以它能够超越分析心理学的层次而在更综合的哲学背景下提出问题。"⑤我们可以看出，曼海姆将马克思对意识形态的讨论视为从意识形态特定概念过渡到意识形态总体概念的决定性阶段，他试图阐明将意识形态理解为一种研究社会思想的解释方法，在表达这种希望时，反映了特拉西关于观念科学原来纲领的目标。正像英国社会学家约翰·B.汤普森概括的那样，"曼海姆的《意识形态与乌托邦》是这一复杂历史中的一个关键内容；它把意识形态概念集中在思想的社会决定的一般问题上，从而

---

① 《马克思恩格斯选集》(第二卷)，人民出版社 1995 年版，第 33 页。
② 列宁：《怎么办？我们运动中的迫切问题》，引自《列宁选集》(第一卷)，人民出版社 1972 年版。
③ [英]约翰·B.汤普森：《意识形态与现代文化》，高銛等译，译林出版社 2005 年版，第 52 页。
④ [德]卡尔·曼海姆：《意识形态与乌托邦》，黎鸣、李书崇译，商务印书馆 2007 年版，第 56 页。
⑤ 同上，第 75 页。

把对意识形态的分析作为与知识社会学共同扩展的过程"①。

课程意识形态是教育理论和实践工作者关于课程的信仰和观念。课程意识形态是课程理论与实践相互作用的一种共同意义协定,它为理解复杂课程实践的意义提供主要途径。作为信仰系统,课程意识形态是一种潜在力量,是具有课程实践行动导向作用的话语。它是个体感知课程世界存在以及激活个体与课程世界联系的必不可少的中介。课程意识形态"在很大程度上是通过控制意义、通过'操纵'我们常识性使用的思考分类和模式起作用"②。课程意识形态强调与课程实践相对应,通过对课程实践的阐释,达到对课程现实共识性理解,进而通过控制最终的正确原则维护课程理论与实践的存在合法性。课程实践的发展变化与课程意识形态紧密相关,理解课程意识形态就能更深地理解学校课程的过去、现在和未来。但这里的课程意识形态不是像阿普尔所述的政治性质的意识形态对课程实践的影响和控制问题,而是其作为话语实践的存在问题和在课程实践之中的功能问题。

课程意识形态和课程哲学有什么关系?对课程世界含义的诠释都永远是一个历史决定的、持续发展的过程,这些含义决不是绝对的。从课程意识形态角度分析课程哲学思想,一切价值和观念都以相对性出现。这样,我们将不再固执于课程理论争论中的哪一派手中持有真理,而是直接注意从复杂的课程实践的历史发展过程中去发现真理。通过从课程实践历史来研究课程意识形态的方法,最终将比课程思想的逻辑攻击更有意义。即使课程意识形态没有发现课程实践的真理本身,他也将发现与其有关的教育实践背景和环境。同时,尽管课程意识形态和课程哲学具有一定相似性,但两者还有一定的区别。前者是以它们的情境性和行动定向性为特征的。课程哲学是从普遍存在的课程现实出发回答"什么

---

① [英]约翰·B.汤普森:《意识形态与现代文化》,高銛等译,译林出版社2005年版,第31页。

② [美]迈克尔·W.阿普尔:《意识形态与课程》,黄忠敬译,华东师范大学出版社2003年版,第181页。

是真的",在这种意义上来说,课程哲学通常是抽象的、普遍的。而课程意识形态是与特定时间、地点和社会背景高度关联的情景化的、具体的,具有操纵性。"哲学是解释性的,它们力图解释什么是真的,……所有哲学都力图解释最普遍的人类所关注的东西,以努力建构意义。……意识形态也是对意义的一种探寻,它更多是关注经济、政治以及社会的意义,这些情景中的意义来自于一种对过去的解释,这种过去历史的或者虚构的,或者是两者兼而有之的结合体以及来自对政策和计划的一种解释。它与哲学的思辨的分离或分析的反省是不同的,意识形态旨在行动。它经常是解释行动的基本原理。"① 与课程哲学对课程意义的思辨式探究不同,课程意识形态诉旨在确立课程实践要达到的目标。课程意识形态不只是停留在一般规则、规律性陈述,而是强调对课程实践情境的特殊性洞察、对课程实践意义的探寻以及对课程实践方向感的确立。

(二)课程意识形态的实践精神

课程意识形态通过实践方式表达课程价值立场。课程意识形态对学校教育实践非常重要,它的作用在于赋予课程实践活动的合法性。课程意识形态具有概括性、适用性的权威。课程实践要达至某一理想的目标状态,必然要依赖于一种课程意识形态为之确认运行的方向。课程意识形态控制和支配学校课程实践活动,它潜在地引导着学校关于应该教什么、为什么目的而教,以及因什么原因而教的信念。它在形成教育政策、期待、结果和目标方面发挥作用。"学校选择其中最优秀的东西,全部自己使用,努力强化它们的力量。随着社会变得更加开明,学校认识到它的责任不在把社会的全部成就传递下去,保存起来,而只是把有助于未来更美好的社会的部分传递和保存起来。学校就是社会完成这个

---

① [美]杰拉尔德·古特克:《哲学与意识形态视野中的教育》,陈晓端主译,北京师范大学出版社 2008 年版,第 173 页。

目的的主要机构。"① 而什么是最优秀的东西，什么有助于未来社会，什么样的社会是更美好的社会等问题都需要课程意识形态来判定其合法性。课程意识形态作为信念体系，指导人们做出关于实践性教育事件的决策。学校对知识的选择、对学校环境行为的设计等常常基于一定的课程意识形态，这些为课程实践者的思维和行动提供了准则。它存在于学校课程目的的确定、内容的选择和评价原则的制定，以及教师、学生和家长对学校的评价等各个方面。今天，人们很少质疑发展读写能力的课程目标，而是否应该把音乐、绘画或性教育等内容作为课程的重要部分就会倍受争议。"我们应如何看待这个问题呢？首先，是根据其在意识形态中的重要性来确定什么是课程中的问题。其次，要认识到当一种课程的意识形态特别强调某一学科的重要性时，这门学科就已经不可避免地成为了问题所在。"② 课程意识形态决定着学校所教知识的合法化。

课程意识形态不仅仅是课程意识问题，而且为课程实践提供依据。课程意识形态并非只是处于抽象水平上的意义堆积，更是指导课程实践行为的有效的、起支配作用的意义和价值系统。课程意识形态渗透于日常课程实践活动之中，其最重要的作用是在学校课程实践情景中扮演有意义的角色，并为之提供一个有使用价值的情景界定。课程意识形态反对学校教育将课程哲学思想与课程现实世界分割开来的倾向，它努力要赋予课程实践以意义，并将其解释为可能进行有目的的活动。我们必须不断地从课程意识形态的角度去分析学校课程实践。只是在这种情况下，我们才可能有足够敏锐地形成反映课程实践的正确思想，削除脱离课程实践的片面性。从课程意识形态分析课程实践，我们更有可能把课程事件的短暂性当作事实来接受，而不存在着关于课程实践的超越历史的终极的永恒真理。从课程意识形态角度理解学校课程实践，我们自然

---

① [美] 约翰·杜威：《民主主义与教育》，王承绪译，人民教育出版社2005年版，第26页。
② [美] 埃利奥特·W. 艾斯纳：《教育想象——学校课程设计与评价》，李雁冰主译，教育科学出版社2008年版，第48页。

会意识到课程实践总是比我们在特定条件下形成的课程思想更为复杂，这样，我们将更好地理解课程实践。

课程意识形态是由学校课程历史和现实决定的。不存在脱离具体实践的经久不变的、普遍的、具有永恒价值的课程意识形态。只有参照与课程意识形态相关联的有效的具体环境，才可以理解它的存在。课程意识形态建基于对学校课程实践的解释之上。课程意识形态不是武断的和任意的思想结构，而是扎根于以经验为根据的学校课程实践之中，是在我们体验一个无限多样化的和复杂的课程世界中所形成的课程信仰系统。"这些抽象本身离开了现实的历史就没有任何价值。它们只能对整理历史资料提供某些方便，指出历史资料的各个层次的顺序。"① 课程意识形态产生于确定的课程实践环境中并与其状况密切相联的。它不仅存在思辨方式之中，而且存在于课程实践变化的丰富的和多样性的细节事实之中。正是由于课程实践的多样性才产生了课程意识形态的多样性，不同的课程意识形态最终都可以归结为对同一教育实践的不同体验方式。只有当我们有意识地寻求导致课程意识形态不真实的实践因素时，我们才会恰当地对其做出解释。那些不能随着课程实践变化而发展的课程意识形态往往是个体认为理所当然的一些偏见，必须受到彻底的批判。不符合实践的课程意识形态的危害就在于它不能把握不断变化的现实。

(三) 课程意识形态的批判精神

课程意识形态对学校课程实践具有批判精神。课程意识形态不断质疑学校课程实践并纠正其不恰当的程序。课程意识形态代表课程哲学思想扩展的持续过程，其目的不是取得超时限的有效结论，而是尽可能扩大我们的教育视野。"人具有的自我反思和自我超越功能使意识批判成

---

① 《马克思恩格斯选集》(第一卷)，人民出版社1995年版，第74页。

为可能。人永远不会满足于当下的社会状况，总是面对着当下的缺憾而设想未来。这种乌托邦情绪使人们能够从当下意识形态的外面客观地审视这个意识形态。……意识形态的批判与超越关键还在于现实的社会实践，还在于科学的实践思维方式。"① 课程意识形态不断突破学校课程实践的狭隘性，不断寻求从比以往更广泛的教育背景去理解和解释学校课程实践。只有当学校教育彻底意识到其课程实践活动的局限时，它才是走在探寻整体理解学校课程的道路上。当某种课程思想不再适用于理解学校课程世界时，不能解释因势而变的新的课程实践时，它将掩盖课程实践行为的真正含义，造成对课程实践的歪曲。而且，这种课程思想常常拒绝超越自己的传统，试图防卫它的假定不受质疑，并装出高尚的动机。这种情况下，学校课程实践就必然需要课程意识形态的批判精神。

由于课程意识形态产生于特定的环境，关于学校课程的思想观点总是同某种形式的学校课程实践经验相联系。因此，在课程理论发展的不同历史时期，在不同的课程实践活动中，都存在着课程意识形态的差异。课程意识形态是动态的，处于不断的变化形成过程之中。课程意识形态是课程实践变动的格外敏感的参数，它因学校课程实践的不同而在自身的部分或整体方面都不相同。这样，对课程实践的持续的和一贯的变化重新做出解释，就成为课程意识形态的主要任务。课程意识形态的批判精神可以从施瓦布（J. J. Schwab）的"实践的课程范式"课程思想中反映出来。施瓦布的课程范式以亚里士多德的"实践观"等古希腊的哲学传统、杜威等美国实用主义哲学观以及现象学和存在主义等现代欧洲大陆的人本主义哲学思想为基础，认为课程的终极目的是实践兴趣。实践的课程范式批判了目标模式的师生观。在目标模式中，教师孤立于课程之外并被目标所控制。课程按照规定的目标来编制，教师必须奴性地按照固定的目标来实施课程，学生则受教师和教材的双重控制。而实

---

① 周宏：《理解与批判——马克思意识形态理论的文本学研究》，上海三联书店2003年版，绪论20页。

践的课程范式强调"教师即课程",教师是课程的有机构成部分,是课程的主体;学生通过其全部生活经验参与到改造课程的过程中,接受和创造课程成为同一过程。"施瓦布认为脱离特殊的实践情境的抽象的结果是没有意义的,真正有意义的结果是在适应实际的兴趣、需要和问题的过程中实现的,是内化于过程之中的,因而施瓦布实践的课程范式关注的焦点便转向课程系统诸要素间相互作用的过程,尤其关注学习者的兴趣和需要。"[①]

(四)课程意识形态的超越精神

课程意识形态的超越精神是某些关于学校课程的思想暂时朝向于与直接学校课程环境不一致,并暂时显得有些"脱离学校课程现实",但当条件成熟时,这种学校课程思想不仅不会打破学校课程实践的秩序,而且将直接指导课程实践活动,最终实现预定的学校课程目标。课程意识形态的超越精神是相对意义上的乌托邦,是从一个已经存在的学校课程实践秩序上看似乎不可能实现。这种超越精神是教育实践所必要的,因为"社会生活实际的和具体的形式一直是建立在这种与现实不一致的思想'意识形态'状态的基础之上"[②]。课程意识形态的超越精神与现存学校课程实践秩序之间是辩证关系。课程意识形态产生于课程的实践活动领域,与一定的课程历史发展阶段紧密联系,它的首要任务是积极地发现超越现存环境的课程理念,并成为现实课程实践不断变革的力量,促进课程实践的发展。课程意识形态的超越精神是通过课程意识形态与课程实践的现存状态的不断调和,使课程现实不停地向课程思想理想性接近来实现的。

课程意识形态的超越精神不同于纯粹的乌托邦。课程意识形态的超

---

① 单丁:《课程流派研究》,山东教育出版社1998年版,第237—238页。
② [德]卡尔·曼海姆:《意识形态与乌托邦》,黎鸣、李书崇译,商务印书馆2007年版,第196页。

越精神不是纯粹意义上的乌托邦。乌托邦通常是不适应现在秩序并且在未来也不可能实现的虚幻思想。"一种思想状况如果与它所处的现实状况不一致,则这种思想状况就是乌托邦。"① 乌托邦是超越实现可能性的思想,虽然它可能是善意的动机,但它事实上从来没有也不可能在未来成功地实现自己。衡量什么是纯粹的乌托邦,什么是课程意识形态的超越精神的恰当标准是看它们能否实现。那些被证明只是歪曲地说明过去、现在教育实践的思想,而且以后也无法得以实现的思想观点就是纯粹的乌托邦。课程理想的实现程度就是区分纯粹乌托邦与课程意识形态超越精神的尺度。课程意识形态的超越精神只是局部或全部地打破当下的学校课程实践秩序,是一种超越学校课程现实的取向,在另一个学校课程实践秩序中是可以实现的。当它们转化为学校课程行动时,课程意识形态是可以指导和转化成先进的学校课程实践活动。今天的课程意识形态的超越精神可能会变成明天的学校课程实践的现实。课程意识形态的超越精神往往是早熟的关于未来学校课程实践的真理。

  课程意识形态的超越精神不是单纯反对或瓦解学校课程现状,而是对现实存在的学校课程实践的近似补充的一种课程愿景。课程意识形态的超越精神包含着朝向实现新的学校课程实践秩序的因素,这些因素有助于瓦解过去或现在的学校课程实践不合理的旧秩序,而一旦具备了条件,这些因素部分或全部地转变为学校课程实践。在学校课程实践中,必然会产生超越一定现实的课程意识形态,它以观念的形式说明课程活动的理想状况。课程意识形态的超越精神包含了当下学校课程实践未能实现的课程理想和未被满足的实践倾向,最终会变成打破现存学校课程实践秩序局限的爆破材料。现存学校课程实践秩序产生出课程意识形态的超越精神,这种超越精神反过来又成为打破现存学校课程实践秩序的纽带,使学校课程实践得以沿着未来的学校课程实践秩序方向自由发

---

① [德] 卡尔·曼海姆:《意识形态与乌托邦》,黎鸣、李书崇译,商务印书馆 2007 年版,第 196 页。

展。如果缺乏这种课程意识形态的超越精神，学校课程实践活动就会产生不愿超越学校课程现状的态度，就会倾向于把仅仅在现有的学校课程秩序下不可实现的东西看成在任何学校课程秩序下都完全不可实现的。课程意识形态中总有些不适合于现行秩序的思想，都是"超越情况的"或"非真实的"。但课程意识形态的超越精神是对保守主义课程思想的颠覆。保守主义课程思想本身因缺乏超越精神，使课程实践活动易于满足适应现存的课程环境，忽略对其作理论分析，因而拒绝教育变革。如果混淆了学校课程实然状态与应然状态的界线，学校课程实践活动便压制了课程意识形态的超越精神的有效性。

二、学校场域的知识存在

对学校场域知识存在的理解直接影响到学校教育的课程观、学习观和教学观等方面。对学校场域知识存在的理解是从教育学立场出发来界定什么知识对于学校教育最有价值，学校应该将什么知识纳入课程。从知识的呈现形式、获得过程和最终结果角度看，学校场域的知识在作为客观、普遍性的公共知识存在同时，也作为一种建构性的个人知识存在。学校教育通过知识的意义生成把公共知识和个人知识统整。

对学校场域知识存在的理解，就是回答"什么是知识"、"什么知识最有价值"等问题，这是任何学校教育都无法回避的问题。现代西方知识论从知识的基本性质、知识成为可能的条件以及知识表达的形式与世界之间的关系出发，形成了三种不同的知识观，即理性主义知识观、经验主义知识观、实用主义或工具主义知识观。这三种知识观是否适合于学校教育呢？学校通过知识来促进学生成长与发展，它是实现知识教育功能的场域，因此，我们不能局限于上述三种知识观，而应该从教育学立场出发来界定学校场域所特有的知识。形成合理的学校场域知识理解是深入理解教育改革的前提，也是深入理解各种课程理论的基础。

对学校场域知识存在的理解支配着学校的教育理念和课程行为,它是学校教育的逻辑依据,对学校教育实践及课程规划有非常重要的意义。学校场域的知识存在于特定时间、空间和价值体系之中。"'学校知识'即使是通过正式课程加以授受的,也存在着教学过程中借助师生之间的交往和相互解释而加以再定义、再建构的一面。"① 它的价值需要通过个人形成一定的意义系统来表达。从知识的呈现形式、获得过程和最终结果角度看,学校场域的知识分为公共知识和个人知识两种。学校场域的知识作为客观、普遍性公共知识存在同时,也是作为一种被能动领会与应用的建构性个人知识存在。学校教育通过知识的意义生成而把公共知识和个人知识统整。

(一) 学校场域的公共知识

学校场域的知识首先是一种公共知识。公共知识是人类认识发展的历史积淀物,它作为知识信息形式存在,具有抽象性、客观性和公共性。知识的公共性表现在它把以往积淀和存储的信息内容浓缩到符号系统中并以符号化方式独立存在,它以新的客体身份成为不同时代、不同区域、不同主体掌握的对象。这种公共知识具有客观性。学校教育以知识为内容与载体。学校场域的知识首先"是人类认识的成果,它是在实践的基础上产生又经过实践检验的对客观实际的反映"②。"是客观事物的属性与联系的反映,是客观事物在人脑中的主观映像。"③ 它是"意识的存在方式,以及对意识说来是某个东西的存在方式"④,并以事实、概念、命题、公式、定理等为表征形态。学校场域的公共知识是经过了前人或他人反复检验的知识,显现了人类知识产生的一般过程和基本规

---

① 钟启泉:《"学校知识"与课程标准》,《教育研究》2000 年第 11 期。
② 《中国大百科全书·哲学 II》,中国大百科全书出版社 1985 年版,第 1169 页。
③ 《中国大百科全书·教育》,中国大百科全书出版社 1985 年版,第 525 页。
④ 《马克思恩格斯全集》(第 42 卷),第 170 页。

律，从而正确地揭示了自然世界和人类社会规律的科学知识。它是一种符号化的、客观的、绝对的、凝固着人类智慧的结果性知识。学校场域的公共知识是客观的，它以独立于任何个体主体精神世界之外的客体化方式存在，它追求的是与事物本身或事物之间本来关系的相符合。它能够得到普遍认同和尊重。如果没有得到普遍认同和尊重的知识标准，知识本身的客观性就不可能得到保证。知识的公共性标准是知识客观性的必要条件。

学校场域的公共知识具有真理性。"知识就是证实了的真的信念（knowledge is justified true belief）。"① 真理性是衡量学校公共知识含量以及社会价值的标准。柏拉图把知识定义为具有合理解释或的真信念，从此，哲学家提出了知识的三要素分析："（SA）S 知道 p，当且仅当：（1）p 是真的（成真条件）。（2）S 相信 p（信念条件）。（3）S 在相信 p 上恰当地得到辩护（辩护条件）。如果某个东西事实上是假的，那么你不可能知道它是真的。……如果你想知道 p，那么 p 必须是真的。成真条件就被设计来排除错误的可能性。"② 因此，学校场域的知识至少应该是真理性的，它必须满足的第一个条件是成真条件。

公共知识具有可传递性。"知识是在详述的话语实践中可以谈论的东西：这是不同的对象构成的范围，它们将获得或者不能获得科学的地位。"③ 学校场域的公共知识具有一种"非人格性"（impersonality）和"公共可传达性"（a public communicability），它可以在不同主体间实现知识信息内容的交流。公共知识以人的感觉经验为基础，得到了普遍的经验证实或逻辑证明的，是纯粹经验的和理智的产物，是对不以人的意志、趣味和利益为转移的客观事物的正确反映，具有一种广泛的可传播性，它与认识对象的客观属性和认识主体的认识能力有关。公共知识是

---

① 胡军：《知识论》，北京大学出版社 2006 年版，第 66 页。
② 徐向东：《怀疑论、知识与辩护》，北京大学出版社 2006 年版，第 249—250 页。
③ ［法］米歇尔·福柯：《知识考古学》，谢强、马月译，三联书店 2007 年版，第 203 页。

可以为不同的个体所掌握和应用的。当学校的教师和学生将公共知识作为认识对象加以处理时，他们能够按照自己头脑中所储备的某些反映人类知识公共性质的概念体系及内在信息参照系加以接受，这就要求公共知识遵循人们共有的逻辑理性思维原则，能够被人们理解和传递。公共知识可理解性的深刻根源在于知识的公共性。正因为知识内容是公共性的，知识的可传递性才成为可能。"知识被符号化后，在信息内容组织方式上具有一定规则，符合一定句法逻辑和思维逻辑，反映着人们共同的认识图式结构，因而能超越特定的个体，成为人们共享的对象。从信息观点看，学习知识是一种信息的接受、加工、储存活动。既然知识是一种观念化符号化了的有序信息组合，那么人们就可以直接接触其符号，将符号物理形式诸如声波、光波等同主体感知系统联系起来，借助符号的感知来接受符号所承载的信息内容。"①

将学校场域的知识理解为一种公共知识体现了理性主义知识观的合理内核。理性主义知识观最早可以追溯到柏拉图（Plato）。在《理想国》中，柏拉图争辩说："知识天然地与有相关，知识就是知道有和有者的存在状况。""知识与'有'相关，知识的目的在于认识'有'的状况。""既然知识与有相关，而无知必然与无相关，因此，我们必须要找出和无知与知识之间的状况相对应的东西来，"而这种东西就是"意见"。显然，"意见和知识不是一回事"。"意见既非无知，亦非知识。"②这里的"意见"可以理解为未经证实的"信念"。知识和信念是完全不同的东西，知识并不像信念那样是不可错的，知识在于对必然真理的绝对确定的把握。他认为"知识就是真理，就是'理性的作品'"③。近代哲学的奠基人笛卡尔（Rene Descartes）继承和发展了柏拉图的理性知

---

① 昌家立：《关于知识的本体论研究——本质、结构、形态》，四川出版集团 2004 年版，第 26—27 页。
② ［古希腊］柏拉图：《理想国》，郭斌和、张竹明译，商务印书馆 2002 年版，第 220—223 页。
③ 石中英：《知识转型与教育改革》，教育科学出版社 2005 年版，第 13 页。

识观。笛卡尔之后，斯宾诺莎（Baruch Spinoza）、莱布尼兹（Gottfriend Wilhelm Leibniz）以及康德（Immanuel Kant）等也都强调知识构成中的逻辑成分及知识形成中的理性作用。斯宾诺莎将人类知识分为三种，其中第二种知识是"从共同概念和关于事物的特质的正确观念而得来的观念，……是一种按照已经证明了的公理或概念进行演算和推理的科学知识"[①]。康德认为"我们的知识来自于内心的两个基本来源，其中第一个是感受表象的能力（对印象的接受性），第二个是通过这些表象来认识一个对象的能力（概念的自发性）；通过第一个来源，一个对象被给予我们，通过第二个来源，对象在与那个（作为内心的单纯规定的）表象的关系中被思维。所以直观和概念构成我们一切知识的要素，以至于概念没有以某种方式与之相应的直观、或直观没有概念，都不能产生知识。这两者要么是纯粹的，要么是经验性的"[②]。总之，理性主义知识观追求人类知识的"客观性"，知识客观性的主体条件是人的理性。所以知识一旦获得，它们就具有客观性、绝对性、普遍性。

学校场域的公共知识有利于学生发展的统一性，但是，公共知识表现为一种静态知识，容易导致学校教育将知识看作一种客观事实而存在，进而将它局限于作为人类认识的成果，是客观事物的属性与联系的反映，是客观事物的主观映像。"现代科学的目的就是建立一套严格客观的知识体系，任何达不到这一标准的知识都只能被当作暂时的、有缺陷的知识，并且这种知识的缺陷迟早应加以剔除，否则就应该被淘汰。"[③] 如果学校教育将公共知识视为最合理的、最严格、最精确的知识，不需要也不能够对其再进行质疑，这必然的结果是对公共知识的盲目崇拜和无休止的追求。学校教育也就主动放弃了对这种知识合理性的质疑，而且也在绝大多数情况下漠视甚至阻止学生对这种知识合理性的

---

① 洪汉鼎：《斯宾诺莎哲学研究》，人民出版社 1993 年版，第 531—532 页。
② ［德］康德：《纯粹理性批判》，邓晓芒译，人民出版社 2004 年版，第 51 页。
③ 石中英：《波兰尼的知识理论及其教育意义》，《华东师范大学学报（教育科学版）》2001 年第 6 期。

质疑。如果学校场域的知识只停留于公共知识，学校的师生就会将它作为客观性、终极性、中立性、确定性的真理而接受。这种知识观被杜威称为"知识的旁观者理论"。"知识的旁观者理论"所导致的结果是：用清晰而精确的术语确定课程内容，课程实施只是将先验的知识呈现、传递给"无知"的学生。这种知识观未能注重学生的个体差异与充分发掘个人的潜能，个人因素在知识掌握与创造中的作用受到忽视，导致理智与情感、科学与人性的内在分裂。

（二）学校场域的个人知识

在学校场域中，个体生活在真实情境中，有自己独特的个性、需要和潜能。如果学校教育单纯传授客观性公共知识，忽视学生个人知识所具有的意义，那么这种教育的后果是：一方面，它只会让学生在头脑中储存一些知识符号，使学生认为学校生活只有公共世界而无个人世界，造成学校教育与学生生活世界相脱离；另一方面，学生对于知识本身所蕴涵的意义缺乏个人理解，不能充分地将这些知识运用于具体情境，造成学生经验中最具有个性的东西丢失了，学校教育必然缺乏个性化。学生只有参与到知识的创造过程中去，在知识的获取中发挥个人因素，才不至于被客观性知识的洪流所淹没。个人知识不仅对个体学习和掌握客观性公共知识具有意义，而且对于提升个人知识经验也有价值。如果学校教育尊重个体的生命存在，找寻消逝的个体，就必须关注个人知识。学校教育应重视学生的个人知识，彰显个人知识对学习公共知识的价值。

迈克尔·波兰尼是从认识论角度理解个人知识。波兰尼针对西方传统的经验主义和理性主义纯粹客观的科学知识观提出了"个人知识"理念。"个体知识"并不是一种相对独立的知识形式，而只是对科学知识性质的一种新表述。波兰尼主要从三个方面表达其"个人知识"的认识论框架。第一，知识具有个人性，是一种要求技能的行为，是一种艺术。每一项这种行为，都需要参与人热情洋溢的个人介入。第二，知识具有缄默性，在一定程度上是不可言传的。第三，知识是一种信念，是一种寄托。"真理的思维隐含着寻求真理的欲望，而正是在这一意义上它是个人的。但是，由于这样的一种欲望是追求某种与个人无关的东西的，所以，这一个人动机具有一种与个人无关的意向。我们通过接受寄托的框架来避免这些表面的矛盾，即在这一框架中，个人性与普遍性都是互为必要的条件。在此，个人性通过对普遍性意图的断言而显示自己的存在，而普遍性则由于它被承认为这一个人寄托的与个人无关的条件而得以构成。"[1]

学校场域的个人知识是指学生个人从自身独特的经验和感受出发，在对客观性公共知识理解的基础上，通过顺应或同化等心理过程，所形成的带有主观因素的知识。它的存在主要表现为一种知识信息加工、编码、整理、转换和提取的过程，它同主体运用语言、概念、判断的思维过程紧密联系着的。它具有主观性、参与性和缄默性。从内容来源上分类，个人知识既包括个人从其生活经验中所获得的独特的感受、理解和体验，也包括从公共知识中获得而内化为个人独特知识结构中的客观的、经过确证的知识；从表现形式上分类，个人知识既包括以概念、命题、公式、图形等语言符号形式表现出来的显性知识，也包括由直觉、顿悟所产生的不可言传的缄默知识。学校场域的个人知识观是对个人求知热情的因素以及知识中不可言传方面的重视。

个人参与是学校场域知识存在的关键因素。在学校场域中，作为客观性存在的公共知识必须内化为个人知识，因为"说事实是可以为一类知识者所不知道而同时又是该知识者所承认为事实的事实，这实在是无法说得过去的。这等于说事实可以为一类知识者所不知道而又为该类知识者所知道"[2]。学校教育不能停留在公共知识本身属性的认识，而是通

---

[1] [英]迈克尔·波兰尼：《个人知识——迈向后批判哲学》，许泽民译，贵州人民出版社 2000 年版，第 472—473 页。

[2] 金岳霖：《知识论》，商务印书馆 1983 年版，第 772 页。

过个人的对公共知识的参与实现对公共知识属性的认识，以便引起学生个体身心的变化、认知结构的变化，来构建其智能结构，形成个人知识。能够认识事物，是人的本性；可以被认识，是事物的自然之理。以人的认识的本性，去探求可知的事物的道理。正如荀子所说："凡以知，人之性也；可以知，物之理也。以可以知人之性，求可以知物之理……"① 个人知识不是公共知识通过"授—受"行为的简单移植，而是必须经历学生的主动参与和自主建构来形成。个人知识是个体通过与环境（包括公共知识）相互作用后获得的信息及其组织。学校场域的公共知识只有被学生整合、应用到具体的社会实践中才能发挥作用。这种整合的过程更是一种非常个性化的实践过程。就像波兰尼所举的弹钢琴例子。弹钢琴必须懂得必要的乐理、指法等公共知识，但是一个人知道了这些知识后并不一定能演奏一首很好的旋律。如果他想这样做，就必须在自己的演奏生涯中反复地运用这些知识，直到它们已经变为他自己的经验和习惯，得到了完全个性化的理解和表现。学习不仅是外在的、理性的、机械的反映过程，更是一种内在的、存在的和主动的参与过程。与外在的反映过程相对而言，这种内在参与性才真正诠释了学校场域知识的真谛。

个人知识的形成蕴含着社会化与个性化的统一。公共知识是客观存在的，但是学生并不是被动地学习和记录公共知识，学生是以自我经验为基础，通过自己对公共知识的主动解释和自主建构，达到对公共知识的理解和意义赋予。在学校场域中，学生的个人经验是不可缺少的。"小孩子对于一个词的意义的理解要受他个人经验的影响，要受他的环境和感觉系统的决定。一个经常看到毛毛细雨的小孩和一个只见过热带倾盆大雨的小孩，对于同一个'雨'字的意义会有不同的理解。一个近视眼的小孩和一个远视眼的小孩对于同一个'床'字也会有着不同的意象。"② 学校场域的知识与学生的兴趣、价值观、生活环境等密切相关。

---

① 《荀子·解蔽》，安小兰译注，中华书局2007年版，第234—236页。
② ［英］罗素：《人类的知识》，张金言译，商务印书馆2005年版，第11页。

对于不同学生来说，知识是否可以被接受，还取决学生的认识兴趣及对其是否进行选择。缺乏认识兴趣，公共知识就不会有成为认识对象，学习行为就会陷入无的放矢的境地，学生也只能停留于对其符号的物理形式的感知与机械记忆。因此，如果片面强调公共知识，强调知识是客观的、确定的和终极解释的，忽视个人知识，学校教育活动就会产生认识论中的权威主义，将认识真理的权力归于少数知识精英，缺乏个人发现真理能力的培养。"知识，也是一个空间，在这个空间里，主体可以占一席之地，以便谈论它在自己的话语中所涉及的对象。"① 学校教育不是以知识而是以学生发展为直接的研究对象和活动目的。学校场域的知识要想实现其教育价值，就必须强调知识的个人性，形成一种个人信念。

学校场域的个人知识强调了知识的主观参与性和知识的默会性，体现了经验主义和实用主义知识观的合理内核。经验主义知识观在培根（Francis Bacon）和洛克（John Locke）那里得到了最集中的阐述。培根认为，真正的知识就是对外界事物忠实的反映。观察和实验是获得这些知识的最可靠途径。实用主义知识观产生于19世纪末20世纪初，以美国心理学家詹姆斯（William James）和杜威（John Dewey）为代表。在詹姆斯看来，知识的标准既不是主观的理性形式，也不是客观的感觉经验，而是能够产生令人满意的行为结果。杜威进一步发展了詹姆斯的思想，他认为："在具体的实践过程中，在有机体和环境的相互作用过程中，有机体既要对周围环境，又要对外来刺激有所反应，知和行无法截然分开。知识不是孤立的、自我充足的东西，而是包罗在用以维持和发展生活的方法里面的。"② 杜威十分重视知识的主观参与性，强调知识是在学生的参与中生成的。他认为将"真理"看成是静止的、终极的、完美的和永恒的知识的看法是完全错误的。在他看来，真正的知识是能够提高有机体探索和适应环境的能力。

---

① ［法］米歇尔·福柯：《知识考古学》，谢强、马月译，三联书店2007年版，第203页。
② ［美］杜威：《经验与自然》，商务印书馆1960年版，第10—11页。

(三) 学校场域知识的意义生成

学校场域的知识与学生之间有内在的意义关系，知识的意义生成是学校场域知识存在的内在规定。在学校场域中，知识通过与学生的相遇，生成知识的意义，实现其丰富价值。

公共知识的价值决不仅仅是要求获得学生简单的赞同，而是要保持交流的渠道，要求教师和学生对知识意义的共同建构，成为与学生发展相关联的意义系统。公共知识需要通过个人的解释生成意义，然后转变成个人知识，否则，知识将是纯称谓的事实。

如果学校场域的知识只是作为"客观真理"而强迫个人去记忆，它将被证明是低效的或无效的。就像苏格拉底所说："正确的意见本身还不是知识。正确的意见必须再加上些什么东西才能知识。在他看来，用来捆绑正确的意见的是人的理性。正确的意见一旦被我们的理性捆绑住了，那么它们就不仅仅是正确的意见了，而成了知识，成为了稳定的东西，对于我们真正具有无上价值的是被'捆绑住'的正确意见。"[①]

学校场域的知识价值实现不仅需要学生理性的"捆绑"，而且还需要意义的"捆绑"。它不仅作为一种以符号形式呈现的事实存在，而是要通过学生的解释，通过反思性实践而建构新的意义。

为什么知识意义的生成是知识公共性存在转变为个人性存在的关键呢？

首先，学校场域的知识具有意义建构性。

在学校场域中，"难道知识仅仅是一种符号的标示吗？如果真是这样，那么人类心灵对于它想要知道的事物、过程和关系岂不是永远处于陌生、疏远的境地吗"[②]？当然不是这样。学生对学校场域知识的领会不是一项任意的行为和被动的经验，而是一种个人的求知寄托，要求个人

---

① 胡军：《知识论》，北京大学出版社 2006 年版，第 48 页。
② [德] M. 石里克：《普通认识论》，李步楼译，商务印书馆 2005 年版，第 106 页。

的热情参与和能动领会,这种知识具有一种"求知美",学生对知识的追求正是学校场域知识存在的合理内核。"按照寄托的逻辑,真理只是某种被人相信时才能得到考虑的东西。所以,把另一个人的心灵运作说成是想出了一个真实的命题,如果这种说法的意思不是指心灵引导说者发现了他本人相信是真实的东西的话,这就是不恰当的了。"①

学习过程同时包含两方面的建构,一方面是对新信念的意义的建构,另一方面是对原有经验的改造和重组。"认知的结构既不是在客体中预先形成了的,因为这些客体总是被同化到那些超越于客体之上的逻辑数学框架中去;也不是在必须不断地进行重新组织的主体中预先形成了的。因此,认识的获得必须用一个将结构主义和建构主义紧密地连结起来的理论来说明。"② 公共知识被学生引入、转换与重构,经过重新编码生成意义,最后成为学生个人知识。所以,学校教育不仅仅局限于让学生学习和掌握客观性公共知识,而要强调学生对知识主动参与和建构。

其次,知识的公共性与个人性互为必要条件,两者在意义生成框架内被统一起来。

通过学校教育活动,学生将公共知识转化为个人知识。个人知识是公共知识通过个体理性思维和历时性建构而逐步在学生头脑中生成的意义系统。公共知识只有被个人承认才能内化到个体认识结构中,才有可能实现其价值。个人知识只有通过对公共知识的解释而显示自己的存在。

从对个体生命成长的意义角度看,学校教育可以看作是学生个人知识的不断形成、发展与完善的过程。在这个过程中,一方面,公共知识不断转化为学生个性化知识,不断提升个体的生命存在;另一方面,个体的内在潜质不断被发现,不断实现其对公共知识的意义建构。"知识

---

① [英]迈克尔·波兰尼:《个人知识——迈向后批判哲学》,许泽民译,贵州人民出版社 2000 年版,第 468 页。
② [瑞士]皮亚杰:《发生认识论原理》,王宪钿等译,商务印书馆 1997 年版,第 15 页。

的学习是知识积累形成的结构之间的关联,而知识的理解却是学生对知识与他的精神之间的全部的整体关系的把握。'意义'的理解要不断回归到知识的学习中去,而知识的学习又不断地转化为'意义'的理解。这样知识通过理解进入人的精神之中,而精神的力量与人的经验又作用于知识,知识就真正地与人生与精神发生了关联。"①

学生是"学习和研究过程的主体,这个主体直到对实在本身得出明确的和完美的认识时为止,[自身]都处在形成过程中"②。学生通过个人知识的储备,实现知识能量的积累。当这种知识积累到一定规模、水平和程度,就会引起知识能量系统的某些质变,形成新和意义系统,使个人知识发生革命性的跃进和突破性的调整。

第三,真正的知识是一种意义系统,它存在于学生的实践活动中。

"知识是由话语所提供的使用和适应的可能性确定的。……不具有确定的话语实践的知识是不存在的,而每一个话语实践都可以由它所形成的知识来确定。"③ 学校场域的知识不是一种静止的符号化的陈述,其价值不应停留于真理的传递,更应该关注学生作为存在者的去蔽。正是通过这种去蔽,学生作为一种敞开状态才活动着。学校教育不是对公共知识的简单打开,而是通过解释与对话,通过公共性知识的传递,实现知识的意义建构。"课程是知识的选择,但课程不等于某种确定的知识实体。人类掌握知识的目的是应用知识,也就是将知识应用于广阔的社会情境,这种情境远远超越了学科内容的狭隘界限和专业化的研究范围。在把系统的知识与社会生活联系起来的过程中,学校担负着十分重要的中介角色。

因此,学校课程就不能仅仅局限于学科知识或专业化的学科内容上,必须关注在更广泛多样情境中的知识应用及相互关系。"④ 如果知识

---

① 金生鈜:《理解与教育》,教育科学出版社 1991 年版,第 85 页。
② [德] 哈贝马斯:《认识与兴趣》,郭官义、李黎译,学林出版社 1999 年版,第 130 页。
③ [法] 米歇尔·福柯:《知识考古学》,谢强、马月译,三联书店 2007 年版,第 203 页。
④ 徐继存:《知识:作为课程资源和影响课程的因素》,《当代教育科学》2005 年第 10 期。

仅仅被当作符号来传递，当作事实来记忆，学校教育就必然缺乏知识的意义生成而使学生处于被动状态。学校教育不是对公共知识的简单传授与接受的过程，而是包括着学生对知识的复杂的解释与理解过程。在这个过程中，学校场域的"知识不再被当作是为了让教师进行分配和传递，而从学术'发现者'处传递下来的私有财产。知识成为师生合作工作的产物"①。

三、学校场域中人的生命存在

学校教育是以人为对象的活动，关注学校场域中人的生命存在是学校教育应有的使命。学校教育的本真意义要求课程指向人的终极关怀。人的终极关怀是无限开放了的价值指向，指向人存在的本真；离开了终极关怀，人就会失却灵性，失却意义而陷入困惑。学校课程关注人的完整性与生活的完整性，关注学生作为整体的人的发展。

（一）学生作为"整体的人"存在

在学校场域中，学生作为"整体的人"存在。人是一个智力与人格和谐发展的有机整体。人的完整性表明人与世界的其他构成——自然、社会亦是彼此交融的有机整体。"整体的人"的形成不是各学科知识简单相加的结果，也不是条分缕析的理性思维的还原。关注学生作为"整体的人"的发展包括下面四层内容：

1. 谋求学生智力与人格的协调发展

个体作为一个整体的存在方式要求学校教育能为其提供整体的内容和时空，只有当知识学习与学生的经验融化在一起，知识才能与个体发

---

① ［英］麦克·扬：《未来的课程》，谢维和、王晓阳等译，华东师范大学出版社 2003 年版，第 34 页。

生意义关系，对个体生命的建构发挥作用。要把"过程与方法"作为和"知识与技能"、"情感态度与价值观"同等重要的目标维度加以强调，承认过程本身不仅具有手段性价值，亦具有目的性价值。这对学生的精神建构具有重要意义。尽管在探索的过程中，学生要面对问题和困惑、挫折和失败，要花费很多时间和精力，结果有可能"一无所获"，但这是一个人的学习、生存、生长、发展和创造所必须经历的过程，具有真实的意义。因为只有在过程中知识才能进入个体的整体经验，转化为精神的力量和生活的智慧，弥合个体知识学习与精神建构的断裂。

2. 追求个体、自然与社会的和谐发展

个体生活在自然中，生活在社会中，与自然和社会构成一个有机的整体。但19世纪后半叶以来，随着学校课程的体系化和制度化，学术科目成为学校课程体系中不容置疑的主体与核心。学术科目基于"科技至上"的原则，秉承功利主义的态度，把自然、社会、他人都当作可以利用理性原则加以操纵和控制的对象，从而把儿童完整的生活要素（个体、自然与社会）加以割裂和肢解。个体与自然、社会之间关系的对立最终限制了个体、自然与社会的整体和谐发展。正像杜威所主张的那样，只有当相继出现的经验彼此结合在一起的时候，才能存在充分完整的人格。只有建立起各种事物联结在一起的世界，才能形成完整的人格。作为场域存在的学校，其课程惟有贯彻自然、社会与自我有机统一的原则才能实现整体的人的发展目标。学校课程要突破学科疆域的束缚，强调向儿童的生活和经验回归，把自然、社会与自我作为课程开发的基本来源。使儿童体验到生活的现实感、真实感，使儿童在处理与自然世界、社会世界中逐步认识到自己存在的意义，这是儿童生活与存在的直接目的。

3. 学生自身的独特性要求课程目标的多元化

每个人由于遗传素质、社会环境、家庭条件和生活经历的不同，形成了个人独特的心理世界，他们在兴趣、爱好、动机、需要、气质、性格、智能和特长等方面是各不相同、各有侧重。差异不仅是学校教育的基础，也是学生发展的前提，应视为一种财富而珍惜开发，课程目标应定位于让每个学生在原有基础上都得到完全、自由的发展。

设立多元的课程目标，关注整体的人、生活着的人。学生并不是单纯的抽象的学习者，而是有着丰富个性的完整的人。在学校教育活动中，学生不仅具备全部的智慧力量和人格力量，而且体验着全部的教育生活。如果学校课程仅仅重视知识技能的传授并把它作为唯一目的，学生与生活世界的交流就没有发生，就无法培育出学生完整的人格。要把学生作为完整的人来对待，反对那种割裂人的完整性的做法，还学生完整的生活世界，丰富学生的精神生活，给予学生全面展现个性力量的时间和空间。

4. 提升学生的主体性和注重学生的经验

学生是构成教育活动的基本要素，是教育活动的最基本的对象。作为认识实践活动的主体，学生主体性的基本特征表现在自主性、能动性、创造性等方面。主体性是指个人对于自己的活动具有支配和控制的权力和能力。能动性是指主体能够自觉、积极、主动地认识客观世界，而不是被动地、消极地进行认识和实践。创造性以探索和求新为特征，是主体性的最高表现和最高层次。

长期以来，工厂意象的学校课程规划对学生主体地位重视不够，仅仅把学生作为教育的客体，忽视了学生主体性的培养和发挥。学校课程应该关注提升学生作为完整人的主体性，注重学生的经验。为了每位学生的发展，学校课程要以创新精神和实践能力为核心，强调课程要促进每个学生身心健康发展。

（二）教师和学生对课程的规划

新一轮的课程改革，要彻底改变传统教育存在的弊端，要全方位地触动教师和学生。教师和学生成为学校课程规划的人力资源就是这种触动的具体表现。

1. 教师作为课程规划者

教师与课程有着天然的联系，教师是课程实践活动的主体。但是，在工厂意象的学校中，教师逐渐远离课程规划与开发的过程，成为既定课程材料的单纯传递者。学校课程的规划问题是专家的"专利"，而与教师的关系不大。的确，专家由于丰富的学识经验能够对学校的课程规划提供见意，但他们解决的是普遍适用的课程规划，却无法解决不同地区、学校、班级乃至学生个体的差异性和多样性问题，而后者更需要每一位教师在教学中的切身把握和努力。教师自身要在观念上突破从执行者到规划者的角色转变，行使学校课程规划的自主权。教师不仅决定开发、利用课程资源，是各种课程的实施者，而且教师自身就是学校进行课程规划的重要的人力资源。从这个意义上来讲，教师是最为重要的课程资源。教师的素质状况决定了课程资源的识别范围、开发与利用的程度以及发挥效益的水平。事实上，随着课程改革和学校内部课程改革的深化，教师是课程改革关键性因素。

美国学者哈维对课程变革的本质进行了探讨。他认为，人们对变革的抵制的一个重要原因是教师不是变革的主人。如果教师认为变革是外部的，或来自外部组织，那么教师就不会接受变革。① 教师在教育实践中直面儿童、文化与社会的对峙，不断地设问自身存在的意义。教师是自身通过设问"教师角色"，把儿童的现实作为自己应当干预的现实加以接受，从而创造新的现实的。不管教师是接受还是回避这个事实，探索"教师角色"的问题总是附着于教育实践的深层次的问题。② 如果认为实践中的复杂问题总会有别人设计好的简单答案，这不仅是对基本方法论的扭曲，而且使教师成为这种错误认识的牺牲品，最终会损害教师的主体性感受。学校教育实践并不是科学的合理技术应用过程，而是复

---

① 杨明全：《革新的课程实践者》，上海科技教育出版社 2003 年版，第 183 页。
② ［日］佐藤学：《课程与教师》，钟启泉译，教育科学出版社 2003 年版，第 206 页。

杂社会、文化语脉中展开的关于价值选择及实现方法的高级思维与判断过程,因此,教师是以实践性经验的创造与反思为基础的课程规划的主体之一。就教师而言,教育过程是在复杂的语境中展开的实践性的问题解决过程,是要求高层次的思考、判断、选择的决策过程。借助这种对教学实践性研究的觉悟,教师就能够找到实现教育实践的创造性与探究性的道路。

教师作为学校课程规划者能够充分调动其能动性、自主性和创造性。人作为社会实践活动的主体在与客体相互作用中需要不断发展其自觉能动性和创造性,人通过自由可能性的表达来实现其主体性。马克思主义以实践为基础建立了人的主体性思想,指出人的活动不同于动物之处就在于它是一种主体性活动。按照马克思主义的观点,人的主体规定性概括起来主要指人作为活动主体在对客体的作用过程中所表现出来的能动性、主体性和自我规划性。人的实践是能动的,在能动的实践中,人改造着自然和社会,同时也使自身获得了发展。可见,人的本质不仅是由现实社会关系规定的,而且也是由自身的主体性活动规定的。在主体性活动中,人不断扬弃自己既得的社会属性,从而获得一种历史的存在,正如恩格斯所说:"人们自己创造着自己的历史。"[1] 主体的能动性意味着人在现实生活中,并不是单纯受制于外物或他人作用的被动存在,并不会听命于某种命运的摆布,而是"决心以自己的行动来改变世界"[2],在活动中具有目的性、计划性和选择性。主体性则表明,个人对于自己的活动具有支配和控制的权利和能力。主体不仅是能动的、自主的,而且是富于创造性的,马克思就曾指出:主体的"劳动是积极的、创造性的活动"[3]。

教师作为课程规划者是教师与课程整合的直接体现,是教师参与课程的内在要求,它表征了教师角色的转变:从消极的课程实施者到积极

---

[1] 《马克思恩格斯选集》(第4卷),人民出版社1972年版,第506页。
[2] 《列宁全集》(第38卷),人民出版社1958年版,第229页。
[3] 《马克思恩格斯全集》(第46卷),人民出版社1979年版,第116页。

的课程规划者。作为场域存在的学校倡导教师的民主、开放、科学的课程理念，这就要求教师必须在课程规划中发挥主体性作用。因此，教师不能只成为课程实施中的执行者，教师要形成强烈的课程参与意识，成为课程的规划者。教师规划课程体现为教师作为课程主体规划出新的学校课程。从本质上而言，学校课程是教师在具体学校情境中根据学生个性化学习需求而规划出来的课程。教师作为课程规划者角色内在地蕴涵在学校课程的概念之中。作为场域存在的学校为教师扮演课程规划者的角色提供了现实的载体，使教师作为课程规划者不再停留在观念层面。

2. 学生作为课程规划者

作为课程规划者是学生个体自我在课程中的维持。如果单纯作为课程的接受者，缺失课程的规划者角色，那么学生在学校课程中将失去个体自我。缺失学生自我的学校课程是成人预先逻辑地加以组织的，它单纯地向儿童呈示他人的知识、观念、感情，以及规范化的行为习惯；掌握学科知识成了课程目标的核心，以至于追求严密知识体系的学科教材几乎成了课程的代名词。教师扮演了一个教材"复制者"的角色，而学生则充当了教材"容载者"的角色。学生为了能让"拷"（拷贝）进来的知识再"考"（考试）出去，便以不惜牺牲思维、想象、兴趣、好奇、探究等诸多创新和终生发展的潜力为代价而奔命于那些封闭的、远离生活的、早已发黄了的枯萎知识。这种课程很少关注"现在"而过多地指向"未来"，而恰恰因为这种对人的自我的"过去"和"现在"的失却，使学生对"将要"产生了茫然和不安。

如果学生不能作为课程规划者，学校课程这一本应是传播文化的认识对象，实质上演变成了一种必须遵循的、必须接受的原则。这就造成了课程弱化了对学生的人性关怀，使课程世界中"课程"这一客体原则取代了学生作为"人"的主体原则，学生由一个自由自为的主体性存在转为了客体，从目的转为手段。学校课程如果"强迫儿童接受远离生命意义的现成学问和旧有的传统习惯,这是人为的教育"①,容易忽视儿童身上的自我的力量。"杜威认为民主国家的教育目的应当源于并能使学生对活动结果产生远见的学习活动决定,而不应是由教师决定的一套强加于学生身上的任务所组成,并经由这种任务的实现而达成。'如果学生的每一个行动大概都由教师命令,他的许多行动的唯一顺序来自功课指定和由别人给予指示,要谈什么教育目的,就是废话。'"②

  课程规划的起点必须是学生,学生必然成为课程的规划者。21世纪的学习将从"学会知识"走向"学会认知""学会做事""学会共同生活""学会生存"。可以说,这四种学习将是每个人一生中的知识支柱,在任何一种有组织的教育中,这四种"知识支柱"中的每一种应得到同等重视,使教育成为受教育者个人和社会成员在认识和实践方面的一种全面的、终生持续不断的经历,课程应围绕四种基本学习加以安排。"学生是自主思考,有社会责任感并能够控制其命运的个体?还是受到控制以做出控制者预想的反应的有机体?前者以生物学的、格式塔和场学习理论以及民主社会的理论为基础;后者来源于行为主义理论。行为主义理论源于对低等生物的实验结果,也就是说,来自于对老鼠、鸽子等动物的实验结果。斯金纳说:'对鸽子行为的成功塑造依赖于适时的强化,而在决定特定时间强化什么行为时,最基本的规则是不要让鸽子飞了。'行为主义理论应用于人类学习时,更关注较低级的认知过程,动机要受奖惩条件的约束,以此为基础设计的课程是由系列单元组成的程序,关注的主要是可观察可测量的学习结果。"③ 也就是说,决定一门课程是否开发最重要的因素是学生的兴趣与需要,而不是"成人想当然的重要性",更不是哪位教师有空就开这位教师会教的课程,或者说别的学校开什么课程我校也开什么课程。

---

  ① [日]佐藤正夫:《教学论原理》,钟启泉译,人民教育出版社1998年版,第145页。
  ② [美]约翰·杜威:《民主主义与教育》,王承绪译,人民教育出版社2001年版,第112—113页。
  ③ 徐继存:《学生:作为课程资源和影响课程的因素》,《当代教育科学》2001年第2期。

第五章 学校场域的课程内容规划

课程内容是构成学校课程的基本要素,是课程内在结构的核心成分。"课程内容是一系列比较系统的直接经验和间接经验的总和。课程内容是根据课程目标从人类的经验体系中选择出来,并按照一定的逻辑序列组织编排而成的知识和经验体系。"[1] 人们对课程内容的选择和组织,反映了不同的课程价值观。就像伯恩斯坦所认为的那样:"如果内容处于封闭的关系中,如果内容间的界限分明,相互隔离,这类课程为'集合型'课程;如果内容处于一种开放的关系中,如果内容间的界限并不分明,这类课程则为'整合型'课程。"[2] 根据学校课程内容间的关系,我们可以把学校课程分为"集合型"(a collection type)课程与"整合型"(an integrated type)课程。

一、"集合型"学校课程的事实与局限

从三级课程以及学科课程在学校中的存在状态,目前学校课程还是

---

[1] 廖哲勋、田慧生主编:《课程新论》,教育科学出版社 2003 年版,第 182—183 页。
[2] 张华、石伟平、马庆发:《课程流派研究》,山东教育出版社 2000 年版,第 421 页。

一种"集合型"课程。这种课程很难实现学校的整体教育效果。要想充分实现学校的教育价值,学校必须走出"集合型"课程,规划出"整合型"课程。

(一) 集合型学校课程的事实

通过三级课程以及学科课程在学校中的存在状态描述,我们可以直面集合型学校课程事实。

1. 三级课程

目前,学校课程内容的"集合型"状况更加突出。《国务院关于基础教育改革与发展的决定》和《基础教育课程改革纲要》都明确提出,为保障和促进课程对不同地区、学校和学生的要求,要实行国家、地方和学校三级课程管理。三级课程的目的是为学校提供实际授课和评价学生的基础,为管理者提供监督教师和使教师对课程实践和课程结果负责的基础。国家制定中小学课程发展的总体规划,确定国家课程的门类和课时,制定国家课程标准,宏观指导中小学的课程实施。国家课程体现了国家意志、依据未来公民接受教育之后所要达到的共同素质而由国家规定和开发的课程;它根据不同教育阶段的性质与培养目标,由国家教育权力机构着眼于学生发展的基本要求和共同的质量标准,制定和颁布各个领域或学科的课程标准或教学大纲,组织编制的全国统一执行的课程;它赋予所有学生清楚、全面、法定的学习权利,规定教学的内容和目标,明确学业成就的评价方式;它是我国基础教育课程框架中的主体部分。国家课程以文本的形式规定了学校课程的范围、课程纲要、课程指南、标准和课程实施目标。

我国地区之间、城乡之间差距较大,部分课程能力较强的地区和学校应加大对地方课程和校本课程开发力度,进一步探索并总结地方、学校管理课程、开发课程的经验。在保证实施国家课程的基础上,鼓励地方开发适应本地区的地方课程,学校可开发或选用适合本校特点的课程。地方课程是地方教育主管部门在一定的教育思想和课程观念指导下,以国家课程标准为基础,根据国家教育方针和课程管理政策和结合本地实际,充分利用课程资源及地方社会发展及其对学生发展的特殊需要,由地方自主规划、开发、实施的课程计划和具体课程。校本课程的目的是确保国家课程的有效实施,照顾学校的个别差异,促进教师专业能力的持续发展。

当前,我国基础教育应以国家课程为主,地方课程和校本课程为辅。[①] 地方课程和校本课程能够促进国家课程的有效实施,弥补国家课程的不足,加强教育和地方的联系,调动地方参与课程改革与课程实施的积极性。为了了解三级课程在学校中的存在状态,笔者分析了十个省、两个自治区、两个直辖市的九年义务教育全日制小学、初级中学课程计划,据此统计了三级课程在学校每周所占的课时数情况(见图5.1至图5.10):

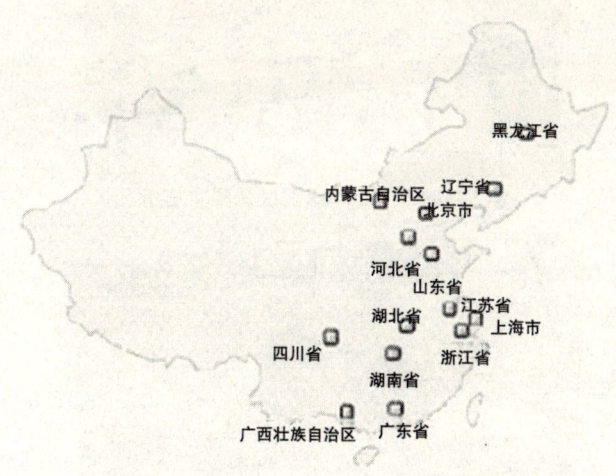

图5.1 九年义务教育全日制小学、初级中学课程计划调查地区

---

① 许洁英:《国家课程、地方课程和校本课程的含义、目的及地位》,《教育研究》2005年第8期。

学校课程规划研究

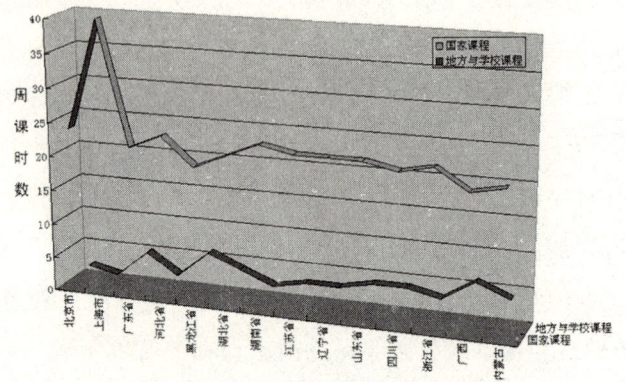

图 5.2 各省一年级三级课程实施情况

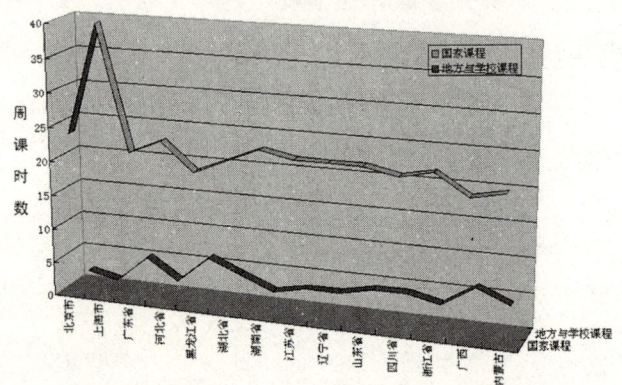

图 5.3 各省二年级三级课程实施情况

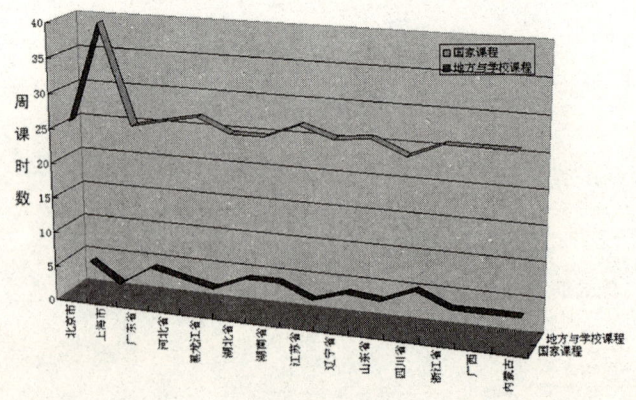

图 5.4 各省三年级三级课程实施情况

第五章 学校场域的课程内容规划

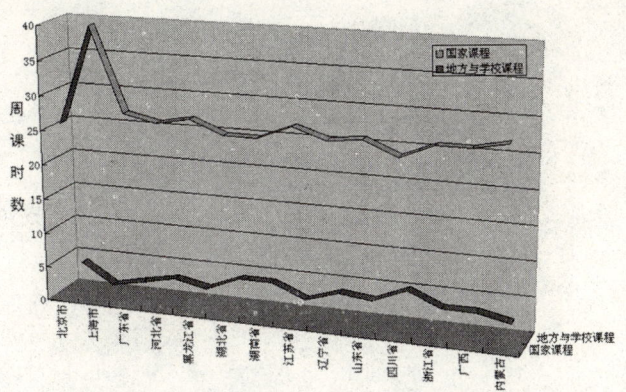

图 5.5　各省四年级三级课程实施情况

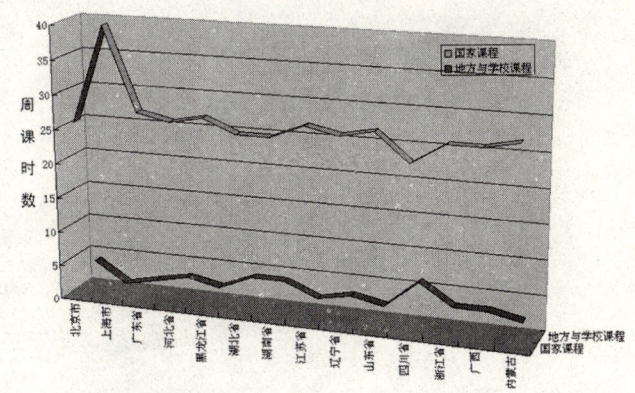

图 5.6　各省五年级三级课程实施情况

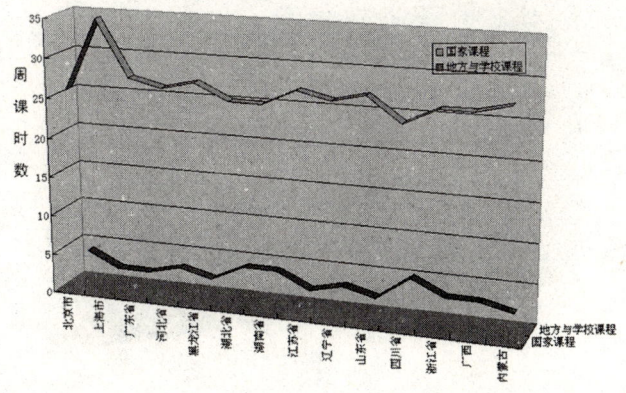

图 5.7　各省六年级三级课程实施情况

105

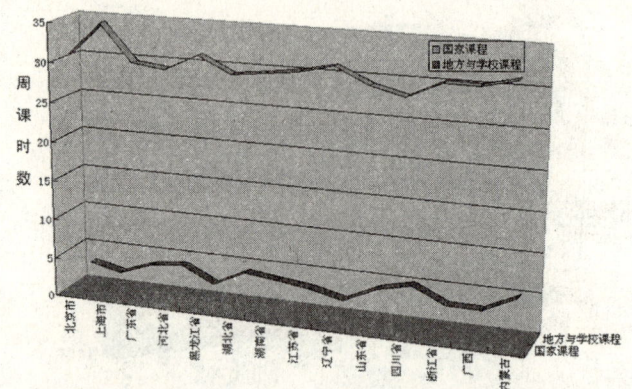

图 5.8　各省七年级三级课程实施情况

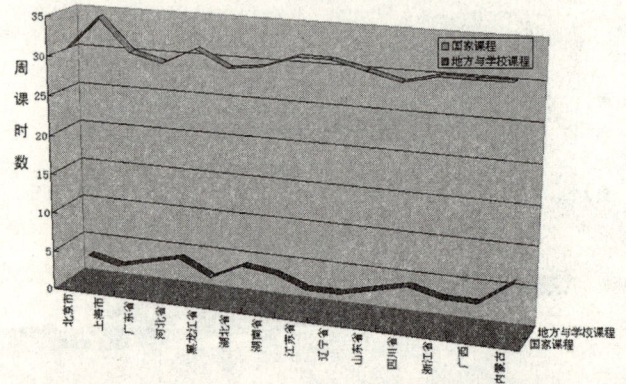

图 5.9　各省八年级三级课程实施情况

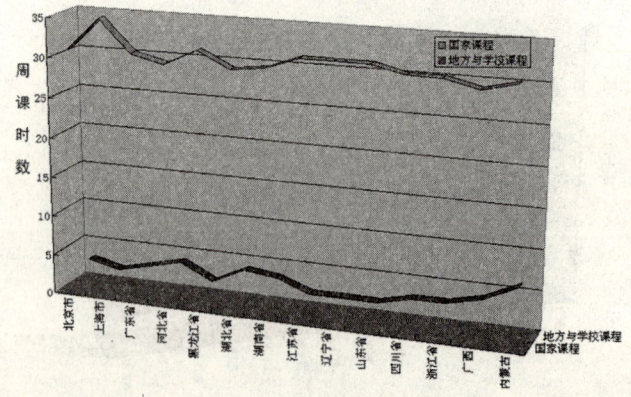

图 5.10　各省九年级三级课程实施情况

第五章 学校场域的课程内容规划

2. 学科课程

学科课程以逻辑、系统的形式来分门别类地阐述知识，保证了知识的系统性和连贯性。通过学科课程，学校教育能够系统地传播了人类积累的文化遗产，可使学生高效地获得必需的基础知识和基本技能，养成一定的认识能力，形成一定的思想，建造认知结构。"知识学科之中蕴藏着大量我们对自身和世界的知识，提供我们进一步探索它们的途径，以及沟通意义的可能性。"① 但是，学科课程是一种集合型课程（如图5.11所示），它往往只注重知识的传授，局限于

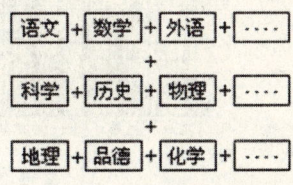

图 5.11 学科课程

传递事先编好的具有现成结论和答案的各科教材，忽视学科知识以外的学生的需要、兴趣和身心发展的差异，主要采取传授－接受式活动方式。"孤立片断的知识是学校教育深度结构的一部分。这常见于中学里特定科目的课程文件、行事历和其他的措施，以及许多小学班级的分科课表中。"② 下面图5.12至5.20是十个省、两个自治区、两个直辖市的各年级不同科目的分配时间情况：

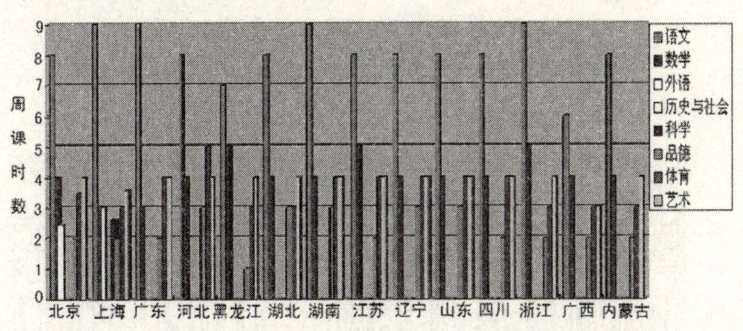

图 5.12 各省一年级各科周课时情况

---

① ［美］詹姆斯 A. 贝恩：《课程统整》，单文经等译，华东师范大学出版社2003年版，第48页。

② 同上，第12页。

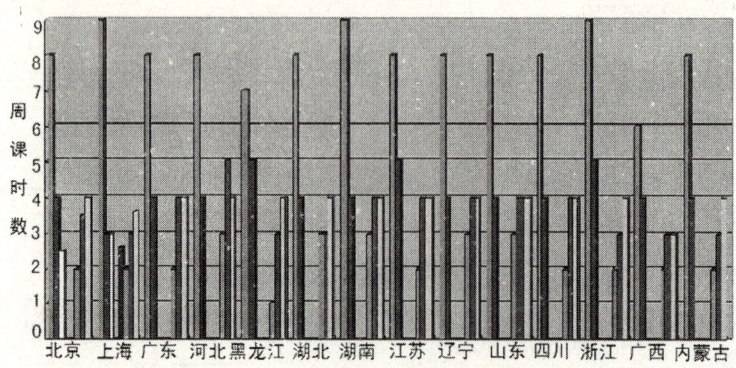

图 5.13 各省二年级各科周课时情况

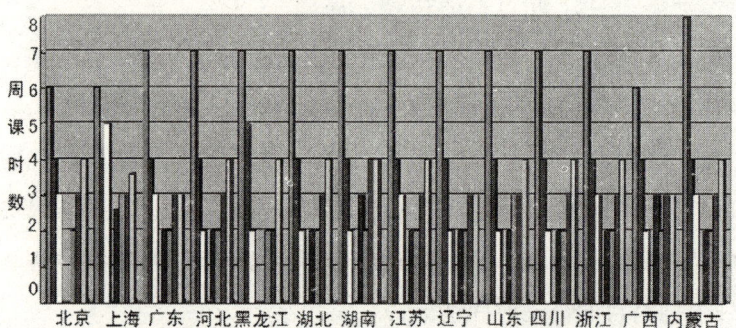

图 5.14 各省三年级各科周课时情况

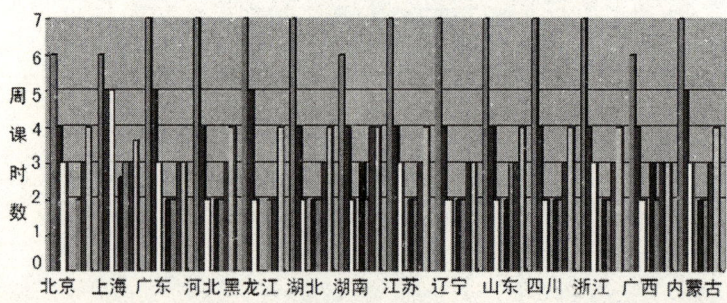

图 5.15 各省四年级各科周课时情况

第五章 学校场域的课程内容规划

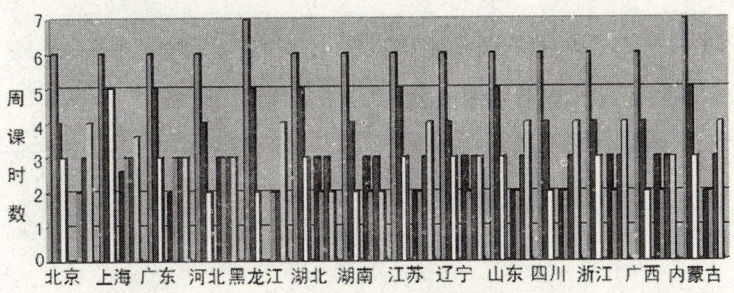

图 5.16　各省五年级各科周课时情况

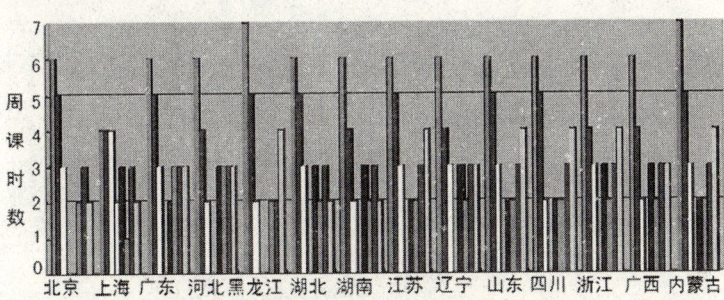

图 5.17　各省六年级各科周课时情况

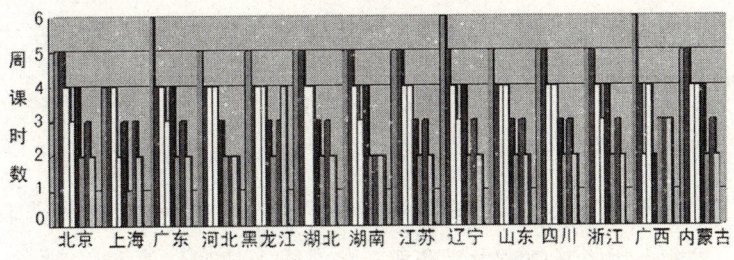

图 5.18　各省七年级各科周课时情况

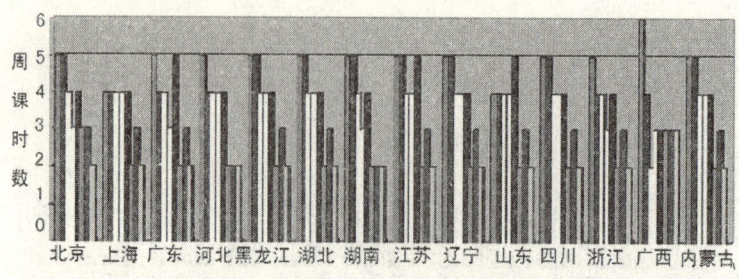

图 5.19　各省八年级各科周课时情况

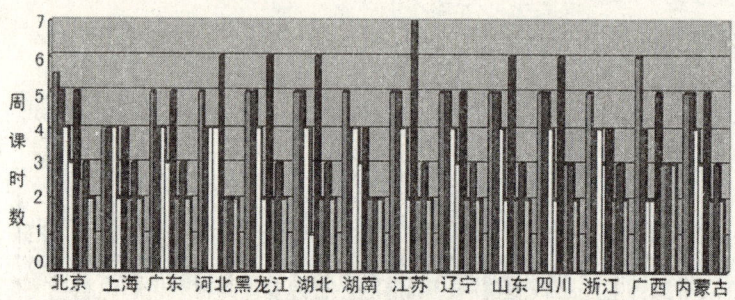

图 5.20　各省九年级各科周课时情况

（二）集合型学校课程的局限

集合型学校课程的局限可以从三级课程在学校中的块状存在状态以及不同科目在学校中的相对地位的差异分析中呈现出来。

1. 学校课程块状存在

三级课程管理强调课程要更加符合特定的地方环境和教育需求，主张学校课程在力求反映地方发展要求的基础上协调好地方与国家、地方与学校之间的关系。这样，学校课程内容就有三个来源，即国家课程、地方课程和校本课程。然而，三级课程在学校里基本上是量的相加，学校没有将三级课程作为课程资源，规划出有学校特点的课程整体，从而让三级课程发生质的变化（如图 5.21 所示）。"这个世纪发生了许多划时代的变革和科学进步，然而，学校教育的内容却没有太大改变，……现在的教学活动包括讲课、作业、考试和少数实验，即使

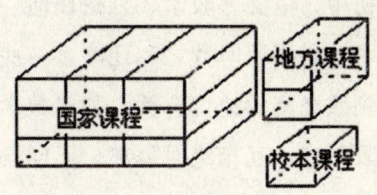

图 5.21　学科课程块状存在

在一个世纪前的教育工作者眼中，都已经陈旧了。"[①] 这样，学校既要执行好国家、地方两级课程，还要充分利用学校有限的人力、物力资源开发校本课程，在课程实践中，学校经常首尾难顾、力不从心。

如果学校希望摆脱集合型课程的困境，必须实现国家课程、地方课程的学校化以及实现学科课程的适度统整。按照国家关于课程管理权限来划分，学校教育涉及的课程资源可分为国家课程资源、地方课程资源和学校课程资源(亦称校本课程资源)。这三类课程资源虽然都属于课程资源，但各自有其不同的特点。因此，探讨学校进行课程规划问题，就必须探明国家和地方课程资源的基本特点和教育价值，然后探讨对国家课程、地方课程的学校化问题。国家课程、地方课程的学校化是学校在理解国家课程纲要的基础上，根据学校具体环境条件和师生的独特性与差异性，制定具有个性和灵活性以及在统一基础上具有多样性的课程，其目的在于培养个性化的学生。

2. 不同科目相对地位的差异

在集合型学校课程中，不同科目在学校课程结构中的地位表现出相当大的差异。图 5.22 至图 5.30 是九所学校的各年级不同科目的分配时间情况，从图中所反映的情况我们可以看出，在学校课程内容中，语文、数学、外语三科的周课时数远远高于其它各科，在小学，语文、数学任何一科的周课时数几乎等于体育、音乐、美术周课时数之和；而在

---

　　① ［美］霍华德·加德纳：《受过学科训练的心智》，张开冰译，学苑出版社 2008 年版，第 249 页。

初中，语文、数学、外语任何一科的周课时数几乎等于体育、音乐、美术三科周课时数之和还略多一些。"对科目本位专业的认同常常与科目领域之间的地位有关。如'数学比体育重要'等等。而且各学科之间界限明晰，互相绝对隔离。不同科目在学校课程中的地位差异也影响到不同科目的教师在课程时间安排或教室的分配情况。在课程上谈论非科目领域的做法，不仅威胁教师的认同感，也会侵犯他们既有的特权。凡是在学校担任过教职者，都深谙此一领域相当敏感，不容他人侵犯。"① 不同科目的在学校课程中的地位天壤之别，对学生的影响也就必然千差万别。这种分科状态怎么不造成学生的片面发展？又怎能培养德、智、体、美、劳全面发展的学生？

□语文
■数学
□外语
□品德
■历史与社会
□科学
□艺术
□体育
□微机
■综合
□作文
□读写
■班会
■其他

注：
学校1：济南市甸柳第一小学
学校2：平阳县夏沟小学
学校3：汇文小学
学校4：博兴县兴福镇义和中心校
学校5：济南市槐荫南路小学
学校6：济南市堤口路小学
学校7：胜园街道中心学校
学校8：济南市东方双语实验学校
学校9：博兴县店子镇第二中学

---

① ［美］詹姆斯 A. 贝恩：《课程统整》，单文经等译，华东师范大学出版社 2003 年版，第 86 页。

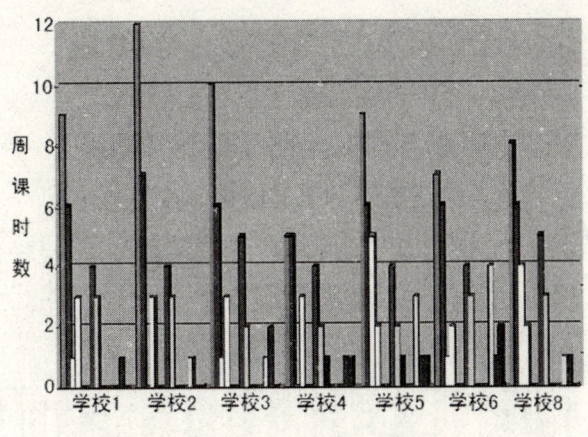

图 5.22 一年级各科周课时情况

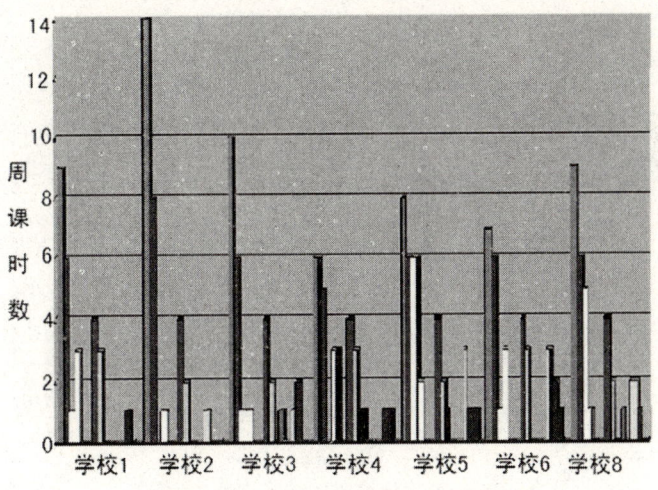

图 5.23 二年级各科周课时情况

学校课程规划研究

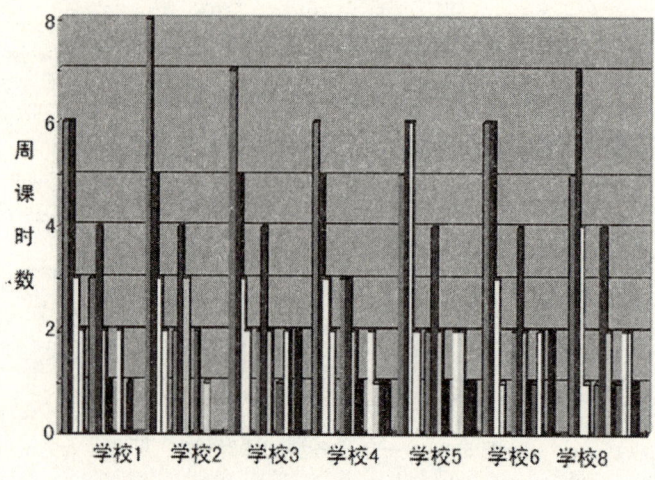

图 5.24　三年级各科周课时情况

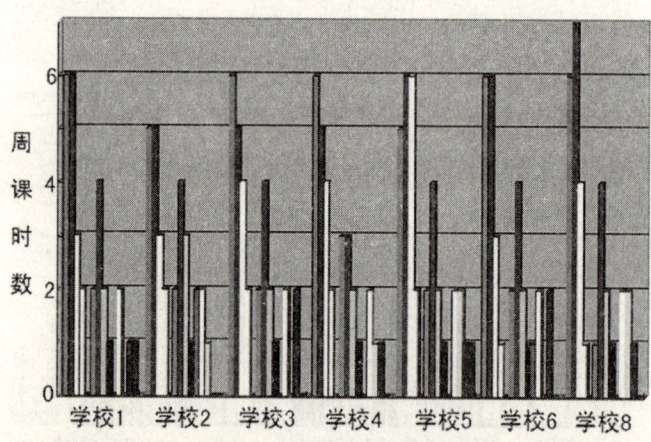

图 5.25　四年级各科周课时情况

第五章 学校场域的课程内容规划

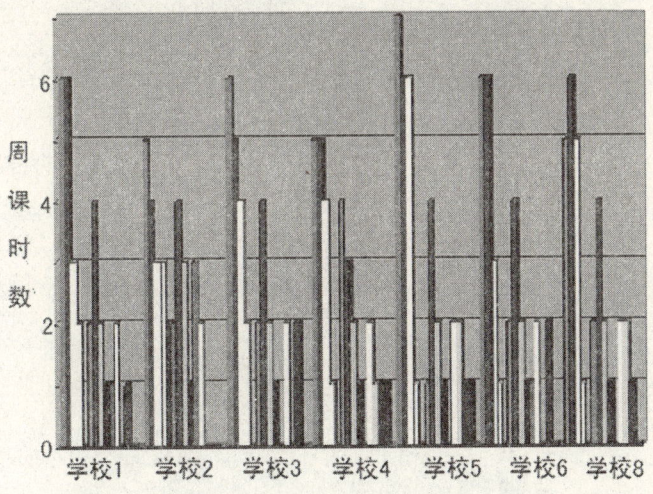

图 5.26 五年级各科周课时情况

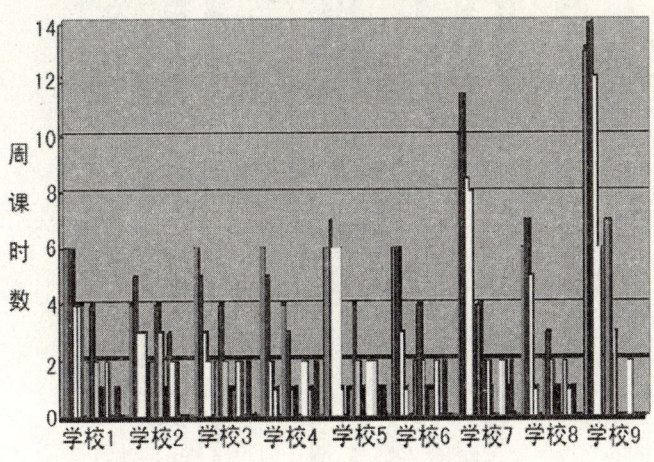

图 5.27 六年级各科周课时情况

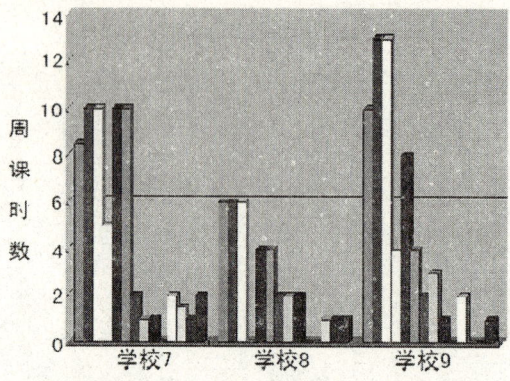

图 5.28　七年级各科周课时情况

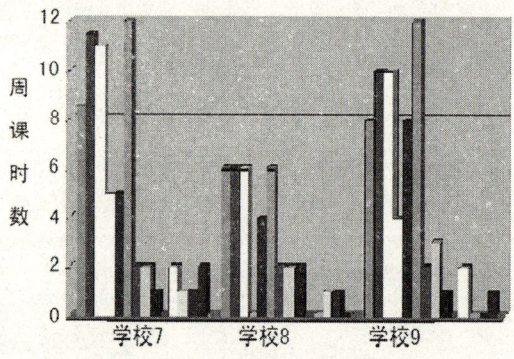

图 5.29　八年级各科周课时情况

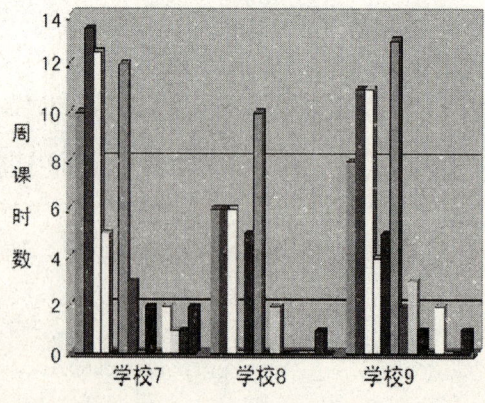

图 5.30　九年级各科周课时情况

3. 集合型课程对师生生活的破坏效应

集合型课程对教师和学生的学校生活产生了破坏效应。集合型课程使教师和学生的生活时间和空间分裂成一个个块状的隔间，生活在"蛋壳"里，彼此间被相互隔离，"他们纵向的忠诚和工作关系是明显的，而他们的横向关系往往局限于非任务领域"①。他们的学校生活按不同学科接触不同的教师，他们的身份随着学科的变化而被界定。如八点到八点五十分是思考语文科目、讲语文科目语言的"语文人"，八点五十至九点又回到了想自己的事情、说自己想说的话的"自我"，九点十分至十点又变成了听数学课、算数学题的"数学人"。如此类推，从入学开始，最少要到高中毕业，持续12年之久。就像伯恩斯坦所认为的那样："这种隔离也会创造出'独处'（privacy）的空间。这些'独处'的空间降低了社会化过程的渗透性，因此有可能使自身疏远这一过程。但是，不管是对那些希望获得却不能获得身份的人来说，还是对那些对身份的追求早已无关紧要的大多数人来说，这仍然意味着这种社会化可能会深深地伤害他们。"②

对于大多数教师而言，学科课程的教学对他们只是一种不得不做、让人高度紧张、缺乏兴趣和吸引力的例行工作而已。很多人在30年或更长时间里基本上做同一样的工作，除面对的学生发生变化外，其他方面基本上没有太多新意。久而久之，怎么不会成为"教书匠"呢？又怎么不会产生职业倦怠呢？如果不是为了养家糊口，谁又会愿意成为"数学老师"、"语文老师"、"地理老师"等学科课程的"代言人"而被忘记了自己是谁呢？学生对于同学名字可以记忆很久或一生，但经常忽略教过某门课程的老师姓氏名谁，对于小学或初中"英语老师"、"政治老师"、"历史老师"的名字可能早已忘记，形象也变得模糊，逐渐消失。不难看出，学科课程不仅塑造着"单向度的"学生，也形成着"单

---

① 张华、石伟平、马庆发：《课程流派研究》，山东教育出版社2000年版，第434页。
② 同上，第436页。

向度的"教师。

二、超越"集合型"学校课程

新课程体系的构建作为课程管理模式的转型,需要学校作为课程的主体对学校课程内容积极、深入地进行课程规划,这种课程规划实践是对工厂意象学校在课程中地位的合理超越。学校对国家课程和地方课程需要有针对性的分析、阐释、综合、统筹和安排,让国家课程和地方课程更适合学校自身的特点,进而实现课程的教育价值。学校教育既要面向社会的未来发展需要,又要关注学生的当下生活。目前,以学科内容为中心的学校课程面临着新的挑战,期望学校教育为未来社会及学生发展提供充足知识的愿望在很大程度上已经不可能,因为不仅是学生,而且就连教师都将时刻面对着不曾遇过、预料之外的崭新问题。学校课程内容应该得到进行状态的不断重新规划,使之转换成一种新的愿景,这种新愿景"是有着一套不同于以往假设的愿景,不再一直无情地驱赶着我们走向一条通往只是一心关注光秃秃的事实与整齐排列的课桌椅的道路"[1]。那么,针对未来发展,学校应该如何将学习者置于课程的中心,规划出理想的课程呢?

整合型学校课程是对集合型学校课程的超越。整合型学校课程的理论基础之一是整体论哲学思想。整体论是具体的理论,是把客观现实的具体事物和具体过程当作一个有许多规定和关系的总和,把客观存在当作一个发展性的客观整体加以把握。整体论是关于客观存在的理论,没有整体就没有整个世界。[2] 整合型学校课程要求学校遵循整体论的视角和方法论,依据教育方针和政策,遵循一定的教育理念,从学校课程现

---

[1] [美] 小威廉姆 E. 多尔、[澳] 诺尔·高夫主编:《课程愿景》,张文军、张华、余洁、王红宇译,教育科学出版社 2004 年版,第 309 页。

[2] 董晋骞:《整体论的科学性问题初探》,《社会科学辑刊》2000 年第 5 期。

状、课程资源、可持续发展需要以及外部环境等因素出发，运行办学自主权对学校课程内容、课程实施和课程评价等做出设计和安排，最终实现对国家课程规划的增值。整合型学校课程是对学科课程的发展和完善，强调知识的整体性、学生获得经验完整性和关注学生全面发展。整合型学校课程是从学校课程整体角度来界定的，它与原来的学科课程并不矛盾，而是建立在学科课程的基础上。在整合型学校课程中，各学科不是相互孤立而是相互联系的。整合型学校课程就是要解决构成学校课程的学科和学校课程作为整个功能系统之间的关系。在学校层面提出整合型学校课程规划，其立场在于将知识突破分科的间隔，置于学校整体情境脉络中，让人易于接近和感受到它的意义。

（一）学校课程初始整体性追求

学校课程作为一个整体，具有学科要素的集合先天所无法拥有的属性。整合型学校课程是一个存在论概念，是一种真正意义上的整体，其意为学校课程的存在论建制。这里理解的整合型学校课程是具有初始性质，是不能把它划分或分解为学科要素的集合，是分化性和区分性的否定，是作为实在而不能分割与分解为某些课程要素的整体性，是被规定为生成的整体——整体就是整体，而非集合。整合型学校课程表明对学科之间内部相关性的意识，由于这种相关性，学校课程整体获得了它自身独立于其部分的存在特征。当学校课程整体被认为是不能归结为它的组成部分时，学校课程整体的存在得到了肯定。在这里，学校课程整体与其组成部分两者都是实在的，并且没有强调谁在先谁在后的问题。整合型学校课程规划的基本任务就是要展示我们生活在其中并与之发生关系的课程世界是怎样的，它强烈反对根据一个复杂的学校课程实体的各个部分的属性再加上相关的覆盖定律，以此去解释学校课程复杂实体的特性。

1. 学校课程是一个动态相互作用、辩证统一的整体

学校课程既要确保探究深度的学术性，又要为经验的整合而具有整体性。"不是坚定地把教育的各种因素作为整体来看，我们就只能看到种种相互冲突的名词。"① 整合型学校课程不是单纯指向于知识技能的掌握和对环境的控制，而是一个充满意义、理解和交互主体性的生态系统。在这个生态系统中，教师和学生作为课程的有机构成部分并作为相互作用的主体。"在理想的学校课程中，各门科目并不是先后连贯的。如果教育即是生活，那么一切生活一开始就具有科学的一面、艺术和文化的一面以及相互交往的一面。因此，某一年级的固定科目只是阅读和写字，而较高的年级里却开设阅读、文学或科学，这是不正确的。这个进度不是在于各门科目的连贯性，而是在于对经验的新态度和新兴趣的发展。"② 学校在规划课程时，必须走出集合型学校课程的樊篱，不要把"好课程"局限于过去时代问题的学科课程，不要再忽视学生的经验，而是要规划出具有整体意义的、面向未来的整合型课程。

2. 学校课程是一种整体性存在，这种整体性存在是实现学校课程价值的基础

没有了这个基础，学校课程只会停留在解决学科难题的层次上，很难真正吸引人，反而会使人生活在一个被人为改造的、不真实的课程世界；没有了这个基础，学校课程将无法鼓舞师生向着具有更高价值的理想目标而共同奋斗，不能释放教师和学生最大限度的创造能量，学校课程也就无法实现其教育价值提升。在实践中，"随着时间的推移，每一学科的方法和概念都变得相当封闭，与其他学科毫无共通之处。尽管各学科之间也许会相互发生影响，但这些影响是随意的。每一学科主要是

---

① [美]约翰·杜威：《学校与社会·明日之学校》，人民教育出版社2005年版，第111页。
② 同上，第10—11页。

根据臆测内容的实质特征来塑造自己"①。由于学校课程的整体性存在不能在单个学科范围内解决，因此，在集合型学校课程中，学校课程的整体性教育价值经常被忽略。在集合型学校课程中，"我们首要的错误是假设我们能够把某些要素从整体中抽取出来，并可在这种分离的状态下认识它们的真相。在与它们密不可分的整体相分离状态下发展起来的论述它们的概念将不能准确反映它们在整体中的情形"②。学校课程作为一个整体，具有相互依赖和统一的特性。学校课程的诸学科个体之间存在着本原的内部联系，活在学科之中的是学校课程这个存在者；但各门学科又都按各自特殊的方式去体现学校课程这个存在者，因此它们是学校课程这个存在者的样态。同时，正是这种"基因同一性"，使各门学科的统整成为可能，并从而体现和生成着学校课程的整体性存在。③ 学校课程的价值存在于这个完整的体系之中，而不是存在于每一门单个的学科中。学科是作为学校课程整体的一种样态而存在的，只有学科融入学校课程整体的复杂的关系网中才更具有教育价值。

3. 整合型学校课程以营造有利于相互沟通的整体论意义的学校课程为旨趣

在集合型学校课程中，教师与学生、学校与社会的分离都是人为的，这造成了各利益主体在课程实施过程中的相互制约与牵绊。学校必须营造有利于教师、学生及其他课程参与者共同成长的整体论意义的课程，以有利于他们以一种更具有教育价值的方式相互学习、相互促进。同时，学校课程也不是一种静态的产品，只限于要学习的东西。它的价值不仅是借助"学科"与"教材"来培养公民的文化素养，或是通过课程目标、课程计划及课程标准来规定社会有用的知识技能。那种把学习

---

① ［美］大卫·格里芬编：《后现代科学——科学魅力的再现》，马季方译，中央编译出版社 2004 年版，第 154 页。
② 同上，第 155 页。
③ ［苏］采赫米斯特罗：《整体论》，孙慕天编译，黑龙江教育出版社 1996 年版，第 198 页。

看作是获得"法定知识",并借此发展某些特定能力的学校课程观缺乏对学习合作性质的理解,是以个人孤立发展作为基调的。"学生们也许对孤立地辛苦而乏味地学习这些基础知识感到厌倦。"① 事实上,学习是一种社会性行为,表现为一种创造意义的过程,而意义创造和解释是所有知识的核心。"学习是基于复杂的社会语脉而展开的文化实践和社会实践,实现着或者丧失在课堂中难以用教育学和心理学的话语言尽的复杂的价值。"② 学校课程是师生共同参与的意义创造过程,是在真实学习情境中师生构建的动态的、相互作用的课程实体,这种课程实体提供一种社会性环境,表现着学校课程的规范性与公共性。

如果我们从整体论角度规划学校课程,它的形成与发展将会浮现出新的图景。整合型学校课程就是体现整体论思想的课程内容规划结果。整合型学校课程不仅是一个为实现预定目标的静态素材,而且是一个不断发现和形成新的目标的活动过程。在这种活动过程中,"人们因为有共同的东西而生活在一个课程实体内;而沟通乃是他们达到占有共同的东西的方法。为了形成一个共同体或社会,他们必须共同具备的是目的、信仰、期望、知识——共同的了解——和社会学家所谓志趣相投。""保证人们参与共同了解的沟通,可以促成相同的情绪和理智倾向——对期望和要求做出反应的相同的方法。"③ 因此,学校必须规划出整合型课程,使学校课程成为体验、感悟、改造和建构文化的场域。

4. 整合型学校课程追求学校课程教育价值的提升

整合型学校课程关注的是学校课程在时间上的延续性与课程在空间上的动态生成性。在整合型学校课程中,学科只是作为学校课程的具体显现、表达与展示而存在,只是体现学校课程的一个实体范畴,学校课

---

① William H. Schubert, *Curriculum: Perspective, Paradigm, and Possibility*, Macmillan Publishing Company, 1986. 15.
② [日]佐藤学:《课程与教师》,钟启泉译,教育科学出版社 2003 年版,第 78 页。
③ [美]约翰·杜威:《民主主义与教育》,王承绪译,人民教育出版社 2001 年版,第 9 页。

程通过连续不断地以学科形式显现其自身而存在。整合型学校课程是一个完整的整体、动态的整体。在整合型学校课程中，个人与他人、课程的关系不是外在的、相互作用的关系，而是内在的、构成的关系。在各学科领域所叙述的事实基础上，学校课程着力于分析和建构课程的内在意义，着力于提升课程的内在教育价值，着力于达到事实与价值融合的境界，这是整合型学校课程蕴含的深层意义。

整合型学校课程是一种价值负载的事实，价值提升是学校课程的核心。"真正教育的目的并不是提高某些特殊能力，而是帮助理解我们的生活，诠释我们的过去，对未来无惧并敞开心扉。"[①] 整合型学校课程不仅仅是专家为学生提供的知识，而且是参与学校教育过程的每个人进行经验、思想相互交流的载体。参与到学校课程中的每个人都有机会来重建他们的经验，理解课程中的可能寓意，诠释课程意义。这就要求"学校应该为学生提供知识与价值的议题，这些议题引导学生改善社会及文化的制度、信仰和证实它的活动"[②]。整合型学校课程是一个关注人、社会和知识的互相联系、彼此协调的有机整体。它强调知识及其教育价值的整体性，发挥知识的独特教育价值，把知识作为学生成为完整的人而获得全面发展的基本资源；它重视促进学生对人类知识间接经验的获得，也重视学生在学校课程中的直接感悟。整合型学校课程主要表达了这种普遍的价值关系，体现了学校课程对教育终极价值的关怀。

为了提升学校课程对课程参与者所蕴藏的教育价值，整合型学校课程反对"唯客体主义"的课程模式，反对"工具理性"对人的支配，反对人在课程中的迷失和"见课不见人"所造成的课程对人的"奴役"；它旨在把人的存在本体化，提升个体在学校课程中的存在经验、个体意识水平和批判精神，探讨其他意义领域，从而达到人的自由和解放。

---

① William H. Schubert, *Curriculum: Perspective, Paradigm, and Possibility*, Macmillan Publishing Company, 1986. 1.

② William H. Schubert, *Curriculum: Perspective, Paradigm, and Possibility*, Macmillan Publishing Company, 1986. 32.

总之，整合型学校课程是具有初始性质，是不能把它划分或分解为学科要素的集合，是分化性和区分性的否定，是作为实在而不能分割与分解为某些课程要素的整体性，是被规定为生成的整体——整体就是整体，而非集合。如果我们想通过一种有意义的方式提升学校课程的价值，就必须进行一场真正有创造力的全新的学校课程规划，一种最终在整体论意义上的课程规划。整合型学校课程的使命就是如何突破集合型学校课程规划，找到学校作为整体的新的课程规划路径。

（二）国家课程、地方课程学校化

学校教育的根本任务是让学生得到更好的发展，让每个接受教育的人的生命质量得到提升。学校的办学要体现教育的根本要求，既要反映面向全体的共性，又要体现学校的个性，反映学校自身的风格。学校的教育目标总是要通过课程体系来实现。学校课程应体现现代社会发展的要求，体现知识经济时代的要求，体现对学生创新精神和创新能力培养的要求。学校必须结合本校的传统和优势，结合学生的兴趣和需要，以尊重人的差异为前提，以发展人的个性特长为目的，努力开发具有开放性、灵活性、多样性并能体现学校特色的课程体系。学校必须首先了解国家课程和地方课程的基本特点和教育价值，然后对国家课程、地方课程进行学校化。那么，如何理解国家课程和地方课程的学校化呢？

国家课程、地方课程的学校化就是指学校在理解国家课程纲要的基础上，基于国家及地方课程标准，根据学校的办学理念、学校发展的特点、学校具体条件以及师生的独特性与差异性，将国家课程和地方课程作为课程资源，规划具有个性、灵活性以及多样性的学校课程，最终形成具有学校特色的课程结构与内容体系。

首先，学校中的课程不应是国家课程及地方课程的复制，即学校不能原封不动地机械执行国家课程及地方课程。如果学校课程是国家课程及地方课程的复制，那将与基础教育课程改革目标相违背。因此，学校中的课程既要渗透着国家课程和地方课程标准，又要蕴涵着学校对那些标准的合理选用、重新组合和适度调整。国家课程和地方课程属于科学文化的基础知识，关系到国家公民基本素质，学校要认真落实，要开足开好，要努力做到这些课程优质化。同时，学校要根据学校的实际情况及办学理念、历史传统和学生发展需要，充分注重学校教育环境的独特性和学生群体的差异性，要努力做好国家课程和地方课程的学校化，规划学校的个性化、特色化课程，促进学生的个性和特长的发展。

其次，学校中的课程是国家课程、地方课程的层递性具体体现。国家课程与地方课程共同的核心要素是关于课程标准、课程结构及内容体系的指导性要求，它们只有切实体现在学校课程及其实施中，才具有实际的意义，否则就会仅仅停留在课程文件的层面上而容易成为一种的脱离学校具体情况的存在。国家课程与地方课程，在一定程度及一定意义上，是国家意志在基础教育领域及学校活动中的体现。根据我国相关的教育法律，无论何种办学体制的学校，都必须执行国家课程与地方课程的核心要素。因此，国家需要运用一定的强制力来保证国家课程与地方课程的核心要素在学校课程中得到执行。学校中的课程是与国家、地方课程密切相联系的一种课程形态，而不是存在于国家课程及地方课程之外的种孤立的课程形态。学校中的课程是国家课程、地方课程的具体化。

第三，学校中的课程是国家课程与地方课程在不同学校的特色化。国家课程适用于全国范围的基础教育学校，尽肯它在编制和开发过程中应当反映学校的实际需要，但是它只能反映各地学校的普遍需要，因而难以反映我国幅员辽阔的各区域之间的差异，也难以反映城乡之间的差异。所以需要在新的基础教育课程体系中发展地方课程。然而，地方课程适用于省级区域范围内的基础教育学校，它难以反映省级区域内的差异和城乡差异。所以学校需要对国家课程、地方课程进行学校化。学校虽然是国家课程及地方课程的最终执行者，但它们又不是仅仅作为一种执行工具而存在着。根据国家关于课程的政策，学校获得国家的授权也被国家赋予责任，学校应该根据本校学生的培养目标，规划出体现学校特点的个性化课程结构与内容体系，最终形成学校独特的课程文化。

（三）学科课程的统整性

学科课程始于15世纪，经过夸美纽斯、赫尔巴特和斯宾塞等人的努力，学科课程将知识的接受学习推向极端，直到19世纪末20世纪初期之前，它一直在学校课程中处于统治地位，目前也是学校课程的基本形式。但是，学科课程易于重视作为学科专家的兴趣，而忽视学习者的兴趣；易于将知识的价值变得窄化和不完整，导致人们相信重要的知识是抽象的，是远离生活的。虽然人们已经认识到"如果知识只是很简单地被认为是由分科的知识中片断零碎资讯和技巧的累积，那么知识的应用和权力即会被限定在他们的领域内而消减"①。

学科知识是关于世界中某个层面的探究领域，提供了解释、探索世界的途径及与其进行意义沟通的可能性，具有逻辑的一致性和完整性。学科的弊端可以通过对学校课程的整体论规划来克服。整合型学校课程是对学科课程的补充和完善，强调知识的整体性、学生获得经验完整性和关注学生全面发展，其前提是建立在学科课程的基础上。在整合型学校课程中，各学科不是相互孤立而是相互联系的，是从学校课程整体角度来界定的。整合型学校课程就是要解决构成学校课程的学科和学校课程作为整个功能系统之间的关系。在学校层面提出整合型学校课程规划，其立场在于将知识突破分科的间隔，置于学校整体情境脉络中，让人易于接近和感受到它的意义。

我们庸常借用整体性概念描述学校课程时，往往把它视为学科形态的单个课程要素结合成的一个整体。这是由于在科学发展进程中，"艺术、科学、技术和人类的一般成果都被分割成为专业性的东西，而每一

---

① ［美］詹姆斯 A. 贝恩：《课程统整》，单文经等译，华东师范大学出版社2003年版，第12页。

种都被认为在实质上是独立于他物的。当对这种事态不满时，人们就进而建立起交叉学科，通过这些交叉学科去把这些专业的东西统一起来，但是，这些新学科到头来还是主要用来增加一些更加分离的碎片"①。于是，作为一个整体的学校课程就被看作是各自独立的学科构成的，学校课程的规划被认为是不变的学科要素之结合和分离，并试图使整体呈现的学校课程具有那些孤立学科所不具有的属性和规律。这是在某种集合基础上实现的，是与经验的认识层次相适应的，是坚持构成论思维方式。其实，这样结合成的学校课程是一个"联合体"。正如亚里士多德所说："如果我们要检验别的任何事物的本性，我们就检验它的部分，例如，检验一张床包含的诸部分以及它们如何被弄在一起，然后我们就认识了它的本性。"②

当学校课程整体被认为是由各学科部分联合组成时，学校课程整体与学科之间的逻辑先后关系被规定为先有学科部分，尔后才有学校课程整体；如果没有学科部分或要素，学校课程整体也就无从谈起。这样，只有学科是实在的，学校课程整体没有超越其构成部分的自己的特性，它的实在性被虚化和取消了。"整体与部分的关系，只要其概念与实在彼此不符合，就是不真的。整体的概念是包含各个部分的概念；但是在整体被设定为它按照其概念所是的东西时，如果它被分割为各个部分，那么，它也就不再是整体。"③ 因此，我们不难看出，遵循构成论的学科集合概念的学校课程整体是派生的整体，是低级的和不真的现实存在，不能呈现学校课程世界的整体性和复杂性。构成论的学校课程体现着学科要素性质，强调学科的拼凑嫁接，在看不到学校课程整体图景时容易迷失在学科细节海洋中，使学校课程部分、甚至全部失去了教育价值。

---

① [美] 戴维·玻姆：《整体性与隐缠序——卷展中的宇宙与意识》，洪定国、张桂权、查有梁译，上海科技教育出版社 2004 年版，第 1 页。

② [古希腊] 亚里士多德：《形而上学》，李真译，上海世纪出版集团 2005 年版，第 67 页。

③ [德] 黑格尔：《逻辑学》，梁志学译，人民出版社 2002 年版，第 252 页。

同时，我们必然要面对的一个尴尬问题就是：若按构成论理解学校课程整体，那么学校课程需要分为多少学科要素为终极合理点呢？只要学校课程不可能在终极意义上分解为某些学科要素的集合，那么，以学科要素及构成论的假设对学校课程所进行的规划也就不可避免地具有或然性意义。"显然，即使被认为是实体的东西，大多数也仅仅是潜在的——动物的各部分（因为它们都不是分离存在的；而一旦它们被分离开，则它们虽仍存在，但仅仅只作为质料而存在）以及土、火和气都是如此；因为它们中的任何一个都不是统一体，而是仅仅作为一堆东西，直到它们发动起来并由它们形成某个统一体。"①

整合型学校课程超越了"单子论"学科形态的存在。长期以来，人们习惯于按照"唯客体主义"的模式来看待学校课程，把它简单地归结为具有客观性、确定性和规律性的客体存在。在注重学科知识传递时却忽视了它的价值因人而异的事实，试图使它能让人获得一劳永逸的真理而为未来生活作好准备，这是建立在"知识的旁观者理论"基础上的。由于过度强调了学校课程的功利性，就难免导致学校课程异化，使作为育人资源的学科知识不是服务于人，而是统治了人，这就必然忽视或回避了人作为主体的地位和作用，人在学校课程中被工具化。同时，由于某些具体学科表现为更多的功利性追求，这必然造成某些学科在价值排序上优先于其他学科，使以确定、量化方式或符号加以界定的课本知识成为学校课程的全部，那些很难量化的内容就被排斥在学校课程之外。学校课程成为一个被异化了的世界，是一个被成人、知识、考试等扭曲了的世界，"应试教育"成了这个世界的一个表征。学生在这个世界中成了"知识的容器"、"考试的机器"和"分数的奴隶"，这种学校课程必然失去其应有的教育价值。"如果教育仅仅成为满足功利目的的工具或手段，那么它就失去了存在的根基。教育一旦成为可算计的手段，教

---

① ［古希腊］亚里士多德：《形而上学》，李真译，上海世纪出版集团2005年版，第234页。

育者就失去了反思教育本真的能力,他所从事的'教育'便没有了教育意义,受教育者也就可能被手段化和工具化。"① 如果仅仅把学校课程看作是实现功利教育的事实存在,忽视它的价值提升,学校教育将蜕变为一种从事知识技能的训练和强化胜任能力的过程,这是一个冰冷的世界,"生活世界"中那种"生动的主观性"荡然无存,必然会造成"人在课程中,不知课程味"的尴尬困境。

我们冷静考虑一下,课程改革的"钟摆现象"深层病根难道不是源于此吗?将学校课程世界分解成为独立存在学科的方法在学校课程规划中已经面临困境。这种学校课程规划正如黑格尔所评论的:"这构成了机械论的特征,亦即,把各个单项联系在一起的不论何种联系,对这些单项来说都是外在的,而且并不涉及它们的本质;即使它[联系]涉及到作为一个一[而出现]的现象,那它仍然只不过是一种并置、混合、堆砌或如此而已。"② 学校课程本身正在要求一种新的非构成论的而是整体论的规划观。要摒弃构成论的学校课程整体观,其必然逻辑完成就是坚持学校课程本真的整体性,具有终极意义上的不可分性,让集合概念的学校课程规划无条件地丧失其存在意义。

那么,原有学科在整合型学校课程中是如何存在的呢?没有体现系统性知识的学校课程是不可想象的,而分科的方式是对整体的知识世界按照亲疏关系作人为划分,学科教学是实现教育的重要手段,这种方式已经牢牢地植根于学校教育的深层结构中。如果我们将整合型学校课程比喻为一栋楼房,各学科就是构成其基础的砖,各学科表现为分离状态的知识世界,借此各学科成为一个学校课程的现实实有,这种现实实有具有学校课程的潜在统一性、潜在关联性,通过整合型学校课程规划,学校课程实现了实在的统一,进入了呈整体性的、复杂的课程统一体。"诚然,就某种程度而言,在思想中分割事物并使它们彼此分离,始终

---

① 徐继存:《教育哲学是没有答案的学问》,《中国教育报》2008年3月24日第7版。
② [美] D. C. 菲立普:《社会科学中的整体论思想》,吴忠、陈昕、刘源译,人民出版社1988年版,第5页。

是人所需要的，目的在于把问题简化为可处理的部分；因为很明显，如果在实际的技术工作中，我们想同时对付整个实在，那么我们会一筹莫展。"① 整合型学校课程作为课程实体存在着，"凡可以用'是'来表达的东西就构成一个整体。但是这个整体不是没有区别的。它可以分成许多划分为不同范围的区域，这些不同区域中的对象也是不同的，因而形成不同的研究领域，如自然、历史等等"②。在整合型学校课程中，各学科就是其不同范围的研究区域，是学校课程实体的特殊方面。学科作为课程样式是学校课程实体的特殊状态或"分殊"，是学校课程实体的具体表现和个别部分。学科只是学校课程实体的显现、表达与展示，并作为学校课程实体的具体表达而存在，而不仅仅是学校课程实体的组成成分。学校课程实体通过连续不断地以学科的形式显现其自身。各种学科样式之间存在着本原的内部联系，具有内在的逻辑关系，按各自特殊的方式去体现学校课程这个同一存在者。学科之间的任何联系只有在包含它们的学校课程整体之内才是可能的。因为"在每个场合，都必须存在有一个把发生联系的各事物包含在内的整体，否则，就不存在任何差异和联系"③。正是由于学校课程作为实体的整体而存在的内在原因，各学科样式才能通过相互联系和相互依存统一于学校课程实体而成为一个整体。因此，在营造课程实体的整合型学校课程中，学科不仅不会消失，而且其合法性会更突显。

整合型学校课程规划是对集合型学校课程规划的还原论倾向的批判，它把学科的相关性与学校课程整体的结构性和系统性结合起来，它把学校作为场域来理解学校课程世界的存在方式和运作方式。"片面地断言实在仅仅是某种集合（或者相反，片面地断定实在仅仅是某种不可

---

① ［美］戴维·玻姆：《整体性与隐缠序——卷展中的宇宙与意识》，洪定国、张桂权、查有梁译，上海科技教育出版社 2004 年版，第 2 页。
② 王路：《"是"与"真"——形而上学的基石》，人民出版社 2003 年版，第 333 页。
③ ［美］D. C. 菲立普：《社会科学中的整体论思想》，吴忠、陈昕、刘源译，宁夏人民出版社 1988 年版，第 4 页。

分割的整体），一般说来，都是不正确的。因此，在我们的语言中，似乎早已预见到这种辩证的世界观：一方面，用集合这一术语来表述实在的属性；另一方面，又用统一这术语来表述实在的属性，而集合和不能分解为杂多这两个互相对立的性质又构成一种互补关系。"[1] 整合型学校课程规划"要求从'整体'的动力学认识'部分'的性质。用这种方法看问题，人与自然应该是和谐的整体，科学文化和人文文化要平衡，东方文化和西方文化要整合，整个宇宙都要处在动态的循环运动网络之中"[2]。整合型学校课程的使命就是如何突破集合型学校课程规划的局限性，找到学校课程作为实体的新的课程规划路径。

三、规划"整合型"学校课程

国家和地方都不能替代学校来进行具体的体现学校特色的课程规划。如果说国家课程规划提供了一种理想的课程，教师实施的课程是一种现实的课程，那么整合型学校课程规划就是实现从理想课程到现实课程转化的桥梁。只有学校才能够切实地把握理想与现实之间的平衡，才能找到理想课程与学校现实之间的结合点。整合型学校课程的出发点和归宿是对学校场域中的教师和学生作为"整体的人"关注，把教师和学生视为具体存在的个体，关注他们的尊严和个性。

（一）整合型学校课程的内容框架

整合型学校课程的核心思想是促进学生作为"整体人"的全面发展。它以提升学生在智力、情感、审美、合作、生活等方面知识和能力为价值追求，以通识教育、个性教育、探究教育、职业教育为核心内

---

[1] ［苏］采赫米斯特罗：《新整体论》，孙慕天编译，黑龙江教育出版社1996年版，第79页。

[2] 金吾伦：《生成哲学》，河北大学出版社2000年版，序。

容，最终促进学生在认识、判断、行为等三级水平上的发展（如图5.31所示）。

1. 学校课程的教育目标

整合型学校课程的教育目标包括智力、情感、审美、合作和生活能力五个方面。（1）智力。整合型学校课程关注学生智力的开发。学校课程要重视学生基本知识和基本技能的培养，增强学生的实践能力和创新能力；要重视培养学生的思维能力，使学生学会学习、学会做事。

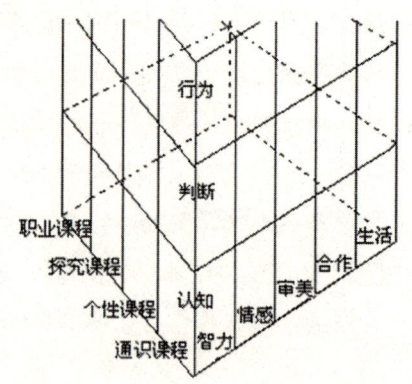

图5.31 "整合型"学科课程

（2）情感。学校课程要重视培养学生的道德情感。学校课程要使学生懂得社会的行为规范，培养良好的道德行为习惯，促进良好道德行为的发展；培养学生树立正确的伦理观、道德观和价值观，使学生获得能够辨别善恶的知识，形成道德认知、判断和行为能力；重视培养学生追求善的热情；重视激发和陶冶学生的道德情感，如爱父母、师长、朋友，爱家乡、爱祖国以及爱人类、爱自然。（3）审美。审美能力是学生的重要能力。学生只有具备了审美能力，他（她）才能发现学习中、生活中的魅力，才能对学习、对生活充满幸福感。学校课程要让学生掌握审美的知识，形成鉴别美与丑的审美能力，感知各种具体事物的美；重视陶冶学生的美感，培养对美的感受、表达和交流能力，激发对美的热爱和追求；培养和发展创造美的能力。（4）合作。合作能力是学生必备的基本能力。学校课程要重视培养学生的合作能力。因为"学习不仅是一个自我发现的内部过程，而且还是一项合作的活动"①。（5）生活。学校课程要重视培养学生的生活能力，"唯有过着充实、健康、有意义的

---

① 第二届整体教育国际会议签署的会议文件：《教育2000：一种整体的观点》，转引自安桂清：《整体课程论》，华东师范大学出版社2007年版，第24页。

生活的人，才是高品质的劳动者"①。学校课程可以包括家庭生活和休闲生活等方面内容，让学生掌握人体生理运动机能、身体锻炼的方法以及各种体育运动和比赛的规则等体育和保健知识，激发对体育运动的热爱；让学生懂得如何健康饮食，养成各种良好习惯。学校课程要重视关于如何休闲生活的教育，如让学生懂得如何高质量地过休闲生活。我们用一个非常熟悉的事例来说明学校关注学生休闲生活的重要性。在生活中，老师和家长除了关心学生的学习情况之外，最令他们头疼的问题是学生迷恋电子游戏的问题，而这一问题轻则影响学习，重则毁掉孩子一生。我们静下来仔细分析一下导致这种情况的根本原因是什么？真的是学生不爱学习吗？真的是学生缺乏抵抗游戏诱惑的意志力吗？其实不是。最根本的原因在于学生既缺乏休闲生活的内容，又缺乏选择合适的休闲生活的能力。由于学生缺乏休闲生活内容，只有背着大人打游戏，而游戏的情节逐渐成为学生谈话的主流内容，成为学生在一起的共同语言，如果某位同学不懂游戏，他（她）怎样和其他人相处。另外，由于游戏成为学生主要的休闲生活，谁玩得好，谁就在同学中获得了话语权，获得了地位，同时也获得了成就感和满足感。试问，学生不玩游戏，又有哪种休闲生活可以替代它，又有哪种休闲生活能给他（她）带来如此的乐趣？又有哪种休闲生活可以让他（她）找到那么多有共同语言的朋友？

2. 学校课程内容的类型

整合型学校课程内容可分通识课程、个性课程、探究课程和职业课程四种类型。"课程整合不仅仅是一种组织工具——它只需要美丽的变革以及在课程计划中做跨越不同学科领域的重组；课程整合还是一种思维方式，它让人思考在课程的来源以及知识的使用上，学校的目标究竟何在？课程整合起源于如下的观念，即，课程的来源应该是问题、论点

---

① 第二届整体教育国际会议签署的会议文件：《教育 2000：一种整体的观点》，转引自安桂清：《整体课程论》，华东师范大学出版社 2007 年版，第 16 页。

以及由生活本身所提出的相关关注点。"①

(1) 通识课程

通识课程所考虑的问题是：哪些知识是所有学生所应习得的，哪些能力是所有年轻人都应获得的。"所有的年轻人应该共享一种共同课程——通识教育——这种课程能够将他们和其他人连结起来，在国家层面上分享经验与重要观念。"② 学校通过通识课程来实现学生的通识教育。"通识教育的功能应贯穿于一门课程的始终。如此的课程将学习者视为有责任感的公民，而不是某一领域的专家，或是一个有着特别的天赋和兴趣的人。……成功的通识教育能使每个人拥护文化、享受文化。由此，课程工作者来决定个人的需要，是为了更好地与他人沟通，而课程规划者需要考虑教学的结果和经验之间的共性之处。"③ 通识课程按照学生所要达到的基本素质，有统一的要求、统一的标准、统一的课程内容、统一的形式和方法。"我们要造就的是既有文化又掌握专门知识的人才。专业知识为他们奠定赴的基础，而文化则像哲学和艺术一样将他们引向深奥高远之境。"④

通识课程可分为学术知识类和社会交往类。（1）学术知识类。学术知识类课程既包括知识体系，又包括探究的方法。（2）社会交往类。此类知识包括法律法规、道德伦理、社会角色等方面知识。社会角色是指学生现在和未来在社会关系中的身份、地位，所享受的社会权利和承担的义务以及所起的独特社会作用。不同的社会角色对学生的知识和能力等有不同的要求，如为人子女，要懂得如何孝顺长辈，如何节俭，如何努力学习来承担家庭的责任等；将来为人父母，要懂得如何教育子女；

---

① [美] 弗雷斯特·帕克、格伦·哈斯：《课程规划——当代之取向》，谢登斌、俞红珍等译，浙江教育出版社 2000 年版，第 294 页。
② [美] 詹姆斯 A. 贝恩：《课程统整》，单文经等译，华东师范大学出版社 2003 年版，第 101 页。
③ [美] 约翰 D. 迈克尼尔：《课程导论》，谢登斌、陈振中等译，中国轻工业出版社 2007 年版，第 118 页。
④ [英] 怀特海：《教育的目的》，徐汝舟译，三联书店 2002 年版，第 1 页。

将来要组成家庭,要懂得如何恋爱,如何做好丈夫或妻子,如何经营家庭的吃、穿、住等基本问题;作为社会生活中的人,要懂得如何"老吾老以及人之老,幼吾幼以及人之幼";作为老师,要有专而博厚的知识结构,要有善于表达和说服、能很好地处理人际关系的能力等。总之,科技型角色、管理型角色、学术型角色、政治型角色、经济型角色对学生有不同的要求。

(2) 个性课程

学生个体是个性的载体,个性是学生个体为"真正人"的属性,学生群体是由个体差异有机构成的整体。正如马克思所说:"人是一个特殊的个体,并且正是他的特殊性,使他成为一个个体,成为一个实现的、单个的社会存在物。同样的他也是总体,被思考和被感知的社会的主体的自为存在。正如他在现实中既作为社会存在的直观和现实的享受而存在,又作为人的生命表现的总体而存在一样。"[①] 学校规划个性课程就是着眼于学生个体的特殊性,目的是实现学生的特殊天赋和兴趣。每名学生个体在特定的家庭生活、学校生活和其他社会活动中形成了独特的生理特征、心理特征以及不同的兴趣爱好、不同的才艺、不同的品质和不同的智力水平,整合型学校课程要以学生的现实个性为出发点,以可能个性的塑造为方向,为进一步强化、培养学生的良好个性来规划课程内容。学校个性课程注重调动学生的独特的主体性,注重培养学生的个体自我意识,注重为学生能动性和创造性的发挥创造条件。个性课程尊重学生的个性特点,使学校教育充满活力。个性课程的内容包括:(1) 体现学生身体、智力等生理特征的个性课程。(2) 体现学生性格、情感、意志、气质等心理特征的个性课程。(3) 体现学生社会性特征的个性课程。

[①] 马克思:《1844年经济学——哲学手稿》,《马克思恩格斯全集》(第42卷),人民出版社1960年版,第123页。

(3) 探究课程

整合型学校课程内容包括探究课程。探究课程符合"从做中学"的教育思想。根据杜威的观点，儿童生来就有一个自然的愿望，要做事，要工作，对作业活动具有强烈的兴趣。儿童身体上的许多器官，特别是双手，可以看作一种通过尝试和思维来学得其用法的工具。如果能使儿童从那些真正有教育意义和兴趣的活动中进行学习，也许是标志着对于儿童一生有益的一个转折点。在杜威看来，所有的学习都要涉及"做"，只有通过"做"得来的知识，才是"真知识"，因为无论从哲学、心理学还是生物学的角度来说，"做"是儿童的本性。"如果学校中的学习照搬学科知识的逻辑体系，一开始就用一大堆远离儿童生活经验和本能需要的抽象概念和原理堵塞在儿童前进的道路上，那么，'儿童接近书本时就没有理智上的渴求'，学生的学习必定是枯燥空洞的机械训练和形式分析，成为一件压抑而不是利用儿童本能兴趣的苦役，而它本来是可以利用这些本能兴趣的。"[①]

(4) 职业课程

中小学校开设的课程不仅要让学生掌握基本知识和基本技能，为社会培养研究人员以至于科学家，还要为社会培养职业人以至于企业家，学校要对学生进行职业教育，培养其职业意识和能力，这也是学校进行素质教育，培养学生全面发展的必然要求。而目前，在我国中小学校基本上没有职业课程，只有那些考不上高中，尤其是考不上重点高中的学生，往往以低人一等的身份进入职业学校，学习职业课程。这样做的结果，一方面造成了学术课程与职业课程的分离，造成学生重视脑力劳动而轻视或蔑视体力劳动；另一方面也导致了那些进入高中学习的学生走上独木桥，因为只有拼命考大学，否则将面临生存问题，因为他们没有开设过职业课程，结果严重缺乏职业意识和职业能力，更不要说创业

[①] 任长松：《探究式学习——学生知识的自主建构》，教育科学出版社2005年版，第38页。

了。究其原因,"学术科目与工作知识相分离是基于两个假设的。第一个假设是,学术科目代表着全人培养的目标;第二个假设是,学术科目是经过长期演变形成的知识组织形式,目的是使学生接触关键的概念和思想。因此,不管是雇主所要求的能力的术语,还是普通百姓受大众传媒影响形成的看法,都不能简单地用这种'真实生活'来取代学术科目。也不能把学术科目强加到与工作有关的问题上去"[①]。

职业课程的内容包括:(1)掌握基本技能和程序性知识。学校课程重视使学生获得关于各生产过程的基本原理和关于工农业生产劳动或职业技术方面的知识,以及日常生活中的技术知识。(2)形成正确的劳动情感和态度。(3)培养基本的职业素养。

当然,中小学开设职业课程与职业学校有很大的不同。不同点之一,中小学校开设职业课程的目的在于培养学生的职业意识、职业素养以及职业规划能力。例如通过了解成功人士的奋斗史,培养学生的创业意识、敬业精神、竞争意识和能力等;通过了解著名企业的发展史,培养学生的市场意识、经营意识和能力、企业文化、企业营销战略、团队精神、合作能力、经济常识等等;通过了解企业失败的例子,可以培养学生承受挫折与失败的意识和能力,通过分析失败的原因来提高学生经营意识和能力等。不同点之二,中小学开设职业课程可以对学生进行技能训练,但这不是重点内容,学校职业课程主要培养学生的职业理念、职业意识和掌握经济常识政策,可以包括世界和国内的一些著名企业经营史,了解其如何开拓市场、如何管理、如何吸引和培养人才、如何理财、如何承担社会责任以及成功或失败的原因分析;可以包括个人如何创业、如何择业、如何工作等内容;还可以包括国际和国内的一些经济法规、经济政策等方面内容。不同点之三,中小学开设职业课程的实施方式可以采用模拟企业、模拟招聘、模拟经营、模拟广告等等情境课堂

---

① [英]麦克·扬:《未来的课程》,谢维和、王晓阳等译,华东师范大学出版社 2003 年版,第 68 页。

形式进行，而不一定要到企业单位实地实习。

3. 学校课程学习的层次

整合型学校课程的学习层次可分为：认知水平、判断水平和行为水平。学校课程在强调课程知识的基础，注重学生判断能力的培养，最终转为具有社会意义的行为。因为"如果把学校里的科目仅仅看作局限于学校范围内的科目，掌握这些知识就只有专门的价值。在认识这些科目的社会意义的条件下掌握这些知识，它们就会增加道德兴趣和发展道德卓识"①。

（1）认知水平。整合型课程的认知水平是掌握"是什么"的阶段。此阶段包括：事实性知识、抽象性知识和方法性知识的领会。（2）判断水平。整合型课程的判断水平是指学校课程培养学生在兴趣、态度、价值观和欣赏能力等批判能力方面所达到的水平。此阶段包括：价值判断、价值接受和价值个性化。（3）行为水平。整合型学校课程的行为水平是学生能把所学知识以及自己所领悟的意义应用于实践。此阶段包括：学会学习、学会做事、学会审美和学会合作。

（二）整合型学校课程的合理性

整合型学校课程是学校作为场域存在的必然要求，是学校教育性的实现载体，它的合理性表现在三个方面：学校课程对教师和学生作为整体人存在的关注，对终身教育思想的体现以及对学校课程内容递进性的重视。

1. 关注整体人的发展

整合型学校课程的教育目标是培养完整的人。在新的文化背景下，学校教育将更加重视学生的整体性存在，即学生作为充满热情的、积极

---

① 徐继存：《学生：作为课程资源和影响课程的因素》，《当代教育科学》2006年第2期。

的生命体存在。学校课程将用整合型（integral）课程代替集合型（collective）课程，这样学校课程不再局限于训练温顺的、容易控制的社会螺丝钉，而是培养有创造力的、有敏感的问题解决者。① 克伯屈曾经指出："'整个儿童'这一概念含有实质上是一致的两种含义；一种含义是我们希望无论在什么时候都不忽视儿童生活的各种不同的方面；另一种含义是把儿童看作是一个有机体，这个有机体是作为一个整体来作出正确反应的。"② 整合型学校课程要培养完整的人可以从人的整体性和其生活整体性两个层面进行。"真正的教育目的是促进个体能力得到最大限度发展，不仅在童年和青年时，而且在整个人生中都得到发展。"③ 整合型学校课程不局限于教授事实或学科结构或智力技能，而是重视帮助学生来重建他们的经验，重视学校课程内容与学生的兴趣与发展需要之间的一致性。

整合型学校课程从教育目标方面重视培养学生在智力、情感、审美、合作能力和生活能力等五个方面全面发展。这样学校课程关注学生作为整体的人的发展。学校课程帮助学生统一自身的思想、情感和行动。"把一个人在体力、智力、情绪、伦理各方面的因素综合起来，使他成为一个完善的人，这就是对教育基本目的的一个广义的界说。"④ 学校课程内容从人的需要角度出发，实现学科的统整，为教师和学生提供机会能够把新的学习收获应用到真实世界的活动之中。"进入儿童的现在经验里的事实和真理，和包含在各门科目的事实和真理，是一个现实的起点和终点。把一方和另一方对立起来，就是使同一成长中的生活的幼年期和成熟期生活对立起来；这是使同一过程的前进中的倾向和最后

---

① Thinking about Schools—Past and Future, http://www.pathsoflearning.net/holistic_Thinking_About_Schools.php.
② [美] 克伯屈：《活动课程运动要素》，转引自陈友松主编：《当代西方教育哲学》，教育科学出版社1982年版，第73页。
③ Eliot, C. W., *Letters to The New York Time*, Vol. 72, No. 23946, Aug. 7, 1923.
④ [日] 佐藤正夫：《教学论原理》，钟启泉译，人民教育出版社1998年版，第147页。

的结果互相对立,这是认为儿童的天性和达到的目的处于交战的状态。"① 通过学校课程,教师和学生在智力、情感、审美、合作能力和生活能力等五个方面形成意义,获得新的技能和态度。

2. 体现终身教育思想

从学校课程内容的类型方面看,整合型学校课程体现了终身教育思想。终身教育思想产生于20世纪50年代中期的法国,60年代后在世界上得到传播。在21世纪,教育在个人生活中的地位越来越重要,我们通常把一生划分为几个不同时期(接受学校教育的儿童和青年时期,成年职业活动时期和退休时期)的做法不再符合现代生活的实际情况,更不符合未来的要求。同时,教育本身也在不断变化:社会提供的校外学习机会在各个领域都在不断增加,而传统的资格概念在许多现代活动部门正在让位于不断发展的技能和适应性的概念。今天,谁都不能再希望在自己的青年时代就形成足够其一生享用的原始知识宝库,因为社会的迅速发展要求不断地更新知识。终身教育已成为当代一种国际性的重要教育思潮。

整合型学校课程强调把学校教育贯穿于人的一生,注重教育的整体性和民主性,主张采取灵活多样的课程内容和课程层次。整合型学校课程是一种新的课程理念和方法,它着眼于学生整个一生的纵向方面,它要为学生的一生学生奠定坚实基础,而不是局限于学校教育阶段。"终身教育是进入21世纪的关键所在,也是必须适应职业界的需要和进一步控制不断变化的个人生活的节奏和阶段的条件。终身教育不是一种遥远的理想,而是在以一系列强化这种教育需要的变革为标志的复杂教育环境中日趋形成的一种现实。"② 通过通识课程、个性课程、探究课程和

---

① [美]约翰·杜威:《学校与社会·明日之学校》,人民教育出版社2005年版,第116页。

② 联合国教科文组织国际教育发展委员会编:《教育——财富蕴藏其中》,教育科学出版社1996年版,第90页。

职业课程四种课程类型,整合型学校课程能够实现国家课程、地方课程的学校化,能够实现学科课程的统整,进而为学生的终身学习奠定基础。

3. 重视课程的诠释性和建构性

从学校课程学习的层次方面看,整合型学校课程重视课程的诠释性和建构性。每个人由于遗传素质、社会环境、家庭条件和生活经历的不同,形成了个人独特的"心理世界",他们在兴趣、爱好、动机、需要、气质、性格、智能和特长等方面是各不相同、各有侧重。差异不仅是教育的基础,也是学生发展的前提,应视为一种财富而珍惜开发,课程目标应定位于让每个学生在原有基础上都得到完全、自由的发展。学校课程要关注整体的人、生活着的人。学生并不是单纯的抽象的学习者,而是有着丰富个性的完整的人。在教育活动中,学生不仅具备全部的智慧力量和人格力量,而且体验着全部的教育生活。如果课程仅仅重视知识技能的传授并把它作为唯一目的,学生与生活世界的交流就没有发生,就无法培育出学生完整的人格。要把学生作为完整的人来对待,反对那种割裂人的完整性的做法,还学生完整的生活世界,丰富学生的精神生活,给予学生全面展现个性力量的时间和空间。

课程与学习者理解之间应该保持一种能够张扬主体性的张力关系,这种张力的存在为课程意义的理解创造一个回旋的空间,进而为课程的给定与生成的平衡提供一个合理的参照点。个体作为一个整体的存在方式要求学校教育能为其提供整体的内容和时空,只有当知识学习与学生的经验融化在一起,知识才能与个体发生意义关系,对个体生命的建构发挥作用。要把"过程与方法"作为和"知识与技能""情感态度与价值观"同等重要的目标维度加以强调,承认过程本身不仅具有手段性价值,亦具有目的性价值。这对学生的精神建构具有重要意义。尽管在探索的过程中,学生要面对问题和困惑、挫折和失败,要花费很多时间和精力,结果有可能"一无所获",但这是一个人的学习、生存、生长、发展和创造所必须经历的过程，具有真实的意义。因为只有在过程中知识才能进入个体的整体经验，转化为"精神的力量"和"生活的智慧"，弥合个体知识学习与精神建构的断裂。"学习只是一个人整个认识历程中的一瞬间，这一认识历程真正的进展在于个人经验与自我深刻反省的同时并进，因此不可能有一个已存的世界，只要我们学习和认识，就如同占有了这个世界一样。"①

教师和学生并不是内容和理性的占有者，而是它们的分享者。博学而合理的陈述并不是内部心理的外部表达，而是在不断进行的社会交流中的整合。因此，只有立足于课程的诠释性和建构性，学习的过程才能成为生命的激情对话和心与心的交融，才能使学习过程尊重生命，体现尊严，给个性的发展以充分的空间。所谓学习，不是习得现成的知识和技能，在头脑中形成"概念性表象"；而是学习者通过对象性活动作用于事物及他者的"活的生命体"的实践活动。作为学习对象的客体并不是赋有现成的意义，而是学习者借助语言给予命名才能建构意义。知识的意义并不存在于教科书之中，而是通过学习者的工具性思维对客体的诠释才得以建构的。这种情境化的、诠释性和建构性的理解可能发生在真实场景中，也可能通过共享的符号系统"与文本的反思性交谈"。在最根本的意义上，学习是学习者以自我为对象，通过自己对自己的主动改造和超越而实现的主动发展。学习者通过诠释性和建构性课程，析出自身和反思自身，重建自己的内部经验，改造自己所拥有的意义关系，实现探索与塑造自我，最终实现对自身的超越，对现存的超越。

学习不是在个体的头脑中存储事实、理论以及合理的探索程序，而是产生各种语境，并使其中所形成的意义能跟他人当前的实际追求联系在一起。课程的诠释性和建构性必然要营造学生主动参与的对话型学习场域。这种场域使"学校自身将成为一种生动的社会生活的真正形式，

---

① ［德］雅斯贝尔斯：《什么是教育》，邹进译，三联书店1991年版，第89页。

而不仅仅是学习功课的场所"①。课程的诠释性和建构性改变了教育中的非人化现象,把教师的存储者、驯化者的角色转换成学生中的共同学习者。"真正的形式,实在的符号,乃是掌握和发现真理的方法。它们是人们用来最可靠地和广泛地伸展到未被探讨的领域中去的工具。它们是工具,是用来使过去的研究中已经成功地获得的任何现实的东西发生作用。但是,只有当这种符号真正有所代表——当它用简单的形式代表或总结个人所经历过的实际经验时,这种情况才会发生。如果一种符号是从外界引进的,而不是被引导到原始的活动中去,如我们所说的,便是一种空洞的或纯粹的符号,它是僵死的和贫乏的东西。"②

课程的诠释性和建构性使课程中的权力通过对话得以重新分配,霸权性的话语不复存在了。每个人都有发言的机会,因为对话是平等的、自觉的、开放的、真诚的和深刻的。对话来自每位参与者的心灵渴望,它不但使对话者彼此达成理解,同时在思想的交流中获得更深刻的认识。对话不是一个人向另一个人"灌输"思想的行为,是双方联合反思和行动。如果自认为是真理和知识的拥有者,而其他人是无知者,那么怎么能对话?"那些不承认自己与他人一样终有一死的人,离进行接触的要求还远着呢。"在对话中,"既没有完全的无知者,也没有完美的圣贤:他们只是一些一起努力,学会比现在懂得更多东西的人"。③ 因此,学生不再是温顺的听众,而是在与教师进行对话的过程中的批判性的合作者。

---

① [美]约翰·杜威:《学校与社会·明日之学校》,人民教育出版社 2005 年版,第 29 页。
② 同上,第 124—125 页。
③ [巴西]保罗·弗莱雷:《被压迫者教育学》,顾建新等译,华东师范大学出版社 2001 年版,第 40 页。

第六章　学校场域的课程实施规划

在学校场域中,课程实施实际上是一个教育事件发生的过程,课程实施活动本身就是教师和学生的存在方式,构成了他们的生活世界,这是从本体论意义上来理解学校课程实施。学校课程实施要由训练型走向情境型。训练型课程实施强调学校课程对学生的刺激—反应效果,具有行为主义倾向,容易导致机械式学习方式,造成课程实施缺乏本真的教育性。情境型课程实施强调构建真实的关注个体的课程实习场域,在这个实习场域中,学生个体遇到的问题和进行的实践与今后校外所遇到的具有一致性倾向。同时,情境型课程实施不仅关注课程的情境性,而且还关注如何创建关注群体的实践共同体,在这里,教师和学生是作为共同体成员的身份参与到课程实施中。营造情境型课程实施可以分为三种模式:问题中心模式、主题中心模式和项目中心模式。

一、克服训练型课程实施的局限

训练型课程实施是一种获得隐喻,它的任务分析通常包括某种形式的主题分析、程序分析和先决条件分析。这些形式的分析集中于在需要知道的观念上，集中于完成程序性任务或学习概念性任务的顺序上，导致"学校建构了一些脱离真实世界的中性场合，在其中是先学会一些东西然后再将它们应用于真实世界，这个前提在本质上是误导性的"①。这种训练型课程实施常常忽视学校课程实施的复杂性、关联性、真实性。

（一）训练型课程实施

训练型课程实施"把知识从非特权学生的日常生活中加以抽离，或课程目的放在训练学生，使其将来能投入大型企业市场的人力需求"②。训练型课程实施夸大了学科的训练作用，认为许多年代在苦痛的和艰难中造成的那种旧的和保存下来的东西是可贵的，强调了教师必须有充分的训练和学识。训练型课程实施以指导和控制为手段，往往表现为死气沉沉和墨守成规。③

1. 课程实施的获得隐喻

课程实施的获得隐喻认为学生和知识都是独立的相互分离的实体，知识只是一种工具存在，学习实践主要是一种获得行为。这种隐喻使学校学习产生了呆滞的知识，造成了学生往往满足于记住这些知识，而忽略了对知识的意义生成和对知识的运用。课程实施的获得隐喻不是强调师生对于学习活动的贡献，"而是过多地把知识化的技能变成具体化的存在，变成商品（或物品），把知识变成某种要去获得的东西"④。获得隐喻的课程实施提供一种结构性学习资源，是对所学内容采取获取意义

---

① ［美］戴维·H. 乔纳森等编：《学习环境的理论基础》，郑太年等译，华东师范大学出版社 2002 年版，第 63 页。
② ［美］詹姆斯 A. 贝恩：《课程统整》，单文经等译，华东师范大学出版社 2003 年版，第 114 页。
③ ［美］约翰·杜威：《学校与社会·明日之学校》，人民教育出版社 2005 年版，第 115 页。
④ ［美］戴维·H. 乔纳森等编：《学习环境的理论基础》，郑太年等译，华东师范大学出版社 2002 年版，第 33 页。

的控制，认为学习的实质就是获得符号性的表征或结构，并应用这些表征和结构的过程，学习是获得某种东西——可能是一种资格、技能或能力。

当采用获得隐喻的训练型课程实施时，学校利用了一种线性的、目的—手段式的技术生产模式。课程实施局限于选择出最有效的模式来达成预定的课程目标。学校首先确定一系列行为目标，然后将这些行为目标转化为具体的学习任务，再进行全面的课程任务分析，对课程任务的组成部分排序。学校在教育行政部门监督和控制下，为教师提供一种完整的课程实施方案，"对教师说什么、怎样发信号来引起学生的反应、什么时候应该表扬、如何来处理错误的回答等都有明确的规定"[①]。这样，学校面对三级课程只是一种执行角色，三级课程在学校中处于隔离状态，学校只是忠诚地将国家课程、地方课程等安排各学科教研室，然后由教师到各个班级上课，不同教研室之间处于隔离状态，即使是同一教研室的教师也处于半隔离状态，学生之间是相互竞争的关系（如图6.1所示）。获得隐喻课程实施的假设是对学习任务进行分解是学生获得知识的先决条件。学校认为"当把复杂任务分解成较小的、更容易分别处理和掌握的任务时，人们能学得最好"[②]。学校课程实施按预定目标将课程任务进行分解训练，将大任务分解成各个子任务，学生们如果掌握了子任务，就能更容易地完成较复杂的学习任务，这就产生了从局部到整体的课程实施顺序。

[①] [美] 乔治·J. 波斯纳：《课程分析（第三版）》，仇光鹏、韩苗苗、张现荣译，华东师范大学出版社 2007 年版，第 115 页。
[②] [美] 戴维·H. 乔纳森等编：《学习环境的理论基础》，郑太年等译，华东师范大学出版社 2002 年版，第 58 页。

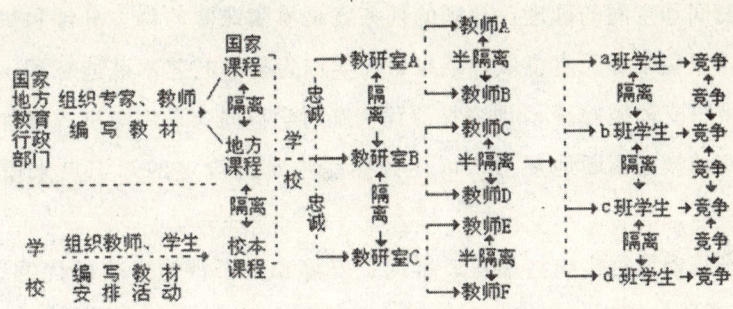

图 6.1 训练型学科课程的组织结构

2. 课程实施的控制取向

训练型课程实施是一种控制取向的课程实施。训练型课程实施认为学习责任是在教师身上,教师能够控制课程实施的环境。"教师试图影响学习行为,也就是说,试图利用各种各样的刺激物来引起学习。他们展现(或示范)行为或提供别的机会让学生观察到理想的反应。当教师试图来示范各种行为时,也可能会试图利用各式各样的信号或暗号来引导学生。教师同样试图通过对行为后果的管理来影响学生。"[①] 如果学生不学习,那么一定是教师的教学方法出了问题,教师应该对此负责。在训练型课程实施中,课程目标、课程内容以及课程实施模式都是预设和规范,课程实施只是按照预设的模式执行,它只是掌握预设课程内容,达成预定课程目标的手段。课程实施过程中的教师与学生被外在的目标与内容所控制,其行为都带有被迫的性质。"约翰·米勒把这种控制取向的实施概括为教学的'传递观',以有别于他所归纳的'交流观'和'转变观'。他指出,在传统的学科课程中教师或文本把信息传递给学生,而学生只有接受和堆积知识与技能,因此,传递观'在本质上是技能和知识的单向流动或传递,很少甚至根本没有反思或分析信息的机会。'不仅学生被塑造,教师的教学亦受到钳制。教学往往被简单还原

---

① [美]乔治·J. 波斯纳:《课程分析(第三版)》,仇光鹏、韩苗苗、张现荣译,华东师范大学出版社 2007 年版,第 110 页。

为对时间和空间的管理,教师的任务就是填满课堂的每一分钟和每一寸空间,以免学生无事可做。结果,教学作为整体的艺术被遗忘了,课堂往往变得支离破碎。"① 训练型课程实施对学科内容采用渐进式增加,按照固定的模式不断地复习,以达到熟练地掌握规定的知识点来应付考试。

训练型课程实施将端正、准时、安静和勤奋视为学生的优秀表现。"好学生"被界定为忠实地服从他人的安排和控制。学生作为"原材料"被模制成社会需要的"产品"。在训练型课程实施中,为了确保学生能够"注意听课",教师强迫学生在固定的座位上(通常情况下,手要放到背后或其他规范位置),从事枯燥乏味的"学习"。这种缺乏真实自然的情境脉络的课程实施必然"求助于来源于外部的动力;求助于教师权威或教科书的威望;求助于对惩罚或对其他不愉快的事的担心;求助于对以后在成人生活中取得成功的关心;求助于获得奖励;求助于胜过同伴;求助于对不能升级的担心"②。训练型课程实施把人转变成物,把有生命的东西变成无生命的东西,这必然造成学生厌恶学习的后果。

3. 课程实施被效率化

训练型课程实施把肃静的课堂当作理想的学习场所。训练型课程实施围绕着一系列的行为主义目标,将课程内容依据首要必备的技能而精心安排序列;为教师和学生提供机会来示范、练习和反馈所学知识和技能;利用每个序列目标中的前测和后测来评价学生的学习。教师在课程实施中的主要作用是系统执行传递、控制、评价、诊断。③ 在训练型课程实施过程中,遵循泰罗制模式,学校把学习时间置换为均质的"课时",并把"一排排难看的课桌按几何顺序摆着挤在一起,以便尽可能

---

① 安桂清:《整体课程论》,华东师范大学出版社 2007 年版,第 34—35 页。
② [美] 约翰·杜威:《学校与社会·明日之学校》,赵祥麟、任钟印、吴志宏译,人民教育出版社 2005 年版,第 192 页。
③ [美] 乔治·J. 波斯纳:《课程分析(第三版)》,仇光鹏、韩苗苗、张现荣译,华东师范大学出版社 2007 年版,第 231 页。

没有活动的余地,课桌几乎全都一样大小,桌面刚好放得下书籍、铅笔和纸,外加一张讲桌,几把椅子"①。教育行政人员根据标准监控、指挥教师,教师按照固定的程序和指标要求学生。

在课堂上,为了追求最高效率,教师首先努力营造和维持一种神圣的权威氛围,然后执行灌输式教育;课堂就像流水线,课程活动被"精确"控制和测量,课堂内部关系是"监管者""工人"与"物品"的关系。教师的工作只是一种程序性的、简单的重复,而不再是一种艺术,一种富有创造性的工作。为了实现课堂的效率化,一切与此无关的因素,如情感、需要、兴趣、爱好被漠视。任何与驯服相背离的能动性和创造性品质都将被压抑。学生成为已有知识的存储器、所学知识的迷信者、考试分数的奴隶。训练型课程实施往往造成"填鸭式"教学,对这样一种"填鸭式"教学适应不良或者是接受较慢的学生就被人为地贴上"差生"的标签,倍受教师的冷眼和学生的奚落,自尊心和自信心严重受挫,从而导致了学生个性发展的压抑和独立人格的扭曲。总之,在训练型课程实施中,个人不再是完整生命的能动存在。

学校课程实施当然应该追求效率,而关键问题在于追求什么样的效率。学校与工厂有本质区别,学校的根本任务是培养人,它面对的是有个性和能动性的生命体,而不是无生命的物品。这一本质区别要求学校课程实施不能像工厂车间那样组织和运作,过分地被效率化,单纯强调标准化、统一性,强调测量、等级控制。"课程领域一味地追求速度与效率,从而剥夺了意义与反思,陷入平庸和乏味。课程领域的复兴需要转向对意义和活力的寻求,树立'为灵魂而教'(education for the soul)的思想。"② 训练型课程实施不仅严重地脱离了儿童的实际,而且也不适合儿童的能力和需要,势必要扼杀儿童的个性。

---

① [美]约翰·杜威:《学校与社会·明日之学校》,赵祥麟、任钟印、吴志宏译,人民教育出版社2005年版,第39页。

② 安桂清:《整体课程论》,华东师范大学出版社2007年版,第35—36页。

(二) 训练型课程实施的行为主义倾向

行为主义的基础是刺激－反应－强化的范式，人和动物的行为是一种对环境、事件的变化所产生的刺激物的反应以及对一系列"加强物"反应的联合体。人的行为受外部环境的影响，行为的变化是一个人对外来刺激物反应的结果。行为主义心理学用外显的行为来解释学习，把学习看作对刺激反应的获得和强化，倾向于从技能的获得来看学习。"行为主义者将刺激→反应→刺激→反应的联结作为他们最主要的观念，学习就是行为相对持久的变化，这种变化与刺激、反应、强化的不断联结相联系。"① 从行为主义视角，学习就是一种行为的改变，是所有生物种类中的一种基本类似的过程。因此，在实验室中对老鼠和鸽子等动物身上所做的实验就与人类的学习有相似性并进行联系。

训练型课程实施的基本步骤：首先呈现一个学习问题作为刺激物，引起学生的注意；然后教师示范解决问题的一种正确方法，并对问题进行任务分析，让学生理解他们将要学会的内容，获得达到目标所必需的新的信息；接着引导学生以类似的方式练习解决此类问题，学生在教师的直接指导下练习他们所获得的新的知识或技能；最后，教师对学生行为进行反馈，并获得诊断性的数据，对合适的反应尽可能快地呈现以鼓励或批评形式呈现的刺激物。如果没有达到预期目标，教师将要求学生重复上述步骤。在训练型课程实施模式中，教师按照一系列清晰和具体的课程目标，让学生以做练习的方式展示预期的行为，并及时给学生反馈以帮助学生达到熟练的水平。这样，训练型课程实施必须基于明确的、在行为上是具体的学习目标，并将课程实施活动与预设的目标和外在的评价紧紧联系在一起。

在训练型课程实施中，课程目标的主要功能是指引课程评价，这种

---

① ［美］戴维·H. 乔纳森等编：《学习环境的理论基础》，郑太年等译，华东师范大学出版社 2002 年版，第 3 页。

课程评价偏重于学生将能做什么等技能性目标,偏重于用可以测量的学习者行为变化来描述课程目标的达成度。"按照行为主义技能获得原则组织的学习环境,鼓励学生们在实践中达到熟练的程度,包括重复的学习和操练,这会产生考试中的有效表现。"[1] 尽管在学校课程实施目标的陈述中包括"理解""欣赏"等意思,但由于行为主义倾向的训练型课程实施最重要的目标是识别学生的行为,课程实施将学生行为变化视作学校课程目标达成的根据,因此,训练型课程实施基本上采取一种知识传递与接受模式。训练型课程实施利用等级和赞扬来尽快地加强学生的课程行为。训练型课程实施通过对学生课程行为的反馈,训练型课程实施重视奖励、惩罚等外在动机,往往忽视兴趣、好奇心等内在动机。

在某种意义上,行为主义应该对训练型课程实施行为承担责任。行为主义倾向的训练型课程实施是以客观性课程内容为基础,采取科层式的课程组织形式,遵循结构严谨的刺激—反应原则进行课程活动。"行为主义的课程以一般的行为目标作为课程开发的出发点,然后围绕着一般的行为目标开发具体的行为目标。……从行为主义视角看来,可以推导出具体的行为目标的一般的行为目标,包含着课程的最终目标,而不是一般的观点。而且在行为主义课程的教学中,学生的技能积累从基本的技能开始,逐渐加深,最后形成最终的技能。"[2] 学校课程由一系列的终点目标构成,这些目标以可以测量和操作的形式来表达,学校课程内容和课程实施方法都是达到终点目标的手段。训练型课程实施认识学生在学校里接受训练,重复地来利用他们获得的知识,这样就能达到学校课程的目标。

---

[1] [美]戴维·H. 乔纳森等编:《学习环境的理论基础》,郑太年等译,华东师范大学出版社 2002 年版,第 70 页。

[2] [美]乔治·J. 波斯纳:《课程分析(第三版)》,仇光鹏、韩苗苗、张现荣译,华东师范大学出版社 2007 年版,第 151—152 页。

(三) 训练型课程实施的教育性缺失

学校课程是教师和学生的一种存在方式，是他们创造的有意义的生活世界。课程实施是在一定目的、动机、意图指导下展开的一个合目的的过程，目的性和意识性是它的特点。课程实施在传承人类文化，给予人生活的知识和技能的同时，还给予了个人以生活的智慧，发展着人创造生活方式的智慧和能力。它不能被归结为单纯的自然存在，也不能被归结为纯粹的观念存在。从这一点上说，课程实施不仅仅是手段，它本身更是目的。课程的价值和意义不仅仅体现在课程实施的结果上，更体现在课程实施的过程中。在训练型课程实施中，"我们被湮没在一个片段化的世界中，教师与文本、学生与文本、教师与学生、教师与教师、学生与学生……彼此之间界限森严，并努力保持距离，四处充塞着分离的体验"①。而忽视了课程实施的目的存在于课程实施过程之中，课程实施就是师生创造生命意义的生活过程，是他们的生活展开方式和生命存在本然。课程实施是人为的，也是为人的。

在训练型课程实施中，学习活动成为单纯的程序化、技术化的知识掌握和能力训练过程。在训练型课程实施，"学习者经常被剥夺了发展决策、自我监督、注意力调整等技能的机会，这些技能对于优化学习经验是十分必要的。如果学习者将任务看成是使自己的意义同外部机构的期望相匹配，那么，他们在学习中会变得越来越顺从"②。训练型课程实施没有尊重学生的整体性，失去了对学习内在价值的寻求。课程实施并不是像工业生产过程那样具有固定的工艺流程模式，教师也不是通过掌握一定的操作技能进行"教育产品"的生产。

课程实施是丰富多样的人的现实生活，是纷繁复杂的人的生命活

---

① 安桂清：《整体课程论》，华东师范大学出版社 2007 年版，第 37 页。
② [美] 戴维·H. 乔纳森等编：《学习环境的理论基础》，郑太年等译，华东师范大学出版社 2002 年版，第 10 页。

动。课程实施不是给定的、确凿的和由线性因果关系支配的,而是由人给出的、具有众多可能性的、复杂的和开放的,它是一种人文活动。因此,人文性是课程实施的根本性格。我们要克服训练型课程实施的工具价值观,弘扬课程实施的人文价值和人文精神,充分展现课程实施的意义,追寻这种生活和存在方式的价值。

二、规划情境型课程实施

学校规划情境型课程实施是基于对学校课程实施参与隐喻的理解。情境型课程实施为创建关注个体的课程实习场域,建构关注群体的实践共同体提供了可能环境。在这种环境中,教师、学生都是作为一种课程资源而存在,同时,教师与教师、学生与学生、教师与学生之间由竞争走向合作,由命令服从走向对话协商。

(一) 课程实施的参与隐喻

课程实施的参与隐喻认为知与行是交互的。课程实施活动具有合作性、情境性、具体性,处于生成之中,通过活动不断向前发展。教师和学生只有充分参与到课程实施中,才能逐渐成为课程实施的一分子,获得在课程实施中的身份。只有这样,课程实施才能调动学生的学习动机,学生才能享受学校课程的教育价值,形成学习的意义。

1. 情境认知理论的启示

情境认知(situated cognition,简称 SitCog)理论是认知主义与建构主义的融合。20 世纪 90 年代以来,由于受到认知科学、生态心理学、人类学以及社会学的共同影响,学习的研究取向逐渐从认知转向情境,形成了情境认知理论。情境认知理论有来自心理学的观点和来自人类学的观点。来自心理学的观点把重点放在学校情境下的学习,研究重点是达到特定的学习目标和学会特定的内容。例如,如何设计学习环境来支持学生学习,如何为学生的学习活动提供情境化内容;来自人类学的观点关注的不是学习内容的情境性,而是追问学习意味着什么,关注学习共同体,关注教师和学生作为共同体成员的身份,在这里学习是作为共同体一部分所具有的功能。这样,学校教育从重视个体境脉转向了重视共同体境脉。情境认知理论的心理学观点和人类心观点如表 6.1[①]所示:

表 6.1　情境理论的心理学观点和人类学观点

	心理学的观点	人类学的观点
重点	认知	个体与共同体的关系
学习者	学校中的学生	实践共同体的成员
分析单位	情境化活动	共同体的个体
互动的结果	意义	意义、身体和共同体
学习的场所	学校	日常世界
学习目标	为未来的任务做准备	满足即时的共同体/社会需要
对于教育的意义	学习场	

情境认知理论认为学习需要情境脉络。意义不是与实践的情境脉络相分离的,而是在实践的情境脉络中加以协商的。所有学习活动都是处在特定的情境脉络中,不存在非情境化的学习。情境是整个学习中有重要意义的组成部分,学习受具体情境特征影响,学习不可能脱离具体的教育情境发生。情境不同,所产生的学习结果也不同。意义建构的根本途径是个体参与实践活动,与情境互动。学习只有在特定的情境中才有意义。因此,情境认知理论关注学校教育的物理的和社会性场景与学生个体的交互作用,把学生个人学习放在更大的学校物理的和社会性情境脉络中。情境认知理论认为脱离个体生活的真实环境来谈论学习或能力

---

① [美] 戴维·H. 乔纳森等编:《学习环境的理论基础》,郑太年等译,华东师范大学出版社 2002 年版,第 28 页。

是毫无意义的，知识的建构只能依赖共同体以及共同体成员之间的对话、协商、交流和互动。

情境认知理论强调互动性的实践共同体。情境认知理论强调学习活动的情境性不是指日常活动的一种简单的经验属性，而是涉及学校课程和学习活动的相关性特点，即学校课程对学生具有吸引和困境驱动的特点。"这种观点意味着没有一种活动不是情境性的。它所暗示的重点是涵盖完整的人的全面充分的理解，而不是'被动地接受'大量有关世界的事实性知识；它强调与世界的交互活动；强调主动行动者（agent）、活动和彼此相互构成的世界。"① 这个相互构成的世界就是实践共同体。实践共同体是教育意义的储存处，它使教师和学生的行动合法化。教师和学生在这个共同体中建构和定义着适当的对话性实践。他们在具有互动性的课程实践共同体中行动和建构意义。学生在实践共同体中的互动包括与自己的过去经验和其他参与者之间的互动，这种互动体现了一种预期需要。情境认知理论强调实践共同体所具有的交互特性。在共同体中，学生个体能够社会性和文化性地建构意义，这样，学生个体不仅能形成关于社会世界的意义，而且能够通过与世界的关系形成个体的身份。

情境认知理论强调积极的参与式学习。情境认知理论认为学习实际上是个体主动地参与实践活动，是个体通过参与性实践与他人相互作用、与环境保持动态的适应的过程，是形成实践活动能力、提高社会化水平的过程，而不是以某种认知表征来准确地匹配客观事物的过程。学习是学生与他人和物质世界互动的辩证过程。知识存在于学生个人所要参与的情境中，在新的情境中，学生通过不断地利用知识和他人及环境进行协商与互动，进而参与到课程实施活动中。要理解学生学到了什么，要看他（她）在活动境脉中是如何学习的。同时，情境促进学生个

---

① ［美］J. 莱夫，E. 温格：《情景学习：合法的边缘性参与》，王文静译，华东师范大学出版社 2004 年版，第 4 页。

体的认知发展,个体的思维和行动也赋予情境以意义,这种交互影响有别于通常假设的线性因果关系。情境认知理论认为个体与环境相互作用,共同构成动态的整体或系统。

情境认知理论强调学生的身份和自我的建构。情境认知既关注外部情境又关注知识的内部建构,因而是行为主义和认知主义的综合。情境认知理论认为学习是个体不断增长其实践能力、不断社会化的过程。无论学习什么,目的都是为了形成个体参与实践活动的能力,并在实践活动中对所在共同体做出贡献。情境认知理论倾向于从更有效地参与探究和对话的实践来看学习,这些实践包括概念意义的建构和技能的使用。这种情境原则注重学生学会参与探究和意义的形成。学生的自我观念是一个建构出来的东西,它是一个持续前进的身份,把自己与别人区分开来,又归属于一个群体。

情境认识理论促使课程实施采用参与隐喻。课程实施的活动和过程是非常复杂的,"其中包含了非常多的变数和不确定性,是一个动态的过程。尽管在课程的设计中的确需要一定的目标,但这个目标常常也是不断变化的,是需要根据教学过程进行调整的"[①]。学校课程实施是教师和学生的一种生活方式,也是一种存在方式,学校要追寻课程实施作为这种生活和存在方式的意义和价值。如果教师和学生在课程实施中缺乏真实情感,他们就不可能获得成功。课程实施不仅是手段,它本身更是目的。

情境认知理论认为课程实施是境脉化的一个活动,是教师和学生在实践共同体中与学校教育环境的一种互动。在这种参与隐喻中,教师和学生与学校课程之间没有界限,学校课程是参与活动的师生之间的关系存在,师生的教育活动就处在具有社会性和文化性特征的课程世界之中,学习活动既利用了学校课程,也源自学校课程,并存在于其中。教

---

① 谢维和:《一种辩证的课程观》,转引自[英]麦克·扬:《未来的课程》,谢维和、王晓阳等译,华东师范大学出版社 2003 年版,译者序 4 页。

师和学生在学校课程世界中不仅接受了公共知识,提升了个人知识,产生了意义,而且还产生了整个身份,这些身份被来自于情境的课程经验所改变,同时也改变着学校课程的情境脉络。课程实施的参与隐喻"使学习的内涵远远超过了理解的获得;学习包含着建立一个'对他们在其中使用工具的世界,和对工具本身进行日益丰富的内在的理解'。这个理解是由在其中学习和应用这种理解的情境促成的"①。在课程实施的参与隐喻中,学生知识、技能的发展与在课程实施中身份的发展之间没有明显的界限,这两种发展都是在学生参与课程实施时出现的。参与隐喻意味着在课程实施过程中教师之间、学生之间以及教师和学生之间团结、合作、对话、交流,共同分享学校课程资源。

2. 教育事件发生场的动态生成

把课程实施作为教育事件的发生是指学校课程绝不是一个静止的完成形态,而是处于生成过程之中,是一个充满矛盾冲突的动态活动,随着时间的推移而表现出转变性、开放性、联系性和生态性。它不断地生成、创造与提高,不断地让自己呈现。整合型学校课程着眼于每一特殊实践情境中动态的、活跃的教育事件的进行,具有即时性。学校课程作为教育事件的描述基于我们对它是什么和如何起作用的体验。当教育事件被看作是构成学校课程动态生成过程的步骤或阶段时,它才具有意义,并且构成一个整体性的学校课程世界。整合型学校课程作为教育事件发生场假定了一个真实的、开放的、以复杂和不断变化方式呈现的课程世界。

把课程实施作为教育事件的发生,并不是完全否定传统的学科教学方式,而是从一个新的视角、新的高度来重新认识、实施学科课程。当把课程实施理解为教育事件的发生时,这实际上意指在对知识的组织与运用时,体现着杜威"做中学"的思想。如果课程实施最佳的分析单位

---

① [美]戴维·H. 乔纳森等编:《学习环境的理论基础》,郑太年等译,华东师范大学出版社2002年版,第27页。

是活动，那么教育事件发生场的营造就应该至少是部分地分析活动系统的要素和动态关系。学校课程作为教育事件，通过诠释课程、形成意义、对话、共振效应、平衡和不平衡等环节形成动态生成循环过程。

诠释和对话是学校课程作为教育事件发生场的起点，是学校课程事件演化、显现和重构过程。作为事件发生场的学校课程不是等待人去发现的现成存在，而是在具体诠释和对话中呈现出的可以感知、描述和操控的世界，是人参与其中的活动场域。"学习只是一个人整个认识历程中的一瞬间，这一认识历程真正的进展在于个人经验与自我深刻反省的同时并进，因此不可能有一个已存的世界，只要我们学习和认识，就如同占有了这个世界一样。"① 因此，我们存在于具体的与情境和视域相关的学校课程世界之中。如果希望获得对课程世界的整体性把握，我们只能先通过情境、视域的转换而获得各种对学校课程的诠释和对话。学习者通过诠释性和建构性课程，析出自身和反思自身，重建自己的内部经验，改造自己所拥有的意义关系，实现探索与塑造自我，最终实现对自身的超越，对现存的超越。课程的诠释性和建构性必然要营造个体主动参与的对话场域。这种场域使"学校自身将成为一种生动的社会生活的真正形式，而不仅仅是学习功课的场所"②。着眼于事件发生场动态生成的学校课程是一个开放的场域，在这个场域中，有师生的对话、生生的对话、师生与文本及历史的对话等等。对话不是一种探寻终极真理的形式，而是帮助对话者做出明智选择与判断的活动。通过对话，"教师的学生与学生的教师"将转换成"教师学生与学生教师"。"如果人通过命名世界来改造世界是在他们说出的词当中得到反映的，那么对话自身就成了他们获取作为人的意义的途径。对话因此有存在的必要。"③ 没有了

---

① ［德］雅斯贝尔斯：《什么是教育》，邹进译，三联书店1991年版，第89页。
② ［美］约翰·杜威：《学校与社会·明日之学校》，人民教育出版社2005年版，第29页。
③ ［巴西］保罗·弗莱雷：《被压迫者教育学》，顾建新等译，华东师范大学出版社2001年版，第38页。

对话，就没有了交流；没有了交流，也就没有真正的教育。

共振效应是学校课程作为教育事件发生场的具体实现。提倡整合型学校课程首先要恢复被学科实体化所遮盖了的关系和过程。具体而言，不是将关系与过程视为学科实体属性的外推，而是将学科实体复原为异质性的关系与动态过程，将学科实体视为导致整体性的关系与过程的结果，只有这样，才可能获得对学校课程整体的认识。从关系与过程的角度来看，集合概念学校课程所关注的学科实体不过是对关系与过程某种局域化和静态化的处理；而整合型学校课程重视关系与过程的进行，强调事件发生场的共振效应及共鸣结果。在作为教育事件发生场中，学校课程提供了教师、学生、学科资源及环境之间相互作用的实践探究领域。在这个领域中，人们不是为了去发现已经存在的课程实在，而是通过多种方式去解释学校课程中发生的教育事件，并通过共同体内部平等、开放、富有创造性、具有多元价值观的对话来达成对学校课程的共识，使学校课程产生共振效应，最终形成共鸣。共振效应是每个课程参与者的经验平等地呈现于课程事件中，成为课程事件不可分的一部分。"对当前经验的解释是证明任何思想合理性的唯一证据，而思想的起点则是对这一经验的构成成分进行分析的观察。"[①] "要记载未经阐释过的经验，无异于让石头记载自己的自传。"[②] 个体并不是内容和理性的占有者，而是它们的分享者，博学而合理的陈述是在不断进行的课程诠释中的思想整合与表达。只有立足于学校课程的共振效应，学习过程才能成为生命的激情对话和心与心的交融，才能使学习过程尊重生命，给个性的发展以充分的空间，才能产生对学校课程的共鸣。

平衡与不平衡是学校课程保持实践情境连续过程的动力因。"知识既不是现实的复制也不是先验形式对现实的强加。相反，它是两者之间

---

① [英] A. N. 怀特海：《过程与实在》，周邦宪译，贵州出版集团、贵州人民出版社2006年版，第5、19页。

② 同上。

的中介——一种通过有机体与环境之间的交流促成的构建（或再建）。"①整合型学校课程应该提供课程参与者与环境相互作用的机会，保持学校课程由平衡到不平衡再到平衡的动态性。当学校课程处于平衡状态时，其参与者与学校课程环境存在着同化与顺应关系。当学校课程处于不平衡状态时，它就产生了问题，发生了干扰作用，同时引起向新的更高级平衡态发展需要，在新的平衡态下又发生了进一步的同化和顺应。整合型学校课程作为开放系统需要问题和干扰的刺激提供发展的驱动力，实现平衡与不平衡的运行，促进学校课程螺旋上升（见图6.2）。

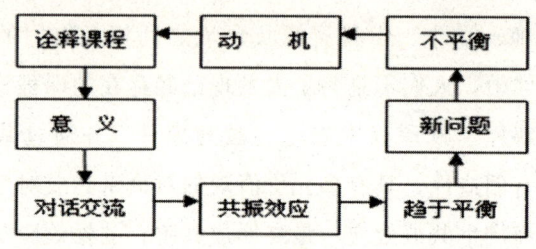

图 6.2 教育事件发生场的动态生成

（二）创建关注个体的课程实习场域

在关注个体的课程实习场域中，学生不是安静地听老师讲授课本或传授他人的经验，而是积极地从事着课程实践活动；学生不只是满足于考试分数的高低，而是更加关注对情境中问题的探讨。学校课程为学生提供了值得去努力的情境化的真实任务，学生也就获得了提供解决方法的责任。只有当学生将这些问题变成自己的问题时，他们才会进入问题解决状态。这样，学生被赋予了对任务进行探究和寻找解决方法的权力，并在课程实习场域中行使这一权力。

---

① ［美］小威廉姆 E. 多尔：《后现代课程观》，王红宇译，教育科学出版社 2003 年版，第 113 页。

1. 关注个体的课程实习场域

关注个体的课程实习场域是指学校课程实施关注学生个人与课程环境的整体性联系,把学生的个体学习放在更大的学校课程的情境脉络中,这一情境脉络是学生与课程环境进行互动,进行文化性建构的条件。实习场域关注课程实施的个体境脉,这"并不意味着某种具体的和特定的东西,或是不能加以概括的东西,也不是想象的东西。它意味着,在特殊性和普遍性的许多层面上,一个特定的社会实践与活动系统中社会过程的其他方面具有多重的交互联系"[①]。关注个体的课程实习场域使学校课程实施能够根据学生的行动动因,为学生个体的学习活动创建情境化的活动场域,这一场域着眼于学生个体能够使用概念和技能的情境性的真实任务。同时,"这些情境脉络只是实习场,因而,它们在时间、场景和活动上与校外情境是分开的,与活动为之准备的生活是分开的"[②]。关注个体的课程实习场域是学校为师生个体提供的共享知识和价值观念的一种场所。

杜威认为儿童具有四类天生的冲动,即社会性冲动、建造性冲动、研究性冲动和表现性冲动。[③] 课程实施的问题就变成怎样利用儿童个人的倾向、原始冲动,使他逐渐有力地熟练地表现自己,以便帮助他更有效地对集体生活做出贡献。儿童的社会性冲动表现在他希望家庭和别人分享他狭小世界的经验。这种对于他自己最接近的环境的以自我为中心的兴趣,能不断地扩充;这是他的理智生活的基础,他喜欢给人们讲述各种东西,以分享他的知识。这个愿望,使他利用一切可能表达和传达的方式,并且深刻地影响着他的成长。这种社会性冲动是课程实施的一个巨大资源。儿童具有做事情的冲动还表现在他制造东西的建造性活动

---

① [美]戴维·H. 乔纳森等编:《学习环境的理论基础》,郑太年等译,华东师范大学出版社 2002 年版,第 55 页。
② 同上,第 29 页。
③ [美]凯瑟琳·坎普·梅休等:《杜威学校》,王承绪、赵祥麟、赵端瑛、顾岳中译,教育科学出版社 2007 年版,第 30—32 页。

中。儿童的建造活动，逐渐地成为习惯，这就为儿童和集体创造一种发展中的经验。当这个经验一天天地扩大时，它不断地得到提高和充实。研究性冲动常常是建造性冲动的结合。在学校中，课程实施的职责在于设法使一个结果从一种意义通向另一种意义，导致越来越多的有意义的结果。表现性冲动是交流冲动和建造性冲动的继续；它是这些冲动的提高和充分表现。所以，当儿童表达思想的欲望从他们的活动中涌现时，表达思想所必需的一切工具和材料都在手边了。因此，学生的交流、建造、研究和以艺术形式表现是学校课程实施的自然泉源。学校课程实施就是试图满足并利用这些根深蒂固的表现和创造性努力的冲动。因此，学校课程实施的迫切任务就是创建关注个体的课程实习场域，以合乎教育意义的方式利用学生所有的表现手段，并把它们围绕一个共同的中心组织起来，给它们一个连续的线索，并且使它们彼此得到加强。

2. 关注个体的课程实施场域的教育价值

在关注个体的课程实习场域中，教师之间、学生之间以及教师与学生之间的活动是合作性的和社会性的，并最终形成学习共同体。在关注个体的课程实习场域中，教师的角色不再是通过提前备课而作为指示性专家，而是作为学生解决问题的参与性指导者。这种指导工作的目的不只局限于寻找正确答案，而是为学生解决问题提供起支撑作用的脚手架，这正是实习场域与做一个任务性的实际工作的区别所在。只有在这样的环境中，学生个体才能够通过持续的协商过程形成意义，进而实现学校场域公共知识转化成个人知识。

在关注个体的课程实习场域中，课程实施为学生提供的问题不应该是简化了的、不真实的问题。"因为这不能反映实习场，而只是反映了更为传统的表征观点下的积木式教学方法的特征。搭建脚手架的方法通过在处理复杂问题中提供必要的支持，从而支持学习者在实习场中的学习，否则，学习会超出学习者的当前发展水平或最近发展区。"[①] 学校课程实施尽量从真实世界中捕获真实问题和这一问题的真实情境脉络。只有学校课程提供结构不良的真实性的问题，学生才能在课程实施的复杂性情境脉络中培养解决问题的思维方式。因此，学生面临的问题应该是具有结构不良特点的困境，这种困境是松散界定的，学生可以在结构不良的困境中自己形成问题和找到解决问题的方法。因为只有当问题具有结构不良的特点，学生才能产生不断探究的动机，才能为找到解决方法而展示出对问题的不同解释和论证，这样学校课程实施就能提供足够空间让学生能够充分发挥自己解决问题的能力。

关注个体的课程实习场域具有激励作用。实习场域中的问题具有挑战性和吸引性，能够将学生引入问题的情境脉络及其相关的教育事件中。在把课程实施创建成关注个体的课程实习场域时，学校课程必须根据学生感兴趣的主题、问题和活动的情境进行安排。学校课程必须在主题情境中完成，并受到它的驱动。这样，学校课程成为教师和学生的生活世界的组成部分，它就产生了意义。实际上，"人类的知识和互动不能与这个世界分割开来。如果这样做，就是在研究离开躯壳的智力，这种智力是人造的、不真实的和不具备实际行为的特点的。情境和人们从事的活动是真正重要的。我们不能只看到情境，或者环境，也不能只看到个人：这样就破坏了恰恰是重要的现象。毕竟，真正重要的是人和环境的相互协调，所以只孤立地把重点放在某一方面就破坏了互动，就抹杀了情境对认知和行动的作用"[②]。因此，课程实施作为关注个体的课程实习场域，强调更情境化的、镶嵌性的、社会建构性的学习，还需要一种分析学校外部情境的意识、能力以及手段，以便将这些属性应用于学校课程环境中。这样做并不是说应该复制学校以外的世界以应用于学校内，而是模拟它的重要部分，包括活动结构、社会文化境脉和活动系统

[①] [美] 戴维·H. 乔纳森等编：《学习环境的理论基础》，郑太年等译，华东师范大学出版社 2002 年版，第 31—32 页。

[②] 同上，第 55 页。

中重要的中介因素。

关注个体的课程实习场域使学生能够更真实地理解学校课程内容。创建个体境脉实习场域的旨趣是把课程实施活动安置在一种真实性的环境中，保证学习活动在真实应用的情境中，避免学生只是记忆静态的知识。"在一个实习场中，反思的机会必须是处于中心地位的，实际上，对于工作环境而言也应该如此。它给个体以机会，来思考他们在做些什么，他们为什么做，甚至于收集证据来评价他们行动的功效。对经验的事后反思提供了纠正错误概念和补充理解不足之处的机会。作为一个积极的、严格的和分析性的过程，反思过程对学习质量是很关键的。"① 因此，在这个实习场域中，课程实施的关注点应是学习活动中的真实内容，学生遇到的问题和进行的实践与今后校外所遇到的具有一致性倾向的。学生通过课程实施与周围环境产生互动，进而在这种互动情境中形成意义和身份。学校首先必须根据学习任务为学生创设一定行为范围的情境世界。在这里，为了解决情境中的问题，学生必须反思他们已经做的、正在做的和即将做的事情。这样学校课程实施活动具有了真实性，能够为学生提供充足的反思机会，能够促进学生批判性思维和解决真实问题能力的发展。但是，这种实习场域还是以学生个体为关注点，问题还是发生在学校里，而不是通过学校发生在学生的社会生活世界里。

（三）构建关注群体的实践共同体

"实践共同体"的概念最初由莱夫和温格在《情景学习：合法的边缘性参与》一书中提出来的。"实践共同体是情境认知与学习在人类学研究领域中的核心要素。……他们想以此来说明在个体与共同体的关系中活动的重要性，以及共同体之于合法的个体实践的重要性。他们认为，共同体并不意味着一定要同时存在，一个明确定义可以确认的小

---

① ［美］戴维·H. 乔纳森等编：《学习环境的理论基础》，郑太年等译，华东师范大学出版社 2002 年版，第 31 页。

组，或存在明显的社会界限。它意味着对一个活动系统的参与，其中参与者共享着理解，知道他们在干什么，以及他们的所作所为在他们的生活中意味着什么，对共同体的意义是什么。1998年，温格在剑桥大学出版社出版了其关于'实践共同体'的权威性著作《实践共同体：学习、意义和身份》(Communities of Practice: Learning, Meaning and Identity)，进一步对实践共同体进行了更深入的探讨，他认为'一个实践共同体包括了一系列个体共享的、相互明确的实践和信念以及对长时间追求共同利益的理解'，一个实践共同体不是简单地把许多人组合起来为同一个任务而工作，拓展任务的长度和扩大小组的规模都不是形成共同体最主要的因素；关键是要与社会联系——要通过共同体的参与在社会中给学习者一个合法的角色（活动中具有真实意义的身份）或真实的任务。"①

1. 关注群体的实践共同体

关注群体的实践共同体是指学校关注课程实施的公共环境，是由具有不同的经历与技能背景、不同年龄、不同兴趣的学习者建立复杂的、多样化的学习环境，是教师和学生通过课程实施活动与学校课程世界之间形成的一系列关系。课程实施构建关注群体的实践共同体体现了对课程实施环境的重视以及对课程实施各要素的相互联系的重视。如果把课程实施创建成关注群体的实践共同体，学校课程"不再被当作是为了让教师进行分配和传递，而从学术'发现者'处传递下来的私有财产。"它"成为师生合作工作的产物"②。课程实施的意义储存于关注群体的实践共同体中，这一共同体使教师和学生的课程行为合法化，建构和定义了师生与学校课程之间适当的对话实践，教师和学生在共同体中行动和

---

① 王文静：《人类视野中的情境学习》，转引自 J. 莱夫、E. 温格：《情景学习：合法的边缘性参与》，王文静译，华东师范大学出版社2004年版，译者序4页。
② 谢维和：《一种辩证的课程观》，转引自[英]麦克·扬：《未来的课程》，谢维和、王晓阳等译，华东师范大学出版社2003年版，第34页。

建构意义。

学校课程实施是一种情境性的文化实践活动，而不是某种可以孤立地加以考虑的东西，不能为任意的说教式话语所控制。因为"学习不是通过复制他人的作品而进行的，也不是通过获得教学中所传递的知识而进行的，学习是在周边共同体的学习型课程中通过向心性的参与而发生的。因为知识的位置在于某一实践共同体之中，所以，有关学习的问题必须在此共同体的发展循环中加以解决"[①]。由于关注群体的实践共同体关注师生在这个公共环境中的参与，这样它就为课程实施这种文化实践活动提供了一个复杂条件。只有教师和学生参与到这种文化实践中去，学校才能实现其教育价值。因此，关注群体的实践共同体为教师和学生真正理解课程实施的意义，共享课程实施的内在教育价值创造了环境条件。

关注群体的实践共同体意味着教师和学生的共同在场，意味着他们对学校课程活动系统的共同参与，共享他们对于该活动系统的理解，这种理解与他们在生活中的意义有关。在关注群体的实践共同体的课程实施中，兴趣不同、观点不同的教师和学生具有不同水平的参与，并对各种各样的课程实施活动做出不同的贡献，不存在可以被孤立思考和生成的课程实施，也不存在任意操纵的说教式模式。这种关注群体的实践共同体具有极强的生成性。随着学校课程实施的产生、发展和成熟，关注群体的实践共同体不断生成的新目标、新内容，从而使整个课程实施成为一个动态开放的系统。

构建关注群体的实践共同体要求学校把重点放在课程实施的情境性特征上，放在教师和学生作为充分参与者的身份关系的渐进过程上，以及放在课程实施的连续性——更替性矛盾所固有的持久的张力上。关注群体的实践共同体是由面向即兴发展新的实践的情境化机会组成，作为

---

① ［美］J. 莱夫、E. 温格：《情景学习：合法的边缘性参与》，王文静译，华东师范大学出版社 2004 年版，第 47 页。

学习实践的一个资源领域，使学生在真实发生的实践参与中获得学习机会。学校场域中的公共知识和个人知识存在于学校构建的关注群体的实践共同体中。关注群体的实践共同体"不仅仅是一个固定的范畴、一种个性特征、一种角色或标志，而是一个动态的、生成性的概念，它是协商的、社会的，是一个学习的过程，是共同体成员之间的互动与联结，又是真实活动中全球化视野与本土化体验的完美结合"[①]。随着学生参与到新的关注群体的实践共同体中并在此境脉中进行协商、对话、交流，知识便形成了意义，知识意义的产生发生于真实情境中不断进行的利用知识的活动中。

关注群体的实践共同体实现了真正意义上的课程统整。在这种课程实施过程中，教师和学生并不以机械地按照预先设定好的、成套的方式呈现学校课程，而是根据共同体的境脉特点来共同规划、实施适用于该种情境下的学校课程。实践共同体"包括共同的目标、协商的意义、实践；相互依赖的系统，在其中个体成为更大的集合的一个部分；再生产循环，通过循环，新来者能成为成手，而共同体也因此得以维持"[②]。学生个体在与关注群体的实践共同体的关系中发展自我感觉，而这种自我感觉只有通过浸润于课程共同体的目标中才能做到。他们通过参与课程共同体的对话，并作为共同体的成员处于共同体的价值观的情境脉络之中。因为在关注群体的实践共同体中，学生把自己看作是一个更大的环境的组成部分。学生个体和实践共同体建构了一个嵌套的互动网络，学生通过将共同体的实践个人化而转变着、维持着课程实施的实践共同体。与此同时，学生在为共同体及其成员的共同目标活动时，他们相互依赖，这样实践共同体也通过提供个人化的机会和最终促成文化适应的途径来转变和维持个体。关注群体的实践共同体强调课程实施对于学生

[①] 王文静：《人类视野中的情境学习》，转引自 J. 莱夫、E. 温格：《情景学习：合法的边缘性参与》，王文静译，华东师范大学出版社 2004 年版，译者序 4—5 页。

[②] ［美］戴维·H. 乔纳森等编：《学习环境的理论基础》，郑太年等译，华东师范大学出版社 2002 年版，第 34—35 页。

个体与学校课程实践共同体联系的重要性，强调了学校课程实践共同体使学生个体活动的合法化。在关注群体的实践共同体中，教师和学生长时间地共享共同确定的实践、信念和理解，共同追求学校课程实施的教育价值，这样，学校课程实施形成了一个整体。

2. 实践共同体中的学习者身份

在实践共同体中，由于课程实施的情境是真实的，教师和学生作为共同体的成员，共享着学校课程文化，共同完成课程实施的真实性任务，共享着学校课程的教育意义。关注群体的实践共同体意味着教师和学生对课程实施活动系统的参与，"在这个活动系统中，对于他们在干什么，这在他们的生活中意味着什么，对他们的共同体意味着什么，参与者有着共同的理解"①。教师和学生作为共同体成员在解决特定问题时形成共享的目标和理解，进行共享的实践，他们之间进行着生产性、动态性、境脉化的意义协商。课程实施的实践共同体不是教师和学生在特定时间应对某种特殊需要而进行的简单聚集，而是包括了师生共享的课程目标、信念系统和集体知识库。在课程实施中，教师和学生具有共同的学校课程背景假设，具有相关的课程实践和课程资源，以共同体成员身份介入课程实施的共同任务。这样，学校课程实施成为一整套不断展开的、持续更新的各种境脉关系。课程实施将学生的学习活动置于有意义的参与性轨道上。

在课程实施的实践共同体中，由于学习作为实践共同体的真实性任务，学生就可以在当时的情境脉络中对特定意义的课程价值做出反应。作为共同体成员，教师和学生拥有不同的兴趣，持有不同的观点，对课程实施活动做出不同的贡献，这种多种层次的参与是关注群体的实践共同体存在所必需的。"当新成员与身旁的同伴和成熟实践的示范者一起进入成熟的实践时，共同体就有了进行再生产的能力。随着时间的推

---

① ［美］戴维·H. 乔纳森等编：《学习环境的理论基础》，郑太年等译，华东师范大学出版社 2002 年版，第 34 页。

移,在这些新成员身上就会体现出共同体的惯例(和常规)中,甚至可能替代老成员。"① 在实践共同体中,学习被看作是学生与教师、与其他学生以及整个学校课程世界互动的辩证过程。学生在课程实施共同体中的互动情况就能反映出他(她)学到了什么。在实践共同体中,课程实施的实践活动和学生个体的参与是互为要素的。学生绝不仅仅只是一个以新成员的角色从事学习,而且还是作为参与者在课程实施实践中释放与共同环境的矛盾与冲突,这就体现了学生与课程实施实践之间的一种交互关系,意味着学生朝着充分参与课程实施的实践共同体的方向前进。

在课程实施的实践共同体中,学生作为完整的人存在,他以实践共同体的成员身份参与特定的课程活动。关注群体的实践共同体强调学生作为主动行动者与课程世界之间的相互依赖关系,强调课程实施中教师和学生之间的关系存在,强调课程实施所固有的社会协商性,强调了课程实施是具体的学生在特定的课程环境下的活动以及强调学生以社会、文化方式建构着课程世界并以丰富的经历存在于课程世界中。学校构建关注群体的实践共同体,体现了课程实施将学习作为一种内化活动,强调了学生对课程实施的参与性,关注了学生在课程世界中的完整性存在。学生身份与实践共同体的意义密切相关。在课程实施中,学生身份在真实的实践共同体中产生,并由于实践共同体的复杂性与丰富性,这种身份的涵义也是异常丰富和复杂。学生身份不断地沿着旁观者、参与者到成熟实践者的轨迹循环着,不断地从课程实施的实践共同体的参与者发展成为实践共同体的核心成员。课程实施作为关注群体的实践共同体强调了学生在课程实施中的参与性,这是对学生作为整体人的关注。学生在关注群体的实践共同体中已经转变为一个参与者,学生所具有的不断发展变化的知识、技能和话语是形成共同体中的身份的一

---

① [美]戴维·H. 乔纳森等编:《学习环境的理论基础》,郑太年等译,华东师范大学出版社 2002 年版,第 35 页。

部分。学生逐渐成为实践共同体中的一员,逐渐成为课程实施活动的主动行动者,并把学校课程世界中的意义和自身的行动紧密地联结起来。

在关注群体的实践共同体中,学校为教师提供了健全的课程环境。学校课程实施是在一个动态的关注群体的实践共同体中发生的,并处在不断的发展变化中。在这种情境性、生成性环境中,教师有机会重建他们教学专业的自我概念,并且愿意与别人分享他们的兴趣与经验。教师之间会逐渐成为课程研究共同体、行动共同体,这就改变了不同学科教师之间相互隔离的状态,同一学科教师相互竞争的关系,而实现了一荣俱荣,一损俱损的理想境界。教师不再"把自己视为某种'真理'的代言人和宣讲者,把学生看做是接受、接受、再接受的知识库"[1]。教师和学生之间也形成了一种平等的民主协商关系。

三、营造情境型课程实施的模式

学校课程实施是教师和学生的一种生命存在方式。课程实施是教师和学生特有的社会实践活动,是有意识、有目的进行的自觉活动。正因为课程实施是一种特殊的事实,其所蕴涵的问题是单纯的"事实"格式所无法完全容纳的,课程事实不像世界事实那样只是一个被给予的事实而是一个给予性的事实,它具有比现实性更多的性质。[2] 课程实施活动的目的、所指向的对象、形式和过程、时空条件总是具体的,它的价值和意义不仅仅体现在结果上,更体现在过程中。因此,营造情境型课程实施要采取三种不同层次的模式。

---

[1] 徐继存:《面向现实教学活动的师生关系建设》,《教育研究》2005年第1期。
[2] 蔡宝来:《生活世界观主导下的教学论反思》,《教育理论与实践》2006年第1期。

（一）问题中心模式

不同类型的课程都有各自内在的知识体系，课程统整要把它们结合起来，首先应该采取问题中心模式。在问题中心模式中，"学生通过产生观点和问题以及提出问题对事件和个人兴趣进行研究。他们要从一系列的资源中对数据进行收集、评价和假设，用一种恰当的方式，与他人交流自己的发现"[①]。问题中心模式的根本意图在于为学校场域中的教师和学生提供与学校课程进行交互作用的环境，激发他们解决问题的内部动机。

1. 启动问题

问题中心模式强调师生和课程环境之间的相互作用。"基于问题的学习在课程的层面上整合问题，需要学习者通过解决课程中的大量问题来进行自我指导的学习。基于案例的、项目的、问题的学习代表了一种复杂性的连续体，它们共享着对积极的、建构的、真实的学习的假设。"[②] 因此，问题的启动不能仅仅理解为呈现一个具体的问题，而应理解为创造一个问题情境，这个情境是由解决问题的目标和引入问题的情境脉络来界定。

问题中心模式首先要提出结构不良性问题。问题中心模式用问题驱动课程实施，问题的作用是作为学过的概念和原则的应用，学生在解决问题的过程中学习和运用所学知识。这样，知识和学习就情境化了，受到情境脉络的制约。"当学生正在获得解决问题的最初经验时，我们必须把情境构建得使学生能看出并遵循思维步骤的常态序列。这种常态序列可能包括这样一些步骤：（1）意识到存在着一个目前无法解决的问题

---

① ［美］乔治·J. 波斯纳：《课程分析（第三版）》，仇光鹏、韩苗苗、张现荣译，华东师范大学出版社 2007 年版，第 92 页。
② ［美］戴维·H. 乔纳森等编：《学习环境的理论基础》，郑太年等译，华东师范大学出版社 2002 年版，第 86 页。

或困难；(2) 通过分析对这个问题有较清晰的认识；(3) 搜集有关的事实；(4) 提出各种可能的假设，也就是对这个问题提出各种可能的解释或可供选择的解决办法；(5) 通过适当的手段检验假设；以及 (6) 得出结论——也就是解决这个问题。……在特殊场合下，解决问题的这些步骤可能有所不同，其中某些步骤也许是不必要的。但就一般而言，学习经验应该使学生有机会经历解决问题的一些基本步骤，以便了解每一步骤涉及的内容，并逐渐善于采取各种必要的步骤。"[1] 因此，具有结构不良性的问题是有趣的、相关的、有吸引力的问题，它的一些元素可以由学生来定义，这样就会提高学生解决问题的动机，激发学生解决它们的欲望，引起有意义学习。

问题中心模式目的在于实现知识跨学科应用（见图 6.3）。学校课程以问题为组织中心，提供了知识统整的脉络。问题中心模式将不同领域的学科问题集中起来。不同学科之间存在着内容及方法的关联性，因此提出的问题要有利于知识的跨学科应用，将不同学科领域的知识加以汇集。当提出跨学科的问题时，教师和学生有机会跨越学科界限来运用知识。"两个或多个教师使他们的学生参与到基于问题的单元中，由此，从每个学科中选择的内容和技能，作为处理问题所需的工具和思维习惯，被重新配置和教授。"[2] 通过问题中心模式，教师和学生可以把一门学科的技能和知识运用到另一门学科，这样他们就能建立学术联系，如利用写作技能形成一个科学报告，利用数学去解释社会科学的调查结果。这些课程不仅注意学习的内容，而且关注学生在追求自己兴趣时可能遇到的那些问题。

---

[1] [美] 拉尔夫·泰勒：《课程与教学的基本原理》，施良方译，人民教育出版社 1994 年版，第 54 页。

[2] [美] 约翰 D. 迈克尼尔：《课程导论》，谢登斌、陈振中等译，中国轻工业出版社 2007 年版，第 206 页。

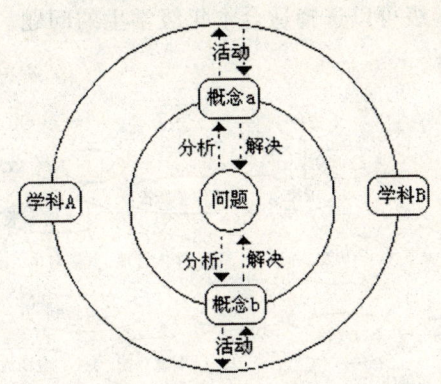

图 6.3 问题中心模式概要图

2. 创设问题情境脉络

问题通常是在活动系统中解决的,任何问题的解决都需要一定物理的、社会文化和组织的情境脉络,问题中心模式要重视创设解决问题的情境脉络。"问题情境脉络和问题提出成为关于一系列事件的故事,这个故事引出要解决的问题。向学习者介绍问题或项目的方式对学习者的学习至关重要。问题的提出必须有趣、有吸引力、动人。问题提出的目的是为了模拟情境脉络中的问题,在正常和自然的状态下,这个问题是在这一情境脉络中碰到的。为什么?因为要理解问题,就必须理解情境脉络。情境脉络限制和界定了问题。"① 如果问题的解决真的发生了,那么它一定是发生在情境中,因为问题与情境脉络相脱离是不可能的,也是无意义的。

3. 问题中心模式的个案

下面举一个货币问题中心模式的课程实施个案②(见图 6.4)。在这

---

① [美] 戴维·H. 乔纳森等编:《学习环境的理论基础》,郑太年等译,华东师范大学出版社 2002 年版,第 86 页。

② [美] 詹姆斯 A. 贝恩:《课程统整》,单文经等译,华东师范大学出版社 2003 年版,第 66—74 页。

个案例中，不同年级可以选择适合本年级学生的问题。

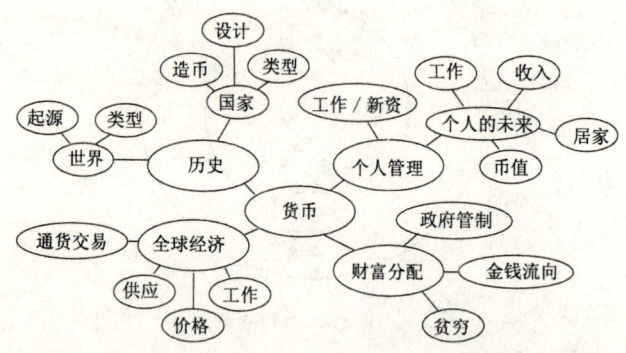

图 6.4　关于"货币"问题中心模式概要图

（1）问题

这个模式可以从下面问题中选择：货币是在什么时候发明的？为什么会发明货币？世界上最大的币值单位是什么？货币会继续存在下去吗？通货交易如何运作的？价格是如何制定的？未来可能有一段时间没有穷人吗？什么工作可以带来较多的收入？未来是否不会再有流浪汉？我未来是否会很贪心？我未来可能拥有一大幢房子吗？

（2）活动

这个模式可以围绕下列活动展开：访问当地商人有关其如何制定其所售不同商品的价格？运用电视、音乐与电影等的手段，比较有关金钱、财富与贫穷等价值的信息。讨论有关薪资与财富分配的议题，例如，劳工阶级、商业行政主管与职业运动员等薪资的差距。绘制一张时间线图，以显示货币作为一种交易系统的演进过程。绘制一张教室班级经济系统的图表，并连续数周分析其财富分配的形态。邀请一位校外的演讲者，来说明全球经济关系是如何运作的？如何影响到国家与地方的经济？访问一家当地银行，进行有关个人财务管理等主题的学习，诸如借贷款以及各种不同的存款账号、户头等等。访问若干外国人，以了解他们国家的经济及货币系统。让学生写一份有关未来经济生活的预想，以表明其职业、个人生活形态与货币的价值观。

(二) 主题中心模式

情境型课程实施也可以用来自于生活经验中的主题进行组织。如果学校应用这些主题，学生就可以在课程实施中批判性地探究实际议题，实践他们认为需要的课程行为。如果学校课程实施"使用真实生活中的主题，会让年轻人学习范围更广的内容；当我们把这些内容置于主题情境中，年轻人会觉得比较亲近"①。课程实施围绕着个人和社会议题进行组织，各学科的知识就能和这些议题产生关联，这样学校就能规划出情境型课程实施，并且使课程实施真正成为学生生活的一部分。这种以主题为中心的情境型课程实施，不仅给学校课程实施带来了新的意义，而且更能引起学生参与课程实施的极大兴趣。

1. 主题驱动课程实施

主题中心模式可以实现多学科交流。在主题中心模式中，课程实施始于一个中心主题，然后师生确定与此主题相关的概念和活动，如了解不同学科的背景以及学科所要精熟的主要内容和技巧，认识每个科目对此主题能有什么贡献。这样不仅主题得到确定和展开，而且不同学科在主题中心模式中仍得以维持，各个学科的内容和技能与主题相关联，学生在主题活动中精熟各学科的内容和技巧。利用这些主题，学校课程"寻求来自不同学科的内容，这些学科包括生物学、人类学、心理学、社会学和语言学，他们将帮助学生接触这些（主题），同时对这几个方面有所了解，即他们自己的唯一性、文化上与其他人的亲属关系、把人类联合起来的特征。课程开发者发现，没有哪一门学科能足以对付他们

---

① ［美］詹姆斯 A. 贝恩：《课程统整》，单文经等译，华东师范大学出版社 2003 年版，第 50 页。

想提出的问题"①。因此，课程实施围绕着主题加以组织，提供了学科统整的情境，这样把知识加以脉络化，并且赋以重要的意义，有利于实现知识的统整。

主题中心模式强调师生合作规划课程实施的探究活动，这样，课程实施中的权力关系得到了重新定义，形成了一种民主、协商的良好课程实施氛围，也打破了教师是正确知识的代言人、学生作为无知的人来参与课程实施的局面。在主题中心模式中，课程实施的关注点是探讨主题本身，它既不需要考虑科目领域的界限，又能使不同学科在主题活动中得到维持。在主题中心模式中，教师和学生由一个活动移至另一个活动，每一个活动都涵盖来自不同学科的知识和方法。

2. 主题的来源

源于学科的主题。学科课程的内容是学生应该掌握的基本事实、技能和价值观。这些内容是课程实施主题的重要来源。不同年级可以选择不同的主题。例如：低年级的主题要围绕着阅读名人的自传、传奇和民间传说故事，熟悉像升国旗之类的仪式，学习歌曲、书法和背诵类似乘法口诀那样的知识。中等年级主题的关注点可以是文学著作和学科知识的话题，像英语中的语法、历史问题、数学中的垂直线、科学课程中的食物营养等。②

源于社会的主题。源于社会的主题可以包括关于健康的主题，关于空气污染、水源污染与土地污染等环境问题、关于教育的问题以及交通问题等。例如山东省流亭小学围绕以下各主题开展了综合实践课程研究：①关于环境问题。如何保护环境、美化校园，植被与绿化问题，校周边村庄土地减少情况及原因，日常用品与环保；②关于交通问题。交

---

① [美]约翰 D. 迈克尼尔：《课程导论》，谢登斌、陈振中等译，中国轻工业出版社 2007 年版，第 207 页。
② [美]乔治·J. 波斯纳：《课程分析（第三版）》，仇光鹏、韩苗苗、张现荣译，华东师范大学出版社 2007 年版，第 150—151 页。

通安全调查研究，流亭街道的公路建设，③关于健康问题。饮料与健康，睡眠与健康，蔬菜的颜色与营养，关于小学生早餐问题，合理膳食与身体健康；④关于教育问题。我们身边的家庭教育，器乐学生对学生身心发展的影响。

源于学生的主题。主题的选择必须考虑和学生有关的问题，必须关心学生生活世界的主要层面，必须激发学生动态的和创造的行为。"那些和个人及社会议题不相关的组织中心，或许是有趣的、好玩的、兴奋的，甚至连续分科内容的脉络，但如果不是真正从事课程统整，这些并不能发挥作用。"① 主题要围绕学生真正的需要和兴趣而不是围绕着学生一时的幻想来组织。为了确定这些需要和兴趣，教师与学生一起合作来计划主题。例如生物问题、体育问题、音乐问题等。

3. 主题中心模式的个案

这里以李吉林提出和实践的"主题性大单元情境课程"为个案。主题性大单元情境课程试图采取大单元的方式将课程综合起来，每一个大单元确立一个鲜明的主题，一个主题涉及几个学科进行协同。学校各科以德育为主导，语文学科为龙头，各科协同，学校教育围绕主题形成合力，能够更好地对儿童内心世界产生积极影响，把思想道德教育渗透到各科教学中去，同时把语文教学与思想品德、班队会、野外教育连成整体，带动其他各科教学进行主题性大单元教育，并且将各科教育与儿童活动整合起来。主题性大单元情境课程不仅为学校课程的统整找到了出路，而且也体现了课程综合的优越性。从学校到家庭和社会，在主题的导向下，教师、学生、家长相互支持，形成教育合力。

李吉林校长在《为儿童的学习——情境课程的实验与建构》一书中具体描述了主题大单元课程：

---

① [美]詹姆斯 A. 贝恩：《课程统整》，单文经等译，华东师范大学出版社 2003 年版，第 20 页。

主题大单元课程具有"主题鲜明"、"情感伴随"、"儿童自主"、"角色众多"、"场景逼真"的特点，儿童一个个兴致勃勃，主动参与，大大增强了教育的力度和效果。学生的视野和胸怀开阔了，综合实践能力在主题性大单元情境课程中得到充分地操练。实施的时间长了，综合实践能力在主题性大单元情境课程中得到充分地操练。实施的时间长了，大伙儿都感受到主题性大单元教育的优越性，心里也都明白具体怎么操作，现在概括起来有下面几点：

①结合社会大背景和时令，确定大单元主题

既然是把课程综合起来，那一定得有主题，否则就无法统领各科。此外，为了增强教育的效果，试图通过主题性大单元教育来提高教育的整体效益，增强教育的力度，那就一定要有大背景的烘托。它或是大自然时令的背景，或是社会生活的大背景，这样我们的主题教育就可以在大自然的怀抱里，在社会生活的大环境中得到强化。归根结底，儿童是大自然之子，是社会生活的小主人。实际上这也从另一个侧面表明，主题性单元课程同样是三维的，儿童、知识与社会在其中协同建构。

例如，十月，共和国的生日，我们开展《我们爱祖国妈妈》主题性大单元教育。孩子走到哪儿，都能感受到全国上下庆祝国庆的喜庆气氛，从电视里、报刊上、网上都能很便捷地了解祖国前进的脚步，感受祖国妈妈日新月异的笑脸。在课堂上，无论语文，还是数学，都围绕热爱祖国的主题展开教学。各年级语文教学把有关反映祖国新貌、描写祖国壮丽山河、歌颂祖国优秀儿女等方面的课文集中在一个单元里教学；数学则将改革开放的数据融入计算中，至于音乐课、美术课、体育课，则专设歌颂祖国、描写家乡美景，以及模拟解放军保卫祖国而进行的操练、投掷、滚打、超越障碍等内容。

主题性大单元情境课程从儿童的特点出发，以他们喜闻乐见的形式，创设活动情境，结合时令和社会大背景确定主题，着重培养儿童热爱祖国、热爱家乡的情感，以及集体意识、责任意识、自主意识、他人意识、环保意识并发展儿童的动手能力、交往能力及"三自"能力。

②各科融入，大单元教育打破学科隔膜

主题性大单元情境课程兼顾学科的知识体系，但不能因此束缚儿童的活动，影响大单元教育的效果。为了适应儿童的活动，学科内容需作调整，尤其是语文及思想品德这些社会学科，以及艺术学科有时会打破教材的编排顺序，调整、插入、补充一些围绕大单元主题、更适宜儿童参与活动的内容，从教育的整体效应出发，作局部的改善。

在《情系灾区，伸出友爱的小手》的主题性大单元教育活动中，语文课把表现与友爱相关主题的教学，如童话、诗歌教学加以调整，作为一个单元，有的还选编了补充教材。数学课上，老师把全校、年级以至各班捐赠的钱数、各种礼物分类统计。各年级则结合数学教学内容，或四则运算，或统计，或进行百分数、小数、分数计算等引导学生自己编题，计算结果，进一步让孩子从捐助钱物的数字中感受到全校师生的一片真情，同时也让孩子体会到数学的应用价值。音乐课、美术课上，"伸出友爱的小手"主题的歌曲练唱和图画创作，更渲染了主题的氛围，加深了儿童的内心感悟。

主题大单元教育活动真正做到了让儿童整个身心沉浸其中。它是活动，是教育，也是教学，促使儿童按捺不住的热烈情绪主动投入，并通过情感的弥散，收到持久而稳定的教育效果。

③儿童的自主性在大单元教育中得到综合锻炼

主题性大单元情境课程为孩子的活动提供了广阔的空间，儿童在主题性的情境中充分活动起来。从活动之初的策划，活动中展板的布置、教室的美化，吉祥物的确定、设计……处处都可见孩子们活跃的身影，显示出孩子智慧的潜能。

主题性大单元情境课程每学期一般只有2—3次，以鲜明的主题横向沟通各个学科及活动，纵向贯穿于全学期的阶段教育，巧妙地将显性课程与隐性课程结合起来，在同一主题下相互补充，相互促进。活动的动态连续、综合，使教育情境既具有生动性又具有一定的深刻性。这样，主题性大单元教育把学校教育中儿童认知、情感水平带入了一个新的发展区，使教育获得了知、情、意、行的整体效应。

主题性大单元情境课程使整个校园成了一个情境教育的大课堂，在这样快乐、热烈、美好的情境中，班级的界限模糊了，学科的界限打破了，传统"师道尊严"教育中形成的师生间的隔阂更是荡然无存。一次次活动，往往都凝聚着全校师生共同的努力。教师和学生一起策划、讨论，形成方案，协同动作，又一起融入快乐的主题性教育情境中。或参观或采访，当然也有充满情趣的符号操作，或写，或画，或算，或读，学生快乐极了，有歌、有舞，还有表演，或与学生还常常组成参赛小组共同既合作又相互竞争，展示自我。

儿童在优化的情境里长大，心灵得到滋润。这样的教育将会影响儿童人格的形成和全面素质的形成，会影响到他们的终生。其实对老师而言，又何尝不是如此呢？主题性大单元情境课程，让师生也在快乐的情境中一同得到熏陶和成长。

学生在主题性大单元情境课程活动中，丝毫感觉不到负担，他们全身心地投入，充分发挥自己的聪明才智，并在活动中和同学合作，获得了极大的乐趣和很多成功的体验。这是活动，但又是多角度多层次的与社会实践紧密结合的学习；是学习，但又是趣味盎然的活动。

经过多年的探索和发展，每学期2—3次的主题性大单元教育活动已经成为我们学校文化的重要组成部分。在发展过程中，很多主题性综合活动随着每次活动的磨练、积累，逐渐地成熟起来。现在，很多主题性大单元教育活动几乎已经成为了学校的传统节日，如已经走过12年的童话节就是其中之一，它被孩子们称为"比过年还快乐"的节日。[①]

[①] 李吉林：《为儿童的学习——情境课程的实验与建构》，外语教学与研究出版社2008年版，第350—361页。

（三）项目中心模式

课程实施的项目中心模式起源于 20 世纪之交的进步主义运动。杜威明确提出了在运动中的两条主线：一种教育关注儿童的兴趣和发展，一种教育希望能利用教育来改进社会。这两条主线在课程组织的项目模式中得到了体现。[①] 项目中心课程实施模式的优点在于它试图使学生参与到真实世界中的综合任务中去。它的主要缺点在于：它不能给学生展示知识的结构，不能给他们提供自己成功完成这些任务所必须的系统的前提技能。

1. 项目中心模式的价值

项目中心模式是作为投入社会实践的课程实施提出来的，这种课程实施要求学习必须作为社会实践整体必不可少的组成部分。"学习不仅仅处于实践之中——就像它仅仅是发生在某处的一些独立的、可具体化的过程；学习是栖居世界中具有能动性的整个社会实践的一部分。"[②] 项目模式中的研究课题来自于社会生活，这些课题要求采取跨学科的形式，利用从几个学科中获得的信息和技能，把社会问题作为一个整体来研究。

项目中心模式的目的是通过课程实施中的经验性活动来促进学生的成长。在项目中心模式中，学校课程围绕着学生活动来组织。这些活动为学生应用新获得的知识、技能提供机会，鼓励学生把他们的兴趣、心理需要和先前的经验带入到项目活动中来。项目中心模式支持发展性的组织原则，在起始阶段，学校课程组织只提供一般指导方针，随着课程的进展，教师和学生一起规划要执行的计划和活动，在项目工作的进展

---

① [美] 乔治·J. 波斯纳：《课程分析（第三版）》，仇光鹏、韩苗苗、张现荣译，华东师范大学出版社 2007 年版，第 185 页。

② [美] J. 莱夫，E. 温格：《情景学习：合法的边缘性参与》，王文静译，华东师范大学出版社 2004 年版，第 5 页。

过程中，学生不断学习日益复杂的知识、技能和态度，并被赋予更多的责任。项目应该在越来越高级的智能水平和发展水平上，来持续地激励学生的发展。在这种意义上，可以说项目模式有一个与学生发展线相伴同行的螺旋形内容结构。这种课程内容以越来越复杂和发展的高级项目组织起来。① 项目中心模式为学生提供了将学科知识应用到项目研究的真实环境。

项目中心模式体现了知识的社会属性。教师和学生必须依赖一定的环境来形成知识，项目中心模式为教师和学生提供了这种环境。在项目中心模式中，教师和学生不是以独立研究安排的形式工作，而是以小组形式工作。小组成员之间的相互作用、对知识和目标的追求由小组集体努力完成。"项目中心的课程经常鼓励兴趣和能力不同的孩子来一起工作，来确定和研究共同的问题；这样，学生就形成了一个小型民主社区。"② 因此，一种跨学科的、经验性的、以项目为中心的课程组织模式不仅促进了学生智能的发展，而且也提高了学生民主参与的意识，可以最好地帮助学生学习参与民主社会所必需的技能、态度和知识。

2. 项目中心模式的认识论基础

杜威运用实用主义哲学对科学方法的阐释是项目中心模式的认识论基础之一。③ 科学方法提供了我们思考方法的模式，这种方法由循环的思考——活动——反思组成。项目研究是从学生想解决的一个问题开始。依据杜威的哲学，科学的方法是一种问题解决的方法，它从一个问题开始。个体在试图解决问题的努力中提出一个观点，再通过一些行为或经验来验证这些观点，然后反省这些活动的效果。这种反省导致对原有观点的更新或修正，这种思考——行为——反省的循环不断地持续下

---

① ［美］乔治·J. 波斯纳：《课程分析（第三版）》，仇光鹏、韩苗苗、张现荣译，华东师范大学出版社2007年版，第188页。
② 同上，第186页。
③ 同上。

去。在项目模式中,教师和学生像科学家一样,持续地来检测解决问题的观点,反省自己的行动。在杜威看来,这种思考和行为的相互作用是科学方法的核心,它成为了项目模式的基础。

杜威关于社会知识的阐释也是项目中心模式的认识论基础之一。杜威提升了社会知识,把它称之为"最广泛群体所共享的经验",把它提到了一种支配性的位置。在杜威看来,教育应该涉及社会事务,来提高学生对社会的兴趣和洞察力,这样学生将来才能参与社会。运用项目模式的课程开发者围绕着社会知识来组织课程,而学生则通过具有多重目的活动来发现社会。[1] 在项目中心课程实施中,学生将学校场域的公共知识和个人知识统整。

3. 项目中心模式的个案

《狐火》所激发的项目和课程的学校现在已经遍布全美,它是现在最著名的项目中心课程范例。乔治·J. 波斯纳博士在《课程分析(第三版)》一书中具体描述了《狐火》案例:[2]

《狐火》是威歌坦所称的"一个学习概念",而不是一系列的课程。《狐火》项目开始于 1966 年,当时艾特·威歌坦(Eliot Wigginton)——佐治亚州拉布盖朴(Rabun Gap, Georgia)学区的一个高中英语教师,作了一种孤注一掷的努力,试图凝聚他 9 年级和 10 年级学生的注意力,他的方式是让学生来集体讨论一种杂志。在过去的 25 年间,这本杂志变成了一系列的畅销书,一家唱片公司,一系列的乐队,一个私营的出版社,一个综合博物馆和一家电视台——所有的这一切都由高中学生自己管理。

拉布盖朴的《狐火》原型,是一本杂志,其编辑、图解、分发都是

---

[1] [美]乔治·J. 波斯纳:《课程分析(第三版)》,仇光鹏、韩苗苗、张现荣译,华东师范大学出版社 2007 年版,第 186—187 页。

[2] 同上,第 189—194 页。

由学生自己负责，开始时的主要内容是关于他们所在的南阿朴查安（Southern Appalachian）地区的民间故事和历史。学生们把老人所讲的本地区的故事录音，为老人摄影，在照片上他们正在忙于几乎被世界的其他部分所忘记的山地工艺。在讯问了这些社区成员后，孩子们在写作中描述传统故事，形式多样，同时也尽量忠实于传统，他们利用黄道十二宫图（天文学）作为标志，同时编写介绍像如何制作玩具或如何建造小木屋的文章。他们编写而成的《狐火》杂志大为流行，学生们不仅喜欢，也为自己的祖先而自豪，为自己的能力而骄傲；在本地社区中也极为流行。很快，这本杂志就在全国赢得了大量热情的读者，反对学校文化的一代愉快地接受了民间传说和工艺的复兴。

《狐火》是项目中心的经验主义课程，因为它强调学生要通过应用自我指导的、与社会相关的新技能来学习——如会谈、写作、摄影、讲演、编辑、分发印刷品等。在拉布盖朴的《狐火》原型国。期日采取发行杂志、音乐唱片和举办博物馆展览的形式来展示学生们自己社区的民间文化。威歌坦，像一般的项目指导教师一样，确实指出了一些在活动中体现出的学科知识内容范例；但是组织课程的是经验性项目，而不是学科内容。《狐火》是经验主义课程的最重要原因是因为威歌坦并没有试图给学生们提供他们将用于真实生活情境中的内容和技能。相反，他首先使学生参与了一个与社会有关的项目，然后在学生完成这个项目需要的时候再提供资料。《狐火》在努力整合不同学科的各方面（技能、知识、方法）来研究与学生有关的真实世界中的实际事物时，也忠实于它进步主义的根源。这种学习概念整合了许多差异很大的学科，如英语、人类学、数学（如设计说明的图表和计算项目的成本）、历史、科学（如确定治疗草药中的成分）和艺术，来研究真实世界中的事务（如偏见和文化差异、过去的适当性和写作在真实世界中的角色）。尽管威歌坦并没有明确地给学生教授杜威的科学方法，他却的确把思考和行为的循环式的相互作用作为这一学习概念的基本原则。他说：在经验和更加被动地接受信息和概念之间自然转换，然后带着新的方法、洞察力和问题返回到经验,是我们智能扩展和生长的方式。这是我们"在工作中"学习的方式,和最好的模范和使用学校教育的方式。

《狐火》和一般的项目中心的课程,把知识分为 3 个基本的种类:(1) 关于社区和真实世界的知识——在《狐火》里,是对地方民间传说和传统的多学科研究,加上出版业和录音业在这个角色上的参与;(2) 学生在项目中前进时所获得的个人知识和态度变化;(3) 作为技能的知识——在《狐火》里,范围从商业信函的写作到照相机的运用到出版一本书或做一场公共讲演。威歌坦为《狐火》学习概念列出了一系列交叠的目标。学生们应该能学会:一系列非常具体的语言艺术。他们同样应该能获得丰富而真实的历史语境,使他们可以适应和欣赏其他的历史课程。此外,他们应该能学会一些数学技能;而通过他们的摄影和设计,他们应该能够理解艺术在他们生活中所扮演的角色。通过自己实际运营一家企业和其中所必需的事务,他们完成了一系列整体的职业教育目标。他们应该能获得一些对于文化和文化意义的理解;而通过对他们自己文化的庆祝和评价,他们应更能接受与其他文化的交互作用。最重要的是,他们能获得良好的自信和自尊以及做出决策和平衡决策后果的能力;……而且作为团队的成员,他们必须与他人团结协作,他们应该能学会关爱他人。

项目中心的课程一般有类似的目标,让学生优先选择那些能吸引他们同时也满足多种目标的那些项目,如满足学科知识目标的项目("具体的语言技能")、满足个人发展目标的项目(如"自信和自尊")、社会化的目标(如学会关爱他人)、进一步学习的目标(如把自己学习的内容放进"历史的序列"中),它可以应用于"别的历史课程"中和一种经济生产活动项目(如"运营一家公司")等。《狐火》试图减少学科知识内部的区分——例如,写作中技术(如拼写和语法以及语言的表达,说明文写作和创造性问题写作)之间的区别。《狐火》同样试图在不同的学科间架起桥梁,如课程中同时包含了数学、历史和科学的因素。《狐火》明确地采用了一种螺旋形的内容结构;《狐火》的课程结构"建立在个体发起的话题或技能之上,促进学生的发展,引导学生提高自己的能力水平"。威歌坦的标准引导学生经过4个发展水平:水平1——"获得技能和自信";水平2——"成长,加强,检查基础";水平3——"超越自我";水平4——"独立"。这4个水平中的每一个都会涉及同样的主题和技能,而其复杂性却越来越高。

《狐火》,像一般的项目课程一样,没有依照自上而下的模式或自下而上的模式来组织课程。这一学习概念确实包含了两种方式的要素:学生像社会科学家那样行动,这类似于自上而下的模式,它使"学生像科学家研究科学那样学习科学";这门课程也强调学生获得知识的过程,类似于内容中立的自下而上的模式。《狐火》并没有训练学生像学科中的研究者那样行动,它训练他们自己直接成为生产性的贡献者。学生履行该领域中真实的专业研究:对数据的收集、分类、保存和记录;在档案文件和博物馆中工作;在出版的文件中报告自己的研究;举行讲演、研讨会和展示会。利用这种方式,学生获得了一定程度的力量和权力。知识由学生自己生产出来,他们变成了技术技能专家(如果他们接受训练)和他们写作话题的专家。《狐火》并没有像自上而下的课程那样,首先呈现一批概括性的话题或概念,然后让学生从中推论出具体的细节;也没有像自下而上的课程那样,从"最简单的学习因素"开始学习,然后归纳出一般的概念和高水平的技能。相反,《狐火》这一学习概念是围绕着各种形式的活动和技能来组织课程。项目,而不是概念或技能,是组织《狐火》和所有的项目中心课程的主要工具。

威歌坦创造了《狐火》来解决具体的教学两难问题:学习动机的缺乏和实际应用学习到的技能和内容机会的缺乏。项目中心的课程一般致力于解决这个问题,但在这样做的过程中,它们忽略了学术性学科的完整性。他们对这一问题的解决,既有积极的影响,也有消极的作用。从积极的意义上来说,它允许就一个话题以学生感兴趣的方式进行跨学科的研究;从消极的一面而言,它遮蔽了知识的结构。此外,它没有以逻辑的顺序来呈现信息或技能的必要，因为学生会在完成项目的过程需要的时候再学习这些技能内容。这样一来，学生可能就不会关注一门学科的基本方面，而只关注那些偶然的方面，从而在没有必要的前提技能的情况下试图解决某些任务。

第七章 学校场域的课程评价规划

　　课程评价是学校课程体系中的重要组成部分，是实现课程目标、发挥教育导向作用和保证学校教育质量的有效手段。学校可以通过评价来完善课程体系，促进学校课程改革。学生课程评价的核心问题是学生的发展与变化。《基础教育课程改革纲要（试行）》指出：建立促进学生全面发展的评价体系。评价不仅要关注学生的学业成绩，而且要发现和发展学生多方面的潜能，了解学生发展中的需求，帮助学生认识自我，建立自信。发挥评价的教育功能，促进学生在原有水平上的发展。在通常意义上，课程评价包括对学校的评价、对教师的评价和对学生的评价。本文主要研究对学生的课程评价。科学、合理的学生评价是实现课改目标、发挥教育导向作用和保证学校教育质量的有效手段。学生评价的核心问题是学生的发展与变化。

　　为进一步了解学校课程改革情况，笔者参加了对38所中小学校的调研实践。本次调查发放了3000余份的调查问卷，并访谈了600余名教师（见表7.1）。在调研中我们发现，学校层面课程改革无论在课程观、教师观、学生观方面，还是在教学模式、学习模式等方面都已经取得了突破性成果，但是学生课程评价问题却成为了课程改革进一步深化的瓶颈，需要进行大力度改革。

表 7.1 调查基本情况

教材规划与开发人员共 113 人	从事教育管理工作 19%	从事教育科研工作 40%	从事教学工作 41%	
	高级职称 44%	中级职称 48%	初级职称 8%	
教师共 660 人	男教师 30%	女教师 70%		
	30 岁以下 47.6%	30—40 岁 38.1%	41—50 岁 9.5%	50 岁以上 4.8%
学生共 1200 人	一年级 0.2%	二年级 1.2%	三年级 5%	四年级 14.7%
	五年级 23%	六年级 14%	初一 6.8%	初二 16.6%
	初三 18.5%			

一、超越选拔性评价的局囿

目前，学生课程评价还是一种选拔性命题评价。就像布鲁纳所说："评价，按它的真正性质，多半是要在传统的教育环境中提出怀疑和关注；在这种环境里历史地认为这里所讨论的东西是不宜于付诸实践的。评价通常被看作对教材、教法或者别的什么东西是否有效的一种检验，可是，这是它最不重要的一面。最重要的是它应该提供智慧的指导来改进这些方面。"[①] 这种课程评价误把评价手段当作评价目的本身，把课程评价局限于一种甄别选择的工具而由他者进行评价，评价过于关注结果而忽略过程，在评价方法上过度依赖"标准化"测试而落入片面追求"客观性"评价的陷阱。

（一）把评比行为当作评价目的

学生课程评价的真正目的是发挥评价的指导作用。在评价过程中，评价者给予评价对象必要的指导，使其调整自己的行为，帮助他们改进

---

① ［美］布鲁纳：《教学论探讨，布鲁纳教育论著选》，张渭城等译，人民教育出版社 1989 年版，第 256 页。

学习方式。而目前学生课程评价是一种选拔性命题评价，它是一种强调评价结果的相对评价。学生课程评价很大程度上只是一种划分等级的手段，"每年或更为频繁地把学生加以区分……考核或其他评价程序是用来对每个学生在教育系统中的价值和前途做出决定，尤其是一些关键的、而且常常是不可逆转的决定。这些决定与划分等级常常影响到一个学生的全部生涯"[①]。学生课程评价的目的局限于通过考试对学生的做出成绩评定，然后给学生排出名次、分出等级，甄别学生的优劣，筛选出适合教育的"好学生"，淘汰"差生"（见表7.2）。

表 7.2 关于学生课程评价目的调查情况

人　员	甄别学生	升学选拔	改进学习
教材规划与开发人员	41%	27%	32%
教　师	42%	33%	25%
学　生	48%	36%	16%

实际上，这种选拔性命题评价把作为评价手段的考试与课程评价本身等同起来，把仅能反映学生掌握知识情况的单维考试成绩等同于学校课程的全部效果。即使在评价的过程中发现了学生需要改进的问题，学校在课程实施缺乏及时纠正。把评比行为当作评比目的的课程评价经常给学生带来心理负担和精神压力，它仅仅能提供一个对学生进行排名的等级参数，而忽视反映学生的努力程度和进步程度。同时，这种选拔性命题评价常常把考试分数绝对化，是一种片面强调结果的评价，势必造成师生以追求分数为唯一目标，限制学生创造力和独立个性的发展。当然，学生课程评价必然要有结果，但得出结果并不是评价的目的，评价的最终目的是为了更好地促进学生发展。

由于过分强调甄别和选拔功能，使评价内容主要关注可量化的课本

---

① ［美］B. S. 布卢姆等：《教育评价》，邱渊等译，华东师范大学出版社1987年版，第15页。

知识（见表 7.3）。课程评价以教科书或老师上课讲授的内容作为范围，评价内容以试题的形式呈现，试题基本上圈定于此范围。试卷总是按照"标准答案"的要求确定优劣，基本上不会考查学生会不会用新的方式灵活运用所学知识。因此学生必须服从课本或教师的意思而不能"随意发挥"。为了追赶考试的"进度"，教师和学生必须在考试来临之前把要考的内容学完，即使无法真正理解课程的内容。"由于标准化测试是设计来区分学生的，因此测试中必然包含大多数学生不知道的内容。……只有使一大批学生出错的那些项目被保留了下来，我们无法保证留下来的那些项目能最好地测试阅读成就。我们只知道它们能通过一系列从低到高的连续分数来最好地区分学生。"① 为了达到选拔的目的，只有能区分最好和最糟学生的测试题目才能存留下来，那些尽管很有价值的试题，由于区分度较差而遭到抛弃。

表 7.3　关于学生课程评价内容调查情况

人员	书本知识	兴趣爱好	学习态度	价值观
教材规划与开发人员	46%	23%	18%	13%
教师	54%	18%	17%	11%
学生	73%	12%	9%	6%

选拔性命题评价仅仅成为了甄别学生优劣的工具，这必然导致学生的片面甚至畸形发展，失去了其本真的教育功能。学生课程评价内容往往忽视学生在德育、体育、美育等方面的综合素质，也忽视了对学习的过程与方法、学习态度、情感态度和价值观等方面的评价。"师生都不愿'为求理解而冒险'，只是满足于向'标准答案妥协'。在这种妥协下，学生若能提供符合标准的正确答案，师生便都会认为教育是成功的。长远来看，这种妥协的结果当然不美好，因为如果我们只重视仪式

---

① ［美］乔治·J. 波斯纳：《课程分析（第三版）》，仇光鹏、韩苗苗、张现荣译，华东师范大学出版社 2007 年版，第 256 页。

化、死记硬背与机械的表现,真正的理解力就无法产生。"① 学校片面追求这种"客观性"评价,致使课程实施关注点转移到了为测试准备材料;学生的学习活动也只是为了寻找在测试中可能有用的"知识点",不可能"浪费时间"去真正地对学习内容做出思考和解释。同时,学生课程评价内容过多强调共性,忽视学生的个体差异和个性化发展的价值追求。

(二)他者进行的工具性评价

学生课程评价的评价主体与价值主体相分离,强调教师对学生的他者性评价。学生课程评价过于强调教师对学生的他者性评价,忽视了学生的自我评价(见表 7.4)。教师是评价主体,处于主导地位;学生是被评价者,处于被评价的客体地位。教师只是按照外在的课程评价标准对学生进行评价,学生无权干涉评价标准、评价内容,无权进行自我评价。这种他者的工具性评价促使学校课程评价成为通过考试对对学生进行排名,给学生划分等级,进而判定学生的优劣。

7.4 关于学生课程评价主体调查情况

人　　员	教　师	学生个人	学生小组	教师与学生
教材规划与开发人员	68%	19%	8%	5%
教　师	72%	9%	6%	13%
学　生	81%	6%	7%	6%

在学生课程评价过程中,学生自我评价没有得到足够的重视,他们没有机会成为评价的真正主体,始终处于一种消极、被动的地位,主观能动性得不到很好的发挥。教师和学生、学生与学生之间也没有形成共同参与、交互作用的有效评价共同体。这不仅影响了学生自我评价的积

---

① [美]霍华德·加德纳:《未受学科训练的心智》,张开冰译,学苑出版社 2008 年版,第 160 页。

极主动性,而且影响了评价结果的真实性、全面性和有效性。"像课程的技术性生产模式一样,大多数的测量都是拉尔夫·泰勒著作的例证。依据泰勒的观点,评价应该遵循下列的步骤:1. 确立广泛的教育目标;2. 澄清目标;3. 使目标具有可操作性,也就是说以行为主义的术语来确定目标;4. 设计出应用目标情境的途径;5. 设计或选择评价工具;6. 收集表现的数据;7. 比较表现的数据和以行为主义的术语陈述的目标。"① 因此,学生课程评价要关注学生个体的差异,关注学生发展的不同要求,改变由教师评价学生的单一维度,重视学生在评价过程中的主体地位,形成教师与学生共同参与的交互式评价共同体。

(三)陷入"客观性"评价误区

为了"客观地"评价学生,主要甚至唯一地采用了标准化测试。这种标准化测试从试题内容、考试的组织、答案的统一以及评分规则等方面都有唯一的标准要求。这种标准化测试是一种参照常模的考试。它运用现代统计手段,严格按照科学程序设计与实施,并且有统一的考试标准。只要把测验结果同考试标准进行对比分析,学校将评价的学生与常模比较,从而确定学生在集体中的位置,判断学生的学习程度。

由于过分强调甄别与选拔功能,纸笔测验这种评价方法成为学生课程评价的最重要的方法(见表 7.5)。这样学生课程评价就过分注重分数,注重等级。"如果你的选择题答案符合标准,或按照特定的格式解答问题,那么你就被认定是已经理解该课程了。没有人会进一步问你说'你真的理解吗?'因为那样做会违反一项不成文的规定:合乎标准的表现,就应视为及格。及格表现的理解与真正的理解之间有很大的差

---

① [美]乔治·J. 波斯纳:《课程分析(第三版)》,仇光鹏、韩苗苗、张现荣译,华东师范大学出版社 2007 年版,第 271 页。

距。"① 学校课程评价强调通过将个别学生与其他学生的考试成绩横向比较，然后对学生进行筛选，区分出哪些学生比较聪明。学校重点培养符合标准并被挑选出来的学生，淘汰那些不符合标准的学生。

表 7.5　关于学生课程评价方法调查情况

人　员	纸笔考试	口　试	成长记录	现场观察
教材规划与开发人员	43%	14%	36%	7%
教　师	47%	15%	33%	5%
学　生	64%	13%	19%	4%

这种客观性标准化测试既有优点也有缺点。其优点："它可以测量有些学科中学生的进步程度；它可以把学生的学习结果数量化、表格化、有效地等级化，以便于记录和公开，而这些结果可以被政策制定者用来支持新的项目。"② 其缺点：标准化考试对课堂教学产生了致命的危害，已把教师推向了"为考试而教"的境地。这种标准化测试过分强调课程评价的甄别与选拔功能，忽视了对学生的激励功能；注重学习成绩，忽视全面发展和学生个体差异；过分关注结果而忽视过程。就像第二届整体教育国际会议文件所指出的："评价的最重要的作用是为教师和学生提供反馈，以便改进学习。'客观'的分数评价实际上无助于学生的学习和最大限度的发展。我们一直热衷于定量评价，却忽视了人类发展中不能测量的部分其实更为重要。划一的考试抹杀了每一个学习者的重要的个性，也舍弃了不能标准化的富有个性的学生。在世界上一些成功的革新学校中，分数和划一的测试已被学生个人的质性评价所取

---

① ［美］霍华德·加德纳：《未受学科训练的心智》，张开冰译，学苑出版社 2008 年版，第 8 页。
② ［美］乔治·J. 波斯纳：《课程分析（第三版）》，仇光鹏、韩苗苗、张现荣译，华东师范大学出版社 2007 年版，第 255 页。

代。"① 这种测试方式只能测试有统一标准、能量化的知识,而很难测试具有创造性、不明确性、发展性的观点,忽视学生的兴趣、爱好、态度和价值观等方面的评价。考试评价只重结果不管过程,导致了严重违背学生身心发展规律的填鸭灌注、死记硬背和机械繁琐训练,牺牲了学生持续发展的潜力。

总之,选拔性命题评价形式将评价视为对学习活动的一种监控,外在于学习过程,是对学习结果的一种检测。它的目的是区分学生的优劣程度,并找出问题,分析原因,寻找改善学校课程行为的途径。这是一种"利用一个行动过程的结果作为另外一个过程的现成因素,这一事实使我们把方法与目的看做在一个活动之外的固定的东西,把整个活动看做仅仅是为了达到外部结果的方法。因此,把赛球看做获胜的方法,而获胜反过来又仅仅是获得更多胜利的方法。一系列的获胜可能反过来成为仅仅为了获得一笔金钱或一定荣誉的方法"②。在具有一定价值同时,它更存在较大弊端。学校选拔性命题评价体系着眼于量化的一维世界,以记分、选拔、考试和文凭作为基本的形式。在这种评价体系中,学生生动活泼的个性被抽象成一组组僵硬的数字,学生在各个方面的发展和进步也被简化为可能的几个数量,教育的复杂性和学生状况的丰富性则泯灭于其中,教育中最有意义、最根本的内容也消失于无形。这种表面的民主和客观实际上意味着教育世界的祛魅。正像弗雷克认为的那样,当我们被标准化考试俘虏时,我们实际上抛弃了生活世界中那种令人敬畏的神秘感。实际上,人类行为中那些不可测量的内容或许具有更重要的教育意义,但是由于我们如此忙于测量这些可测量的事情,以至于遗漏了那些更重要的不可测量的方面。③ 学生课程评价要真正地发挥作用,

---

① 第二届整体教育国际会议签署的会议文件:《教育 2000:一种整体的观点》,转引自安桂清:《整体课程论》,华东师范大学出版社 2007 年版,第 17 页。
② [美] 约翰·杜威:《学校与社会·明日之学校》,人民教育出版社 2005 年版,第 179 页。
③ Flake, C. L. (1993), *Holistic Education: Principles, Perspectives and Practices*. Brandon: Holistic Education Press, p.37.

就必须超出结果取向的数量化的单维世界,建立促进学生全面发展的评价体系——整体性履历评价。

二、追求整体性履历评价

在课程改革背景下,学校必须完善对学生的课程评价体系,不能仅局限于评价学生对知识的掌握情况,还要关注学生的学习过程与方法以及其情感、态度和价值观等方面的发展。而当前学生评价主要是一种选拔性评价,过于注重结果,过度依赖"标准化"测试,使评价陷入"客观性"的陷阱。本文提出的整体性履历评价是从存在论意义上理解学校课程评价问题。

(一)整体性履历评价的内涵

整体性履历评价是对学生生命性、整体性和发展过程性的关照,这种评价形式将课程评价作为学校教育程本身——是教育活动的内在成分,而不仅仅将其停留于一种教育辅助手段层面(如图 7.1 所示)。"整体性"是指将学生做为"整体的人"来看待,课程评价既要关注学生现在的成功与失败,又要关注目前学校课程对学生未来发展以及终身学习的潜在价值;既要关注学生的学习成绩情况,又要关注学生在情感、审美、合作能力以及学会生活等方面的发展状态;既要关注学生成绩的上升或下降,又要关注学生在学习过程中所付出的努力程度;同时既要关注学生个体单独的表现,又要关注学生在集体中的表现;既要关注学生在学校的学习结果,又要关注这种结果在生活中的价值。"履历"是指课程评价的终极意旨在于发展学生在课程中的存在经验,达到学生个体的自由和解放。因为学校课程不只是按照预设计划来学习公共知识,更是学生学习经验的历程,学校课程是存在于每个学生生活之中的学习经验总体。①

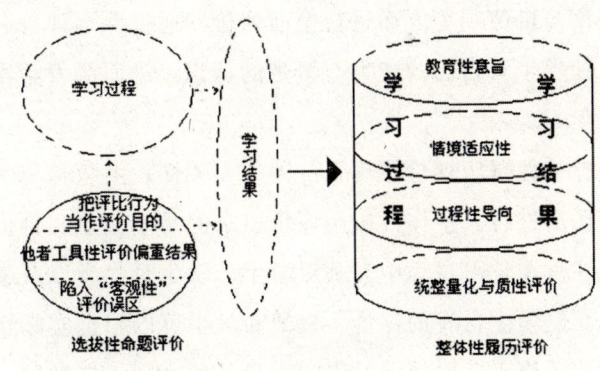

图 7.1

(二) 整体性履历评价的特点

首先,整体性履历评价目标是对学生发展状况做出价值判断,创造适合学生发展的教育环境。作为一种教育评价活动,整体性履历评价体现了四种最为基本的功能:判断功能、预测功能、选择功能和导向功能。评价的基本功能在评价的基本形式中得到充分的展现。② 这种评价的目的在于通过课程评价有利于学校发现、选择和形成有效的教育方式,创造良好的教育环境,最大限度地促进学生的发展。因为评价过程实质上是一个确定课程与教学计划实际达到教育目标的程度的过程。由于教育目标实质上是指人的行为变化,评价是一个确定实际发生的行为变化的程度的过程。③ 所以整体性履历评价是在学生的具体学习过程进行的,是内在于学习活动之中,而不是单纯一种外在力量的评价。这种

---

① 钟启泉:《追寻课程与教学的本真意义》,引自安桂清:《整体课程论》,华东师范大学出版社 2007 年版,总序。
② 冯平:《评价论》,东方出版社 1995 年版,第 2 页。
③ [美] 拉尔夫·泰勒:《课程与教学的基本原理》,施良方译,人民教育出版社 1994 年版,第 85 页。

评价倡导多元化的评价内容，不仅注重学生过去与现实的表现，更重视其未来发展可能性；不仅对基础知识与基本技能掌握情况进行评价，更对情感、态度与价值观等方面进行全面评价。通过课程评价引发学生的真实水平，让学生对自己的能力有清楚的认识，进而激发学习动机，促进其有意义学习。

其次，整体性履历评价体现了一种人文关怀，由教师与学生组成的评价共同体协商进行。整体性履历评价追求的是学生自我价值的充分实现，所以它注重在学习过程中教师对学生、学生对学生以及学生自我进行评价，尤其是学生自我的评价。教师和学生可以根据实际情况对评价过程进行必要的修改，以便引发出学生最佳的表现，向教师、学生本人提供较高价值的信息。通过对评价共同体学习过程的关注和引导，使课程评价不断促进学生发展。这就体现了与档案袋评价法的不同。档案袋评价法虽然强调要帮助学生认识自我、淡化评价的甄选功能，强调以过程为主的质性评价，但这种评价还是一种由教师主导的"为评价而评价"，对学生来说其实只是一项学习之外的附加劳动。它对评价形式的过度关注往往使评价活动成为一种负担，同时由于学生还是被评价者，他们会问做了这么多工作，到底要干什么？档案袋装满之后到底由谁来看？什么时候看？除了为别人对自己的评价而提供档案袋内容外，学生实际上会从档案袋中得到多大的激励呢？

第三，整体性履历评价强调评价要在真实情境中进行。整体性履历评价是在一种真实情境中而不是在评价环境下对学生进行评价。它不是在学习活动之后或之外进行，而是关注到了学校课程的每一个部分通过学生参与的方式最终形成的整体课程氛围，认识到了学校课程情境的重要性，强调评价应该在真实情境中进行，强调对学习过程与结果的并重，这使教师和学生能够充分利用其身处的情境，保证了课程评价是可靠的。由于评价内容来自学生在情境活动中的表现，这种评价反映了学生解决问题能力的实际状况，从而增加了评价的真实性。"评价所要检查的不但是学习的成果和内容，还要检查学习过程。"① 这就表现出了与"发展性评价"的不同之处。发展性评价关注到了评价要促进学生发展的作用，但它还是一种外在于学生学习过程，由他者在一种评价环境中对学生的评价。

第四，整体性履历评价强调在学生履历中进行课程评价，体现了由结果到过程的重心转移。它是一种发展性评价观，关注的不是一个静态的学习结果，而是学生在学习过程积淀的潜在能力和情感态度。这种课程评价特别强调动态生成的发展性评价，注重学生在课堂上的行为表现、情绪体验、知识获得以及交流合作等方面，使终结性评价和形成性评价有机地结合。整体性履历评价不是通过几次标准化考试来评价学生的，而是在整个学习过程中通过多种手段搜集学生的表现和进展情况。"整体评价在学生持续的成长、发展基础上寻找信息，而不是在一系列学生达成的离散的、固定的结果基础上寻找信息，它体现了从'照片隐喻到电影隐喻的转变'。"② 学生课程评价要有利于改进学生的学习过程，而不是只对学习结果作一个结论。整体性履历评价不仅关注对学习结果的及时反馈，更关注学习过程的系统分析与改进。

第五，整体性履历评价要求统整量化评价与质性评价。量化评价的突出优点是运用科学统计原理，精确化程度高，能对学生学习情况做出逻辑性较强的分析。它的最大缺点在于它只关注可测量内容，把复杂的教育现象加以简化，这样容易忽视某些不可测量的个体经验，容易丢失学校教育中有重要意义的内容。例如无法对不能定量化处理的情感、态度、价值观等方面进行评价，而这些却是学生发展的重要方面。质性评价的优点在于强调课程评价中人的主体性和整体性，强调课程评价的情境性，主张评价应全面反映课程实践的真实情况，为改进学校教育提供

---

① ［美］布鲁纳：《布鲁纳教育论著选》，邵瑞珍、张渭城等译，人民教育出版社 1989 年版，第 255 页。
② ［美］乔治·J. 波斯纳：《课程分析（第三版）》，仇光鹏、韩苗苗、张现荣译，华东师范大学出版社 2007 年版，第 275 页。

真实可靠的依据。它的最大缺点在于不能像量化评价那样对调查结果进行高效度和信度的测量。整体性履历评价对两种方法进行统整，这充分体现了科学方法与人文方法的结合，可以使学生课程评价更为完整科学，能够全面地反映学校课程内涵和教育意义，更加符合课程改革宗旨。

三、整体性履历评价的方法

整体性履历评价关注评价的教育性、情境性和过程性，强调质性评价和量化评价的统整；它不仅局限于评价学生的认知能力，也评价学生的非认知的结果；不仅涉及运用知识解决问题的能力，也涉及学生的习惯、态度、情感和价值观等方面。因此，从评价方法来说，整体性履历评价可分为动、静两个方面。动态评价方法关注学生在课程活动中的成长过程，观察他们做得怎么样，了解他们的内心需求。静态评价方法关注学生经过一定时期的课程活动后达到的结果，即关注学生是什么样。整体性履历评价可以从以下几个方面实施。

（一）创设评价情境

整体性履历评价目的在于创造适合学生的学校教育。"除非明确了一种特别的情境，使得各种行为获得了展示的机会，否则的话，决定一个特殊的测试是否适合用来评价某种课程是不可能的。"[①] 整体性履历评价强调将学生的行为要素放在特定背景下评价。

1. 创设评价情境的必要性

整体性履历评价尊重学校教育情境的复杂的特点。它的目的不在于

---

① ［美］约翰 D. 迈克尼尔：《课程导论》，谢登斌、陈振中等译，中国轻工业出版社 2007 年版，第 257 页。

把学校课程的复杂情况简单化,而在于给教师和学生以教育性启迪,使得那些构成学校课程独特情境的因素和特征得以理解。① 创设能使学生有机会表现其行为、表明其兴趣的情境,学生就获得机会来展示他们分析问题、解决问题能力的外部条件,然后对其进行评价,这样就能唤起学生参与评价的积极性。学校课程可以安排学生共同游戏和作业,提供个人与学校课程环境相适应的良好情境,可以使用录音或录像手段对学生在情境里的反应进行记录,然后评价这种反应,这样我们就能获得对学生进行整体性履历评价的真实资料。只有通过创设评价情境,让学生有机会表现所愿意的行为之后,才有可能观察、分析、评价学生的发展情况。在创设这种评价情境以前,就希望对学生的情感、态度和价值观进行评价,这实际上是做不到的,或者说评价也是不彻底的。"任何评价情境,都是那种使学生有机会表现我们想要评估的那类行为的情境。尽管这条原则很简单,但寻找可以充分控制、并允许老师或其他评价者接近学生,以便了解他们正在形成的那些行为的情境,但又牵涉许多问题。"② 通过创设评价情境,评价者在自然条件下观察、收集学生信息,了解其个人感受以及丰富多彩的经历、愿望和想法,只有这样,学生课程评价才能做到反映学生真正情况。

2. 创设评价情境的价值

整体性履历评价是一种发展性的、能够促进学生全面发展的评价体系,它不仅要关注学生在语言和数理逻辑方面的发展,而且要发现和发展学生多方面的潜能,了解学生发展中的需求,帮助学生认识自我,建立自信,促进学生在已有水平上的发展,发挥评价的教育功能。只有创设评价情境,学校才能实施"真实评价"。真实评价(authentic Assess-

---

① [美]埃利奥特·W. 艾斯纳:《教育想象——学校课程设计与评价》,李雁冰主译,教育科学出版社 2008 年版,第 408 页。
② [美]拉尔夫·泰勒:《课程与教学的基本原理》,施良方译,人民教育出版社 1994 年版,第 90 页。

ment），又称另类评价（Alternative Assessment），是 20 世纪 80 年代末在美国兴起的一种新的评价方式，试图用接近"真实生活"的方式来评价学生学习的成就水平。真实评价的兴起主要源于纸笔测验或标准化考试无法说明学生的成就水平，而这恰恰是人们最想了解的。

真实评价是指在学生真实生活和学习情境中，通过对学生完成实际作业表现的观察和专业判断来评价学生成就的评价方式。从本质上讲，评价应该更好地反映学生的学习目标，与教师交流有价值的信息，尽可能地描述学生，以取代标准化考试中对学生的分类。因此，真实评价可以让教师了解学生对问题的了解程度、解决问题的思维水平及其技能表现、对学习活动的投入程度和自我表达的能力，能够较为完整地反映出学生的学习结果。由于它反映的就是学生的真实生活，因此，它可以增进学生的学习动机，提高其参与能力。真实评价的目的在于评价学生在真实生活中的各种能力，即评价学生在真实的学习任务和项目学习中如何应用所学的知识、技能。它不是鼓励学生去死记硬背，而集中关注学生的分析能力、综合所学知识的能力、与他人合作的能力以及书面或口头表达能力等。

真实评价的特点：（1）真实评价与学生的真实生活相联系。真实评价是建立在真实情境中对学生的观察和判断基础上的，这种真实情境包括对日常生活情境的模拟或者在真实情境中的实际操作。教师通过日复一日地在课堂上观察学生的学习和进步情况，对学生在课堂上的表现所做出的判断是系统化的，并且尽可能地做到客观，因而是可靠的。（2）真实评价考察高层次的思维或解决问题的技能。在真实评价中，教师给学生所设定的任务常常涉及批判性思维、问题解决、交往与合作等，学生可依据问题情境，以科学的论证和推理方式建构合乎身身认识的、具有创造性的解决问题的方案，产生具有创造性的作品。（3）真实评价注重过程甚于结果。注重过程技能是真实评价与传统测验的一个根本区别，其重要性就在于它涉及了学生解决问题的综合能力，如高层次思考能力、反思能力、合作能力、信息搜集能力等，都必然在评价过程中展现出来。而学生的作品恰好是上述各种能力综合作用的结果。

(二) 组建评价共同体

整体性履历评价努力克服他者工具性的评价，强调学校课程评价共同体的组建。在课程评价共同体中，教师、家长和学生都作为评价者。

1. 教师作为评价者

教师作为评价者可以完成诊断、教学反馈、分置、资格认证和选拔等任务。教师能够对学生行为进行观察，收集评价所需要的信息，并对信息进行分析，判断学生的发展走向及可能结果。因为"教育过程中的基本要素是未成熟的、没有发展的人，和在成人的成熟的经验中体现出来的某些社会的目的、意义和价值。教育过程就是这些因素应有的相互作用。作为促进最充分的和最自由的相互作用的这样一种相互联系的概念，便是教育理论的主要之点"①。所以，教师在了解学生在学习态度、兴趣和成绩等方面表现基础上，能够调动学生参与评价的自觉性，帮助学生来监控自己的进步和调整自己的学习方法。学生可以不断从教师那里得到反馈，知道自己表现如何，同时，也得到实质的建议，帮助如何提升自己的表现水准。在教师的帮助下，学生才能充分地反省他们的学习行为。通过教师对学生的适度的外部评价，学生可以得到成功与失败方面的及时反馈，这样有利于学生及时地进行自我反省和改善。

2. 学生作为评价者

学生作为评价者是指学生进行自我评价和相互评价。在整体性履历评价过程中，学生不只是作为被评价者存在，而是学校课程评价的主动参与者。整体性履历评价注意充分调动学生参与评价的积极性，尊重学生在课程评价中的主体地位，倡导学生的自我评价以及学生之间在评价

---

① [美] 约翰·杜威：《学校与社会·明日之学校》，人民教育出版社2005年版，第111页。

中的合作，促进学生的自我发展，张扬个性，不断完善自我。通过自我评价，学生能够充分理解评价指标、评价要素，能够正确地分析自己，明确努力方向。学生作为评价者能够培养自我评价能力。

3. 家长作为评价者

在选拔性的标准化考试中，家长是旁观者，他们除了拿到孩子手上"神秘"的分数单之外，其他一无所知。而真实评价则鼓励家长参与到评价自己孩子的过程中来，他们和教师学生共同成为评价的决策者。因为家长对自己的孩子最了解，能够发现孩子的智力强项。家长通过与孩子共同学习，通过与教师的交流，最终会成为教师的教学伙伴，与教师、学生一起体验到学习成功的快乐。

（三）选择课程评价形式

整体性履历评价分为静态和动态两种评价形式：测试和平等对话式深度访谈。

1. 课程评价的基本形式：测试

测试作为学校课程评价的基本形式。学校课程评价的基本功能主要表现在三个方面：1. 诊断：通过评价，了解课程活动的情况，尤其是学生掌握的情况，从而判断它的质量和水平，矛盾和问题等等。这种功能也即是今天人们所说的甄别功能，是评价的最基本功能，其它几项功能都是由此派生的。2. 强化：通过评价，使学生进一步巩固所学，了解不足。3. 调节：利用评价所获得的各种信息，师生能够自觉地调整未来的教学行为。因此，评价是对于教学效果的判断。借助评价，教育者与受教育者双方才能够获得有关课程活动实际效果的各种信息，课程活动的持续进行才能够不致陷入盲目。而这些正是依靠课程评价的基本形式——测试。对课程活动效果的评价从最初比较简单的考试，到追求所谓精确客观的教育测量，再到今天的教育评价，可以说是不断地走向全面和科学,然而测试仍然是学校课程评价的基本形式。学生是否达到了课程活动的预期目标?达到的程度如何?测试评价形式能够给予具体而确定的判断,这样才能使得学校课程活动得以自觉有效地持续进行,因此,测试评价形式是学校课程活动所必须的,是不可替代的。

2. 平等对话式深度访谈

整体性履历评价采用平等对话式深度访谈形式。深度访谈作为质性研究方法,在评价领域中有着重要地位。评价者在对学生进行整体性履历评价时,深度访谈的问题是事先部分准备好的,然后在访谈过程中逐渐深化,最终获得高质量的课程评价效果。深度访谈的基本途径是平等对话。"人是作为一个完整的声音进入对话。不仅以自己的思想,而且以自己的命运、自己全部个性存在于对话。"[①] 访谈双方的对话内容可以是事实、行为、观点、意见等认知性信息,也可以是心理言语和非言语的情感性信息。这种课程评价体现了评价者与被评价者之间的合作性。

通过平等对话,参与评价的教师和学生自始至终都共享信息。评价者与被评价者的界限变得模糊起来,从而鼓励了学生的自我反省、独立思考和自我评价。在这种评价形式中,教师和学生的角度有了新的定位。整体性履历评价倡导以学生为中心,学生是评价活动的主动参与者,所以学生不再是测验的被动接受者。教师作为设计者参与评价过程,能够确保评价与特定的课程目标相联系。教师由过去的主考官角色转变成了指导者。教师通过设置一些具有挑战性的活动,激发学生提出问题,让他们进行自由选择,主动地寻找解决问题的方法。教师和学生通过对话来不断表征自身的存在经验与意义。这有利于教师和学生之间在相互沟通协商中增进理解,形成积极、平等和民主的评价关系,易于形成课程评价共同体。

整体性履历评价要对学生在情境里的表现进行即时反馈。学生的现

---

① [前苏联] 巴赫金:《诗学与访谈》,白春仁、顾亚玲等译,河北教育出版社 1998 年版,第 387 页。

场表现可以是日常性行为,也可以是限制性行为。评价者可以在教室、活动室和运动场等地方对学生日常性行为进行观察。在这些地方学生往往以自然的具体行为方式提供评价资料。评价者观察学生日常性行为,能够较好地避免由于学生意识到自己的被评价地位而造成的失常状态,可以把握到学生真实自然的情况,观察资料可靠性较高。因此,评价者对学生日常行为进行敏捷的观察、准确的把握以及即时反馈,可以评价学生的学习态度、学习兴趣、道德行为以及适应性等方面。

评价者还可对学生完成限制性任务的行为表现进行课程评价。在限制任务中,评价者对学生提出具体的任务,这些任务通常被描述得较为明确,规定了学生行为展开的方向,并规定了任务完成的时间。例如,评价者可以为学生规定如下限制性任务:评价一堂数学课、导演一场小型英语剧、排演一个名著小品戏、对雨伞进行改造使其既防雨又防风、利用浮力原理制造一艘潜水艇模型等等。通过对学生行为表现的即时反馈并给予其高度关注,评价者便可以尽量发掘课程评价的教育价值,避免杜威所说的教育浪费。"从儿童的观点来看,学校的最大浪费是由于儿童完全不能把在校外获得的经验完整地、自由地在校内利用。"[①]

(四)确定课程评价内容

整体性履历评价强调评价内容强调学术性智力评价与多元智力评价的统整。

1. 学术性智力评价

根据学生的语言阅读、计算能力和推理能力的好坏狭隘地来测量智力,所测量的只是那种只有少部分学生具备的、以语言和逻辑、数理为主的学术性智力。在工厂意象的学校中,课程评价基本上以学术性智力

---

① [美] 约翰·杜威:《学校与社会·明日之学校》,赵祥麟、任钟印、吴志宏译,人民教育出版社 2005 年版,第 58 页。

为核心，有时甚至把它当作惟一目标。以学术性智力为核心的倾向是与这样的事实相吻合的，即它容易设计出可靠的（如果不是经常有效的）纸笔测验来评价学生的阅读、写作和计算，而设计可靠的和有效的测验来评价学生的音乐和艺术才能就比这个难得多。智力测验所测试的学科就得是最适合采用这种评价方式的学科，如语言、数学或逻辑等。因此，在学校里受到重视的学科无疑是语言、数学或逻辑推理等学科。而那些在测验中难以实施的学科，如艺术、体育等在学校教育中是无关紧要、可有可无的。于是这一理念反映在我们的学校教育中，学生主要进行以测验为本位的学习（Test-based Learning），测验以学术性智力为核心，认为它们能合情合理地预测出学生在学校的未来成功与否。这种狭隘的教育观就直接导致了悲观的学生观，即学校教育中只有一部分学生在学习上是会成功的，而大部分学生的学习是要失败的，而成功的学生往往是那些语言和逻辑——数理智力占优势的学生。

2. 多元智力评价

多元智力理论是对传统智力理论的多方面突破，是一次对传统智力理论的革命，对课程理论建构提供了新的理论支撑。加德纳教授认为，就智力的本质来说，智力是在一定的社会文化背景下，个体用以解决自己面临的真正难题和生产及创造出社会所需的有效产品的能力；就智力的结构来说，智力不是某一种能力或围绕某一种能力的几种能力的整合，而是相对独立、相互平等的七种智力，即言语——语言智力、音乐——节奏智力、逻辑——数理智力、视觉——空间智力、身体——动觉智力、自知——自省智力和交往——交往智力。

多元智力理论把智力的本质看做是实践能力和创造能力，把这种实践能力和创造能力置于一定的文化环境之中看待，把智力的结构看做是多维的和开放的，把每一个体的智力看做是独特的和具有差异性的，把智力看做是有待于环境和教育激活和培养的潜能，为学校课程评价提供了理论层面上的新视角、新依据。整体性履历评价不仅要关注学生的学业成绩，而且要发现和发展学生多方面的潜能，了解学生发展中的要求，帮助学生认识自我、建立自信。发挥评价的教育功能，促进学生在原有水平上的发展。评价方式由一维走向多元，由注重评价的甄别功能转向注重评价的发展功能。因此，整体性履历评价强调评价内容强调学术性智力评价与多元智力评价的统整。

附录1：38所调查单位名单

1. 济南胜利大街小学
2. 济南市甸柳第一小学
3. 平阳县夏沟小学
4. 汇文小学
5. 博兴县兴福镇义和中心校
6. 济南市槐荫南路小学
7. 济南市提口路小学
8. 东营市胜园街道中心学校
9. 济南市东方双语实验学校
10. 博兴县店子镇第二中学
11. 青岛市城阳区流亭小学
12. 临淄区朱台镇高阳中学
13. 淄川区太河乡中心学校
14. 青岛第五十八中学
15. 城阳五中
16. 淄博市金因小学
17. 威海市鲸园小学
18. 泰安十三中
19. 张店区第七中学
20. 环翠国际中学

21. 东江镇西江完小
22. 威海市第十三中学
23. 牟平区高陵镇中心校
24. 烟台市牟平区大窑中学
25. 邹平县黛溪中学
26. 南山双语学校
27. 龙口市实验小学
28. 东营市 62 中
29. 东营胜利 34 中
30. 日照市玉莲实验小学
31. 天桥区小学
32. 宁津县第二中学
33. 博兴县湖滨一中
34. 兖州市文化路小学
35. 香江路第三小学
36. 济南市纬二路小学
37. 滕州市姜屯镇白联小学
38. 济南市大金庄小学

附录2：关于学校课程规划情况的调查问卷

各位老师，各位同学，您好！

　　学校是课程活动重要场所，课程改革政策最终需要落实到学校中才能实现。如果没有富有个性的、充满生机与活力的学校，任何改革措施都将会流于形式。为了解学校课程内容、课程实施和课程评价的情况，了解学校层面课程规划存在的问题，使学校成为自主规划的主体，请您协助完成这次问卷调查。本问卷采取匿名的方式，问卷的统计结果将为研究学校课程规划提供重要的信息，不涉及对个人工作和学习情况的评价，希望您能认真如实地填写。感谢您的支持与合作！

1. 关于学校是否有必要规划本校课程的调查（　　）
   A. 很有必要　　　　B. 可做可不做
   C. 没必要　　　　　D. 不清楚
2. 关于学校课程规划理论的调查（　　）
   A. 有相关理论　　　B. 缺乏相关理论
   C. 不清楚
3. 在关于学校与三级课程关系的调查（　　）
   A. 照章执行　　　　B. 进行学校化
4. 关于三级课程在学校中关系的调查（　　）

A. 主次关系 B. 并列关系
C. 相互促进 D. 相互干扰

5. 关于学校课程实施的调查（   ）

   A. 训练型 B. 以问题为中心
   C. 以主题为中心 D. 以项目为中心

6. 关于学生课程评价目的调查（   ）

   A. 甄别学生 B. 升学选拔
   C. 改进学习

7. 关于学生课程评价内容的调查（   ）

   A. 书本知识 B. 兴趣爱好
   C. 学习态度 D. 价值观

8. 关于学生课程评价主体的调查（   ）

   A. 教师 B. 学生个人
   C. 学生小组 D. 教师与学生

9. 关于学生课程评价方法的调查（   ）

   A. 纸笔考试 B. 口试
   C. 成长记录 D. 现场观察

附录3：九年义务教育全日制小学、初级中学课程计划（教育部、十个省、两个自治区、两个直辖市）

北京市义务教育课程设置表一

周课时（节）\\科目 年级	一	二	三	四	五	六	七	八	九	九年课时总计	
品德与生活	2	2								661—694	
品德与社会			2	2	2	2					
思想品德							2	3	2—3		
历史与社会 — 历史							3	3	2	309	175	309 或 315
历史与社会 — 地理							2	2			140	
科学			2	2	2	2				280	
科学 — 物理								2	3	445	169	725 或 723
科学 — 化学					4		4	5	3		99	
科学 — 生物							3	2			175	
语文	8	8	6	6	6	6	5	5	5—6	1915—1948	
数学	4	4	4	4	4	5	5	5	5	1390	
外语	2—3	2—3	3	3	3	3	4	4	4	932—1042	
体育	3—4	3—4	3	3	3	3				939—1009	
体育与健康							3	3	3		
艺术 — 音乐	2	2	2	2	2	2	1	1	1	976	488	976
艺术 — 美术	2	2	2	2	2	2	1	1	1		488	
综合实践活动 — 其中：劳动技术					110			100		210	630
综合实践活动 — 其中：信息技术					70			70		140	
综合实践活动 — 研究性学习											
综合实践活动 — 社区服务与社会实践活动					140			140		280	
地方与校本课程 — 其中：写字			1	1	1	1				140	795—1005
地方与校本课程 — 自主安排					655—865						
周课时总量	26	26	30	30	30	30	34	34	34	9522	

上海市义务教育课程设置

课程		年级 总课时	一	二	三	四	五	六	七	八	九	十	十一	十二
基础型课程		语文	306	306	204	204	204	136	136	136	136	102	102	90
		数学	102	102	136	170	170	136	136	136	136	102	102	90
		英语	102	102	170	170	170	136	136	136	136	102	102	90
		思想政治	68	68	102	102	102	34	34	68	68	68	68	60
		自然/科学			442				204					90
		物理								136		136		
		化学									68	136		
		生命科学								68		136		
		社会								68				90
		历史						136						
		地理						136						
		艺术								136				
		唱游/音乐	136			204			68					
		美术			272				68					
		体育与健身	102	102	102	102	102	102	102	102	102			
		劳动技术			68				102			136		
		信息科技			34				68			68		
拓展型课程		兴趣活动			576									
		学科						1370				1130—1229（其中体育与健身为294；艺术为98）		
		社会实践	每学年二周					每学年二周				每学年二周		
研究《探究》型课程			169					270				195—294		

214

广东省义务教育课程（实验）计划表

课程类别	科目		一	二	三	四	五	六	七	八	九	学科总课时
必修课	品德与生活		2	2								140
	品德与社会				2	2	3	3				350
	思想品德								2	2	2	206
	语文		9	8	7	7	6	6	6	5	5	2055
	数学		3	4	4	5	5	5	4	4	4	1322
	英语				3	3	3	3	4	4	4	832
	科学 初中或	综合			2	2	2	2	4	5	5	760 或 688
		生物							2	2		
		物理								2	3	
		化学									3	
	历史与社会 或	综合							3	3	3	309 或 346
		历史							2	2	2	
		地理							2	2		
	体育		4	4	3	3	3	3				700
	体育与健康								3	3	3	309
	艺术 或	综合	4	4	3	3	3	3	2	2	2	906
		音乐	2	2	2/1	2/1	2/1	2/1	1	1	1	
		美术	2	2	1/2	1/2	1/2	1/2	1	1	1	
	信息技术				1	1	1	1	1	1	1	208
	综合实践活动				2	2	2	2	2	2	2	486
	合计		22	22	26	28	28	28	31 或 30	31	31	8583 或 8548
地方与学校课程			5	5	4	2	2	2	3 或 4	3	3	939 或 974
周课时总量			27	27	30	30	30	30	34	34	34	9592

说明：

1. 每学年上课时间按 35 周计算（初三 33 周），九年总课时量 9592。
2. 小学每课时 40 分钟，初中每课时 45 分钟。
3. 地方与学校课程主要包括班团队活动、文体活动、兴趣活动、专题教育等。
4. 音乐、美术周课时中，分子为该学年第一学期的周课时，分母为第二学期的周课时。
5. 七年级科学课实施综合课程的，每周必修课合计为 31 节，地方与学校课程为 3 节；实施分科课程的，每周必修课合计为 30 节，地方与学校课程为 4 节。

河北省九年义务教育课程设置表

		一年级	二年级	三年级	四年级	五年级	六年级	七年级	八年级	九年级	九年课时总数（节）	各门课程课时占九年总课时的百分比	国家规定的九年课时总计（比例）
课程门类及周课时（节）		品德与生活3	品德与生活3	品德与社会2	品德与社会2	品德与社会3	品德与社会3	思想品德2	思想品德2	思想品德2	766	8%	7—9%
								历史2	历史2	历史2	344	3.6%	3—4%
								地理2	地理2	地理2			
								生物3	生物2		790	8.3%	7—9%
				科学2	科学2	科学3	科学3		物理2	物理3			
										化学3			
		语文8	语文8	语文7	语文7	语文6	语文6	语文5	语文5	语文5	1985	20.8%	20-22%
		数学4	数学4	数学4	数学4	数学4	数学5	数学4	数学4	数学4	1287	13.5%	13-15%
				外语2	外语2	外语2	外语2	外语4	外语4	外语4	692	7.3%	6-8%
		体育5	体育5	体育3	体育3	体育3	体育3	体育与健康2	体育与健康2	体育与健康2	976	10.2%	10-11%
		音乐2	音乐2	音乐2	音乐2	音乐1.5	音乐1.5	音乐1	音乐1	音乐1	976	10.2%	9-11%
		美术2	美术2	美术2	美术2	美术1.5	美术1.5	美术1	美术1	美术1			
				综合实践活动3	综合实践活动3	综合实践活动3	综合实践活动3	综合实践活动3	综合实践活动3	综合实践活动3	729	7.7%	6-8%
		地方与学校课程2	地方与学校课程2	地方与学校课程3	地方与学校课程3	地方与学校课程3	地方与学校课程3	地方与学校课程4	地方与学校课程4	地方与学校课程4	972	10.2%	10-12%
周总课时数（节）		26	26	30	30	30	30	34	34	34	9522	100%	
学年总课时（节）		910	910	1050	1050	1050	1050	1190	1190	1122			

黑龙江省义务教育课程设置及课时安排

课程门类		年级课时 一	二	三	四	五	六	七	八	九
国家课程	品德与生活	1	1							
	品德与社会			2	2	2	2			
	思想品德							2	2	2
	语文	7	7	7	7	7	7	5	5	5
	数学	5	5	5	5	5	5	4	5	5
	外语			2	2	2	2	4	4	4
	科学			2	2	2	2			
	历史							2	2	2
	地理							2	2	
	生物							3	2	
	物理								2	3
	化学									3
	体育	3	3	2	2	2	2			
	体育与健康							3	3	3
	音乐	2	2	2	2	2	2	2	1	1
	美术	2	2	2	2	2	2	2	1	1
	综合实践活动			4	4	4	4	3	3	3
地方课程		3	3	1	1	1	1	1	1	1
学校课程		3	3	1	1	1	1	1	1	1
周课时		26	26	30	30	30	30	34	34	34

湖北省义务教育课程设置

课程门类 \ 年级周课时	一	二	三	四	五	六	七	八	九	各学科九年总课时	各类课程课时占总课时的百分比	国家规定的百分比
品德与生活	3	3								696	7.3%	7%～9% 666.54～856.98
品德与社会			2	2	2	2						
思想品德							2	2	2			
历史							2	2	1	313	3.3%	3%～4% 285.66～380.88
地理							2	2				
科学			2	2	3	3				793	8.3%	7%～9% 666.54～856.98
生物								3	2			
物理								2	3			
化学									3			
语文	8	8	7	7	6	6	5	5	5	1985	20.8%	20%～22% 1904.4～2094.8
数学	4	4	4	4	5	5	5	5	5	1425	15%	13%～15% 1237.86～1428.3
外语			2	2	3	3	4	4	4	762	8%	6%～8% 571.32～761.76
体育	3	3	3	3	3	3				939	9.9%	10%～11% 952.2～1047.42
体育与健康							3	3	3			
音乐	2	2	2	2	1	1	1	1	1	906	9.5%	9～11% 856.98～1047.42
美术	2	2	2	2	1	1	1	1	1			
适合实践活动 地方与学校课程	4	4	6	6	6	6	6	5	6	1703	17.9%	16～20% 1523.52～1904.4
周总课时	26	26	30	30	30	30	34	34	34	9522	100%	
学年总课时	910	910	1050	1050	1050	1050	1190	1190	1122			

附录 3

湖南省义务教育课程（实验）计划设置表

课程		周课时 年级	一	二	三	四	五	六	七	八	九	9年总课时	占课时比例
国家课程	品德与生活		3	3								696	7.30
	品德与社会				2	2	2	2					
	思想品德								2	2	2		
	语文		9	9	7	6	6	6	5	5	5	2020	21.21
	数学		4	4	4	4	4	4	5	5	4	1322	13.88
	科学（七、八、九年级或选生物、物理、化学）				3	3	3	3	4	4	4	832	8.73
	生物								2	2			
	物理									2	3	408	4.28
	化学										3		
	历史与社会（或选历史、地理）								3	3	3	309	3.24
	历史								2	2	2	346	3.63
	地理								2	2			
	外语				2	2	2	2	4	4	4	692	7.26
	体育		4	4	4	4	3	3				976	10.24
	体育与健康								2	2	2		
	艺术（或选音乐、美术）		4	4	4	4	2	2	2	2	2	906	9.51
	音乐		2	2	2	2	1	1	1	1	1	906	9.51
	美术		2	2	2	2	1	1	1	1	1		
	综合实践活动	信息技术教育				1	1	1	1	1	1	867	9.10
		研究性学习				1	1	1	1	1	1		
		社区服务与社会实践			每周各一节（可集中安排，也可分散安排）								
		劳动与技术教育											
地方课程	开设两门课程选定				1	1	1	1	1	1	1	486	5.10
					1	1	1	1	1	1	1		
学校课程	学校自主开发或选用		2	2	2	2	2	2	1-2	1-2	2-1	556—593	5.83—6.22
周总课时数（节）			26	26	30	30	30	30	34	34	34	274	
学年总课时数（节）			910	910	1050	1050	1050	1050	1190	1190	1122	9522	

注：1. 表格内为各门课的周课时数，九年总课时按每学年35周上课时间计算。

2. 3－6年级英语课程按长短课时安排，每周一节长课时，2节短课时，短课时20—25分钟，长短课时合并计算为2课时。

3. 7－9年级选择综合课程的学校，学校课程为559节，选择分科课程的为593节。

江苏省义务教育课程设置实验方案

周课时\科目\年级	一	二	三	四	五	六	七	八	九	学科总课时数	占总课时比例
品德类课程	品德与生活 2	品德与生活 2	品德与社会 2	品德与社会 2	品德与社会 2	品德与社会 2	思想品德 2	思想品德 2	思想品德 2	626	6.6%
历史							2	2	2	206	3.6%
地理							2	2		140	
科学			2	2	2	2				280	8.3%
生物								3	2	175	
物理								3	3	204	
化学									4	132	
语文	8	8	7	7	6	6	5	5	5	1985	20.9%
数学	5	5	4	4	5	5	5	5	5	1495	15.7%
外语			3	3	3	3	4	4	4	832	8.7%
体育与健康	4	4	3	3	3	3	3	3	3	1029	10.8%
音乐	2	2	2	2	2	2	1	1	1	523	11.0%
美术	2	2	2	2	2	2	1	1	1	523	
综合实践活动			3	3	3	3	3	2	2	641	6.7%
地方和学校安排的课程	3	3	2	2	2	2	3	2	2	731	7.7%
周课时数	26	26	30	30	30	30	34	34	34	9522	
学年总课时数	910	910	1050	1050	1050	1050	1190	1190	1122		

辽宁省义务教育课程（综合与分科）安排表（试行）

课程\周课时\年级		一	二	三	四	五	六	七	八	九	总课时数	课时比例
学科课程	思品与生活	3	3								696	7.31%
	思品与社会			2	2	2	2					
	思想品德							2	2	2		
	历史与社会							3	4	3	344	3.61%
	（历史）							(2)	(2)	(2)	(364)	(3.63%)
	（地理）							(2)	(2)			
	科学			2	2	3	3	4	4	5	795	8.35%
	（生物）							(3)	(2)		(793)	(8.33%)
	（物理）								(2)	(3)		
	（化学）									(3)		
	语文	8	8	7	7	6	6	6	5	5	2020	21.21%
	数学	4	4	4	4	4	4	5	5	5	1355	14.23%
	外语			2	2	3	3	4	4	4	762	8%
	体育（体育与健康）	4	4	3	3	3	3	3	3	3	1009	10.59%
	艺术	4	4	3	3	3	3	2	2	2	906	9.15%
	（音乐）	(2)	(2)	(2)	(2)	(1/2)	(2/1)	(1)	(1)	(1)	(976)	(10.25%)
	（美术）	(2)	(2)	(2)	(2)	(2/1)	(1/2)	(1)	(1)	(1)		
综合实践活动	信息技术				1	1	1	1	1	1	1635 (1565)	17.17% (16.44%)
	研究性学习											
	社区服务与社会实践				2	1	1	1	1	1		
	劳动与技术				1	1	1	1	1	1		
地方与学校课程		3	3	4(3)	4(3)	3	3	2	2	2	274	100%
周总课时数		26	26	30	30	30	30	34	34	34		
学年总课时		910	910	1050	1050	1050	1050	1190	1190	1122	9522	

山东省基础教育课程安排表（试行）

课程		一	二	三	四	五	六	七	八	九	周总课时	
品德与生活		3	3	/	/	/	/	/	/	/	6	22
思品与社会		/	/	3	3	2	2	/	/	/	10	
思想品德		/	/	/	/	/	/	2	2	2	6	
社会	历史	/	/	/	/	/	/	2	2	2	6	10
	地理	/	/	/	/	/	/	2	2	/	4	
科学	科学	/	/	2	2	2	2	/	/	/	8	22
	生物	/	/	/	/	/	/	3	3	/	6	
	物理	/	/	/	/	/	/	/	2	3	5	
	化学	/	/	/	/	/	/	/	/	3	3	
语文		8	8	7	7	6	6	5	4	5	56	56
数学		4	4	4	4	5	5	4	4	5	39	39
外语		/	/	2	2	3	3	4	4	4	22	22
体育		4	4	3	3	3	3	3	3	3	29	29
艺术	音乐	2	2	2	2	2	2	1	1	1	15	30
	美术	2	2	2	2	2	2	1	1	1	15	
综合实践		/	/	2	2	3	3	3	3	3	19	46
地方与学校课程		4	4	3	3	2	2	4	3	2	27	
周总课时数		27	27	30	30	30	30	34	34	34	276	
学年总课时		945	945	1050	1050	1050	1050	1190	1190	1122	9592	

四川省基础教育课程计划表

年级		一	二	三	四	五	六	七	八	九	总课时	课时比例
品德	品德与生活（社会）	2	2	2	2	2	2				420	0.044
	思想品德							2	2	3	239	0.025
语文		8	8	7	7	6	6	5	5	5	1985	0.208
数学		4	4	4	4	4	5	5	5	5	1390	0.146
外语				2	2	2	2	4	4	4	692	0.073
社会	历史							2	2	2	206	0.022
	地理							3/2	2		158	0.017
科学	科学			2	2	2	2				280	0.029
	生物							2/3	2		157	0.017
	物理								2	3	169	0.018
	化学									3	99	0.010
体育（初中为体育与健康）		4	4	3	3	3	3	3	3	3	1009	0.106
艺术	音乐	2	2	2	2	2	2	1	1	1	523	0.055
	美术	2	2	2	2	2	2	1	1	1	523	0.055
综合实践活动、地方与学校课程	信息技术			1	1	1	1	1	1	1	243	0.0255
	地方课程	3	3	3	3	4	4	4	4	2	1046	0.1099
	学校课程	1	1	2	2	2	2	1	0	1	383	0.0402
周总课数（节）		26	26	30	30	30	30	34	34	34	274	
学年总课时（节）		910	910	1050	1050	1050	1050	1190	1190	1122	9522	
晨（夕）会		每天20分钟										
大课间体育活动、眼保健操		每天35－40分钟，其中大果是体育活动25－30分钟；眼保健操10分钟，上、下午各一次，每次5分钟。										

浙江省义务教育课程设置及课时安排

年级	一	二	三	四	五	六	七	八	九	九年课时总计
品德与生活	2	2	/	/	/	/	/	/	/	626
品德与社会	/	/	2	2	2	2	/	/	/	
思想品德	/	/	/	/	/	/	2	2	2	
语文	9	9	7	7	6	6	5	5	5	2055
数学	5	5	4	4	4	4	5	4	4	1357
外语	/	/	3	3	3	3	4	4	4	832
体育	3	3	3	3	3	3	/	/	/	939
体育与健康	/	/	/	/	/	/	3	3	3	
音乐	2	2	2	2	2	2	1	1	1	523
美术	2	2	2	2	2	2	1	1	1	523
科学	/	/	2	2	3	3	4	4	4	762
历史与社会	/	/	/	/	/	/	3	3	3	309
信息技术	/	/	1	1	1	1	2	2	2	346
综合实践活动	/	/	4	4	4	4	4	5	5	1250
地方课程与学校课程	3	3								
周课时总数	26	26	30	30	30	30	34	34	34	274
学年总课时	910	910	1050	1050	1050	1050	1190	1190	1122	9522

附录3

广西九年义务教育课程计划

课程门类		年级＼周课时	一	二	三	四	五	六	七	八	九	课时合计 1-6年级课时合计	7-9年级课时合计	九年课时合计
		品德与生活	2	2								140		696
		品德与社会			2	2	2	2				280		
		思想品德							3	3	3		276	
		语文	6	6	6	6	6	6	6	6	6	1260	618	1878
		数学	4	4	4	4	4	4	4	4	4	840	412	1252
		外语			2	2	2	2	2	2	2	280	206	486
	历史与社会	历史与社会							4	3	2		311	311
		历史							2	2	2		206	
		地理							2	1			105	
	科学	科学			3	3	3	3	2	3	5	420		760
		物理								1	2		101	
		化学									3		99	
		生物							2	2				
		体育与健康	3	3	3	3	3	3	3	3	3	630	309	939
		艺术（音乐、美术）	3	3	3	3	3	3	3	3	3	630	309	939
综合实践活动		探究性学习			1	1	1	1	1	1	1	140	103	243
		信息技术			1	1	1	1	2	2	1	140	173	313
		综合学习与实践	2	2	2	2	2	2	1	1		420	103	533
		地方与学校课程	6	6	3	3	3	3	3	3	4	840	342	1182
		周学科课时	26	26	30	30	30	30	34	34	34	6020	3502	9522
		晨会（夕会）					每天10分钟							
周活动课时		班团队活动	1	1	1	1	1	1	1	1	1	210	103	313
		科技文体活动	4	4	2	2	2	2	1	1	1	560	103	663
		周课时总计	31	31	33	33	33	33	36	36	36	6790	3708	10498

备注：1. 九年总课时按每学年35周上课时间计算，初中三年级全学年上课时间为33周。

2. 学校在选择分科与综合相结合的课程时，如选择分科，则按分科课时上课，音乐、美术课时各占九年艺术总课时的50％。

225

附录4：九所学校课程安排表（六所小学、两所初中、一所完全中学）

济南市甸柳第一小学2006——2007学年度课程总表（3－1）

班级	星期一						星期二				
1.1	数学	语文	语文	体育	音乐	班礼	数学	数学	语文	英语	美术	品生
1.2	数学	语文	品生	体育	语文	班礼	语文	数学	美术	品生	音乐	体育
1.3	语文	数学	音乐	品生	语文	班礼	数学	语文	美术	体育	语文	品生
1.4	数学	语文	音乐	美术	体育	班礼	语文	语文	英语	品生	数学	语文
1.5	语文	数学	音乐	品生	美术	班礼	语文	语文	体育	英语	品生	数学
1.6	数学	语文	美术	音乐	英语	班礼	语文	体育	数学	语文	品生	语文
1.7	数学	语文	体育	品生	音乐	班礼	语文	数学	数学	品生	语文	语文
1.8	语文	数学	品生	音乐	体育	班礼	语文	语文	体育	英语	语文	语文
1.9	数学	体育	语文	语文	音乐	班礼	语文	数学	数学	品生	体育	语文
1.10	语文	数学	语文	音乐	品生	班礼	数学	体育	语文	数学	品生	美术
2.1	语文	数学	英语	美术	体育	班会	语文	数学	音乐	语文	品生	体育
2.2	数学	语文	语文	品生	美术	班会	语文	数学	数学	音乐	体育	英语
2.3	语文	数学	体育	品生	语文	班会	数学	语文	美术	品生	音乐	语文
2.4	数学	语文	美术	体育	品生	班会	数学	数学	语文	英语	音乐
2.5	语文	数学	语文	品生	体育	班会	数学	语文	体育	语文	美术
2.6	数学	语文	语文	美术	品生	班会	数学	数学	音乐	语文	体育
2.7	数学	语文	音乐	品生	美术	班会	数学	语文	体育	语文	语文
2.8	数学	语文	美术	语文	品生	班会	数学	数学	语文	体育	音乐
3.1	语文	数学	微机	音乐	科学	班礼	数学	语文	美术	语文	英语	科学

班级	星期一						星期二				
3.2	数学	微机	英语	语文	音乐	班礼	语文	数学	数学	美术	科学	体育
3.3	语文	数学	音乐	微机	美术	班礼	数学	语文	体育	品社	科学	英语
3.4	数学	语文	品社	英语	音乐	班礼	语文	数学	数学	语文	体育	美术
3.5	语文	数学	音乐	品社	体育	班礼	数学	语文	英语	语文	美术	科学
3.6	数学	语文	科普	体育	科学	班礼	语文	数学	数学	英语	品社	美术
3.7	语文	数学	体育	音乐	英语	班礼	数学	英语	语文	科学	美术	品社
3.8	数学	语文	科学	英语	品社	班礼	数学	数学	语文	语文	音乐	科普
3.9	数学	语文	科学	英语	美术	班礼	语文	数学	数学	体育	科普	音乐
4.1	语文	数学	体育	美术	英语	班会	数学	微机	英语	音乐	语文	品社
4.2	数学	语文	美术	体育	品社	班会	微机	数学	数学	科学	英语	语文
4.3	语文	数学	英语	品社	体育	班会	数学	语文	音乐	美术	心、环	科学
4.4	数学	英语	语文	品社	美术	班会	语文	数学	数学	微机	音乐	体育
4.5	数学	语文	英语	科学	语文	班会	数学	语文	语文	体育	品社	音乐
4.6	语文	数学	美术	音乐	科学	班会	数学	语文	语文	品社	科学	英语
4.7	数学	语文	音乐	美术	英语	班会	语文	数学	数学	科学	品社	心、环
5.1	数学	语文	体育	科学	英语	班会	数学	数学	语文	美术	微机	品社
5.2	数学	语文	美术	体育	语文	班会	数学	数学	语文	音乐	英语	微机
5.3	数学	语文	科学	美术	体育	班会	数学	数学	音乐	语文	英语	综合
5.4	数学	语文	英语	综合	音乐	班会	数学	数学	体育	语文	美术	品社
5.5	语文	数学	英语	音乐	科学	班会	数学	数学	语文	体育	综合	美术
5.6	数学	语文	音乐	英语	品社	班会	数学	语文	语文	美术	语文	英语
6.1	数学	语文	美术	英语	微机	班会	数学	数学	语文	音乐	英语	品社
6.2	微机	数学	科学	语文	英语	班会	数学	数学	语文	英语	美术	音乐
6.3	数学	语文	体育	科学	英语	班会	数学	数学	微机	语文	音乐	英语
6.4	数学	语文	英语	品社	美术	班会	数学	数学	语文	音乐	体育	英语
6.5	数学	语文	英语	美术	音乐	班会	数学	数学	体育	语文	英语	科学

济南市甸柳第一小学2006——2007学年度课程总表（3－2）

班级	星期三					星期四				
1.1	数学	语文	音乐		体育	语文	数学	语文	体育	品生	语文
1.2	语文	数学	数学		语文	音乐	数学	语文	英语	体育	美术
1.3	数学	语文	体育		语文	品生	语文	数学	体育	英语	美术
1.4	数学	品生	体育		语文	音乐	数学	体育	语文	语文	语文
1.5	数学	体育	美术		语文	语文	数学	语文	语文	品生	音乐
1.6	语文	数学	品生		音乐	体育	数学	语文	美术	语文	品生
1.7	数学	语文	英语		体育	美术	语文	数学	语文	美术	体育
1.8	语文	数学	数学		品生	美术	数学	语文	语文	美术	语文
1.9	数学	语文	音乐		美术	品生	语文	数学	品生	语文	体育
1.10	语文	数学	英语		音乐	语文	数学	品生	语文	语文	体育
2.1	语文	数学	数学		品生	美术	数学	语文	语文	体育	语文
2.2	数学	语文	语文		语文	品生	数学	语文	语文	美术	体育
2.3	语文	数学	数学		语文	体育	数学	语文	音乐	语文	美术
2.4	数学	语文	语文		体育	品生	语文	数学	美术	音乐	体育
2.5	语文	数学	数学		语文	语文	数学	语文	品生	体育	英语
2.6	数学	语文	语文		品生	英语	语文	数学	体育	语文	音乐
2.7	数学	语文	语文		音乐	语文	数学	语文	语文	品生	体育
2.8	数学	语文	品生		英语	语文	语文	数学	音乐	体育	品生
3.1	语文	数学	数学	体育	音乐	品社	数学	语文	美术	英语	习作	习作
3.2	数学	语文	英语	科普	品社	音乐	语文	数学	体育	美术	习作	习作
3.3	语文	数学	数学	音乐	语文	科学	数学	英语	语文	体育	习作	习作
3.4	数学	语文	科普	语文	科学	音乐	微机	数学	英语	品社	习作	习作
3.5	英语	数学	数学	语文	科学	科普	数学	微机	品社	语文	习作	习作
3.6	数学	语文	音乐	英语	语文	语文	语文	数学	微机	科学	习作	习作
3.7	语文	数学	数学	体育	微机	数学	数学	语文	英语	科普	习作	习作
3.8	数学	语文	品社	体育	微机	美术	语文	英语	语文	音乐	习作	习作
3.9	数学	语文	品社	微机	语文	科学	语文	数学	音乐	英语	习作	习作
4.1	语文	数学	数学	科学	体育	美术	数学	语文	英语	品社	习作	习作

班级	星期三						星期四					
4.2	数学	语文	音乐	品社	心环	语文	数学	科学	数学	英语	习作	习作
4.3	微机	数学	数学	英语	语文	品社	数学	语文	体育	美术	习作	习作
4.4	数学	英语	英语	语文	科学	品社	语文	数学	美术	体育	习作	习作
4.5	数学	语文	微机	美术	心环	科学	数学	数学	英语	音乐	习作	习作
4.6	语文	数学	数学	体育	品社	心环	数学	语文	音乐	英语	习作	习作
4.7	数学	语文	体育	音乐	美术	语文	英语	数学	科学	语文	习作	习作
5.1	数学	语文	语文	英语	音乐	科学	数学	语文	综合	体育	习作	习作
5.2	数学	语文	英语	美术	体育	品社	数学	语文	科学	综合	习作	习作
5.3	数学	语文	英语	体育	品社	科学	数学	语文	美术	微机	习作	习作
5.4	数学	微机	语文	音乐	语文	科学	数学	英语	品社	语文	习作	习作
5.5	数学	语文	音乐	英语	语文	品社	数学	语文	科学	美术	习作	习作
5.6	数学	语文	体育	综合	品社	科学	数学	英语	语文	美术	习作	习作
6.1	数学	语文	品社	美术	语文	体育	数学	语文	英语	科学	习作	习作
6.2	数学	科学	品社	体育	语文	语文	数学	语文	音乐	英语	习作	习作
6.3	数学	语文	体育	英语	美术	品社	数学	语文	英语	音乐	习作	习作
6.4	数学	语文	美术	英语	品社	科学	数学	语文	体育	科学	习作	习作
6.5	数学	语文	语文	科学	英语	音乐	数学	语文	品社	体育	习作	习作

济南市甸柳第一小学 2006——2007 学年度课程总表（3-3）

班级	星期五					班级	星期五				
1.1	数学	美术	语文	品生	语文	3.6	数学	语文	品社	英语	美术	音乐
1.2	语文	数学	语文	品生	语文	3.7	语文	数学	语文	品社	科学	美术
1.3	数学	语文	数学	语文	音乐	3.8	语文	数学	英语	体育	美术	科学
1.4	语文	数学	美术	品生	语文	3.9	数学	体育	语文	品社	英语	美术
1.5	数学	语文	语文	语文	体育	4.1	数学	语文	语文	科学	心环	音乐
1.6	语文	数学	数学	体育	语文	4.2	语文	数学	语文	美术	音乐	英语
1.7	数学	语文	语文	音乐	品生	4.3	语文	数学	英语	音乐	科学	语文
1.8	音乐	数学	语文	体育	品生	4.4	数学	语文	音乐	英语	心环	科学
1.9	数学	英语	语文	语文	美术	4.5	数学	英语	美术	语文	体育	品社
1.10	语文	数学	体育	美术	语文	4.6	语文	数学	微机	英语	美术	体育
2.1	语文	数学	品生	音乐	语文	4.7	数学	语文	英语	品社	体育	微机
2.2	数学	语文	品生	体育	音乐	5.1	数学	英语	音乐	美术	语文	品社
2.3	语文	数学	体育	英语	品生	5.2	数学	语文	科学	品社	英语	音乐
2.4	数学	语文	语文	语文	品生	5.3	数学	语文	语文	英语	音乐	品社
2.5	语文	数学	音乐	品生	美术	5.4	数学	语文	美术	体育	科学	英语
2.6	数学	语文	美术	品生	体育	5.5	微机	语文	数学	品社	体育	英语
2.7	数学	体育	语文	美术	品生	5.6	数学	语文	科学	音乐	微机	体育
2.8	语文	数学	体育	语文	美术	6.1	数学	语文	科学	音乐	体育	英语
3.1	语文	数学	英语	品社	科普	体育	6.2	数学	语文	英语	体育	品社	美术
3.2	数学	语文	品社	科学	语文	英语	6.3	语文	美术	语文	品社	科学	语文
3.3	语文	数学	品社	美术	英语	科普	6.4	数学	微机	音乐	英语	语文	语文
3.4	数学	语文	体育	英语	科学	美术	6.5	数学	语文	美术	微机	品社	英语
3.5	语文	数学	美术	体育	音乐	英语							

平阳县夏沟小学课程总表

班级	星期一					星期二				
1、1	数学	语文	语文	音乐	思品	体育	语文	数学	数学	美术	语文	品生
1.2	语文	数学	美术	语文	语文	体育	语文	数学	音乐	数学	语文	品生
2.1	数学	语文	语文	美术	品生	数学	语文	数学	数学	语文	语文	音乐
2.2	语文	数学	音乐	评论	品生	语文	数学	语文	语文	美术	写字	数学
3	语文	数学	美术	语文	英语	品社	数学	语文	语文	综合	音乐	科学
4	语文	数学	音乐	品社	科学	英语	数学	语文	综合	英语	美术	体育
5	语文	数学	音乐	英语	体育	语文	语文	综合	英语	社会	美术	微机
6	语文	数学	体育	音乐	综合	科学	数学	语文	音乐	体育	微机	社会

班级	星期三					星期四				
1.1	数学	语文	体育	美术	语文	体育	语文	数学	语文	语文	音乐	数学
1.2	语文	数学	品生	语文	音乐	语文	数学	语文	语文	美术	写字	语文
2.1	数学	语文	语文	音乐	体育	语文	语文	数学	数学	体育	写字	语文
2.2	语文	数学	数学	语文	体育	语文	数学	语文	语文	美术	体育	音乐
3	英语	语文	数学	音乐	品社	体育	语文	数学	语文	体育	综合	科学
4	语文	数学	体育	科学	综合	品社	数学	语文	美术	英语	音乐	写字
5	语文	数学	思品	体育	科学	综合	数学	语文	英语	科学	社会	音乐
6	语文	数学	美术	思品	英语	综合	数学	语文	英语	社会	综合	体育

班级	星期五									
1.1	数学	语文	品生	数学	写字	体育
1.2	语文	数学	语文	品生	语文	体育
2.1	数学	语文	语文	美术	语文	语文
2.2	语文	数学	美术	语文	语文	数学
3	数学	语文	英语	美术	体育	写字
4	语文	数学	体育	微机	作文	作文
5	数学	综合	美术	体育	作文	作文
6	数学	英语	美术	科学	作文	作文

汇文小学部 2006——2007 学年度课程安排表（3－1）

班级	星期一						星期二				
1.1	数学	语文	美术	思品	语文	班会	语文	数学	思品	音乐	语文
1.2	语文	数学	泥	美术	语文	班会	数学	语文	音乐	思品	英语
1.3	数学	语文	思品	英语	美术	班会	语文	数学	音乐	泥	语文
1.4	语文	数学	音乐	语文	思品	班会	数学	语文	美术	语文	泥	语文
1.5	数学	语文	语文	音乐	体育	班会	语文	数学	语文	美术	数学	思品
1.6	语文	数学	语文	音乐	英语	班会	数学	语文	语文	思品	美术	语文
2.1	数学	语文	综合	语文	品生	班会	语文	数学	美术	语文	体育	语文
2.2	数学	语文	语文	综合	体育	班会	语文	数学	品生	语文	数学	语文
2.3	数学	语文	品生	语文	综合	班会	语文	数学	写	体育	数学	品生
2.4	语文	数学	体育	品生	语文	班会	数学	语文	综合	写	音乐	英语
2.5	数学	语文	语文	写	美术	班会	语文	数学	音乐	品生	综合	语文
2.6	语文	数学	写	美术	语文	班会	数学	语文	语文	综合	语文	音乐
3.1	数学	语文	美术	科学	英语	班会	语文	数学	语文	品生	音乐	英语
3.2	语文	数学	科学	美术	品生	班会	数学	语文	英语	音乐	作文	作文
3.3	数学	语文	英语	品社	美术	班会	语文	数学	音乐	科学	英语	语文
3.4	语文	数学	美术	英语	科学	班会	数学	语文	品生	英语	音乐	校
3.5	数学	语文	品社	美术	英语	班会	语文	数学	英语	语文	美术	科学
3.6	语文	数学	英语	语文	美术	班会	数学	语文	作文	科学	品社	作文
4.1	数学	语文	英语	语文	品社	班会	语文	数学	体育	语文	英语	音乐
4.2	语文	数学	品社	英语	校	班会	数学	语文	英语	体育	科学	语文
4.3	数学	语文	音乐	校	英语	班会	语文	数学	科学	体育	美术	品社
4.4	语文	数学	语文	音乐	思品	班会	数学	语文	体育	英语	语文	美术
5.1	数学	语文	音乐	英语	体育	班会	语文	数学	美术	语文	英语	品社
5.2	语文	数学	英语	音乐	品社	班会	数学	作文	作文	美术	体育	科学
5.3	数学	语文	科学	英语	音乐	班会	语文	数学	品社	体育	美术	英语
5.4	语文	数学	品社	体育	英语	班会	数学	语文	英语	微机	科学	美术
5.5	数学	语文	体育	科学	英语	班会	语文	数学	微机	品社	英语	语文
6.1	数学	语文	英语	音乐	科学	班会	语文	数学	美术	品社	英语	体育
6.2	语文	数学	英语	美术	体育	班会	数学	语文	科学	美术	语文	品社
6.3	数学	语文	英语	品社	音乐	班会	数学	语文	语文	体育	美术	英语
6.4	语文	数学	微机	体育	品社	班会	数学	语文	英语	语文	科学	校
6.5	数学	语文	体育	微机	美术	班会	语文	数学	品社	科学	作文	作文

汇文小学部 2006——2007 学年度课程安排表（3-2）

班级	星期三					星期四				
1.1	数学	语文	体育	写	泥	语文	语文	数学	语文	校	音乐	美术

班级	星期三					星期四				
1.1	数学	语文	体育	写	泥	语文	数学	语文	校	音乐	美术
1.2	语文	数学	写	体育	语文	思品	数学	语文	音乐	语文	美术	校
1.3	数学	语文	数学	思品	体育	写	语文	数学	美术	语文	校	音乐
1.4	语文	数学	语文	音乐	思品	体育	数学	语文	数学	美术	思品	语文
1.5	数学	语文	思品	泥	英语	音乐	语文	数学	思品	体育	语文	语文
1.6	语文	数学	音乐	英语	语文	泥	数学	校	体育	思品	数学	语文
2.1	数学	语文	音乐	数学	语文	品生	语文	数学	校	体育	写	语文
2.2	语文	数学	体育	语文	写	音乐	数学	语文	品生	校	语文	写
2.3	数学	语文	品生	语文	综合	班会	语文	数学	写	体育	数学	品生
2.4	语文	数学	品生	体育	美术	语文	数学	语文	音乐	语文	数学	校
2.5	数学	语文	语文	品生	体育	美术	语文	数学	语文	音乐	品生	语文
2.6	语文	数学	语文	美术	品生	体育	数学	语文	数学	语文	音乐	品生
3.1	数学	语文	体育	校	语文	美术	语文	数学	音乐	英语	作文	作文
3.2	语文	数学	语文	体育	美术	音乐	数学	语文	语文	品生	音乐	英语
3.3	数学	语文	校	美术	语文	体育	语文	数学	英语	音乐	品生	科学
3.4	语文	数学	英语	体育	语文	美术	数学	英语	语文	音乐	作文	作文
3.5	数学	语文	语文	音乐	校	体育	语文	数学	英语	科学	音乐	语文
3.6	语文	数学	音乐	品生	体育	英语	数学	语文	科学	英语	综合	音乐
4.1	数学	英语	美术	科学	作文	作文	语文	数学	微机	英语	科学	体育
4.2	语文	数学	科学	美术	音乐	语文	数学	语文	作文	作文	体育	英语
4.3	数学	语文	作文	英语	品社	作文	语文	数学	英语	美术	微机	音乐
4.4	语文	数学	英语	校	科学	品社	数学	作文	美术	作文	英语	微机
5.1	数学	英语	语文	科学	音乐	微机	语文	数学	校	语文	体育	英语
5.2	语文	数学	英语	微机	语文	校	数学	语文	品社	英语	美术	体育
5.3	数学	语文	微机	校	英语	语文	数学	语文	体育	美术	作文	作文
5.4	语文	数学	音乐	英语	科学	语文	数学	语文	美术	校	英语	体育
5.5	数学	英语	美术	音乐	作文	作文	语文	数学	英语	语文	体育	品社
6.1	数学	语文	微机	综合	校	科学	数学	语文	音乐	英语	作文	作文
6.2	语文	英语	数学	综合	校	音乐	数学	作文	作文	体育	美术	音乐
6.3	数学	语文	品社	科学	作文	作文	语文	数学	体育	美术	英语	综合
6.4	数学	综合	英语	音乐	作文	作文	数学	语文	美术	语文	科学	体育
6.5	数学	语文	美术	美术	音乐	综合	语文	数学	校	品社	体育	科学

汇文小学部 2006——2007 学年度课程安排表（3－3）

班级	星期五						班级	星期五					
1.1	数学	语文	思品	英语	数学	体育	3.5	数学	英语	品生	体育	作文	作文
1.2	语文	数学	语文	思品	语文	体育	3.6	语文	数学	体育	语文	校	英语
1.3	数学	语文	语文	体育	思品	语文	4.1	数学	语文	音乐	品社	美术	校
1.4	语文	数学	体育	写	英语	校	4.2	语文	数学	品社	音乐	微机	美术
1.5	数学	语文	数学	语文	校	写	4.3	数学	语文	语文	美术	体育	科学
1.6	语文	数学	语文	美术	写	思品	4.4	语文	数学	英语	体育	科学	音乐
2.1	数学	语文	品生	音乐	语文	美术	5.1	数学	英语	作文	品社	美术	作文
2.2	语文	数学	美术	品生	音乐	语文	5.2	英语	数学	音乐	科学	语文	校
2.3	数学	语文	音乐	语文	美术	语文	5.3	数学	语文	品社	音乐	科学	英语
2.4	语文	数学	语文	美术	品生	语文	5.4	语文	数学	音乐	英语	科学	语文
2.5	数学	语文	校	语文	数学	体育	5.5	作文	数学	作文	品社	英语	音乐
2.6	语文	数学	语文	校	体育	语文	6.1	数学	语文	美术	语文	体育	品社
3.1	数学	语文	英语	科学	品生	体育	6.2	语文	数学	微机	科学	品社	语文
3.2	语文	数学	科学	英语	体育	校	6.3	数学	微机	语文	音乐	科学	校
3.3	数学	语文	体育	校	作文	作文	6.4	语文	数学	音乐	英语	美术	品社
3.4	语文	数学	语文	品生	科学	体育	6.5	数学	语文	美术	美术	语文	音乐

博兴县兴福镇义和中心校课程总表

班级	星期一						星期二					
1.1	数	语	微	活	音	品	班	语	数	体	习	音	习	习
1.2	语	数	活	习	美	体	班	数	语	习	音	品	习	习
2.1	数	语	美	品	语	体	班	语	数	活	音	品	习	习
2.2	语	数	习	美	体	语	班	数	语	音	活	品	习	习
3.1	语	数	英	艺	品	科	班	数	语	科	体	语	艺	英
3.2	语	数	英	艺	品	科	班	数	语	体	英	艺	语	科
4.1	语	数	品	英	艺	科	班	数	语	英	科	艺	阅	微
4.2	语	数	品	英	科	艺	班	数	语	科	微	阅	艺	英
5.1	语	数	体	科	艺	英	班	数	语	体	科	英	艺	品
5.2	语	数	科	体	艺	英	班	数	语	科	艺	英	体	品
6	语	数	英	艺	科	阅	班	数	语	英	品	艺	语	科

班级	星期三						星期四					
1.1	数	语	品	习	美	习	习	语	数	音	习	品	习	习
1.2	语	数	习	习	体	习	习	数	语	习	音	品	习	习
2.1	数	语	微	习	美	体	习	语	数	习	品	音	习	习
2.2	语	数	美	微	体	习	习	数	语	习	音	习	品	习
3.1	语	数	科	阅	英	品	微	数	语	体	艺	作	作	劳
3.2	语	数	科	英	微	品	阅	数	语	艺	体	作	作	劳
4.1	语	数	艺	科	语	英	体	数	语	英	体	作	作	品
4.2	语	数	科	艺	语	体	英	数	语	英	品	作	作	体
5.1	语	数	英	微	活	科	阅	数	语	科	英	作	作	艺
5.2	语	数	英	科	阅	微	活	数	语	科	艺	作	作	英
6	语	数	体	劳	科	社	艺	数	语	科	活	作	作	微

班级	星期五												
1.1	数	语	习	美	体	习	习							
1.2	语	数	习	微	品	体	习							
2.1	数	语	习	习	体	习	习							
2.2	语	数	习	习	品	体	习							
3.1	语	数												
3.2	语	数												
4.1	语	数												
4.2	语	数												
5.1	语	数												
5.2	语	数												
6	语	数												

济南市槐荫南路小学课程总表

班级	星期一						星期二						
1.1	语	数	音	英	品	数	班	数	语	微	语	美	体	体
1.2	数	语	英	音	数	品	班	语	数	英	微	体	美	写
2.1	数	英	形	英	美	语	语	语	数	体	品	阅	阅	班
2.2	语	数	英	形	英	音	班	数	语	品	体	阅	阅	语
3.1	语	英	科	英	体	数	班	语	数	美	品	数	英	音
3.2	数	语	英	科	音	体	班	数	英	品	美	英	数	语
4.1	数	语	体	美	科	英	音	英	数	阅	阅	品	数	语
4.2	语	数	美	体	形	英	班	数	作	作	英	数	音	品
5.1	英	数	阅	阅	数	班	体	数	语	英	英	语	品	微
6.1	英	数	作	作	阅	阅	美	语	数	音	语	微	体	班
6.2	数	英	作	作	阅	阅	班	数	语	英	音	语	微	美

班级	星期三						星期四					
1.1	数	语	语	音	形	品	英	语	数	体	语	美	英
1.2	语	数	英	形	品	英	语	语	音	体	阅	阅	美
2.1	语	数	英	写	英	音	美	数	语	品	微	数	体	英
2.2	数	英	美	英	音	数	语	语	数	微	品	语	英	体
3.1	数	语	英	体	阅	阅	语	作	作	英	数	微	品	美
3.2	语	数	体	英	阅	阅	形	作	作	数	音	美	微	品
4.1	语	数	英	微	美	体	班	语	数	形	英	音	英	语
4.2	语	英	微	数	体	美	班	数	英	阅	阅	英	音	语
5.1	英	数	语	美	科	语	音	数	英	英	语	语	作	作
6.1	数	语	形	语	英	数	科	语	数	美	英	数	英	音
6.2	语	数	语	英	数	科	体	数	语	英	形	英	数	品

班级	星期五					
1.1	语	数	英	英	阅	阅
1.2	数	英	英	语	语	语
2.1	语	数	音	语	英	语
2.2	数	语	英	美	语	写
3.1	数	语	形	音	美	科
3.2	语	数	英	英	科	语
4.1	数	作	作	科	英	品
4.2	英	数	科	语	品	语
5.1	语	数	体	形	音	美
6.1	数	英	语	品	体	英
6.2	英	数	美	体	语	音

济南市堤口路小学课程总表

班级	星期一						星期二				
1.1	语文	数学	品生	美术	阅读	班会	数学	语文	英语	体育	写字	活动
2.1	语文	数学	体育	品生	阅读	班会	数学	音乐	语文	校本	体育	写字
3.1	数学	语文	音乐	科学	英语	班会	语文	数学	信息	品社	音乐	美术
4.1	数学	语文	音乐	英语	校本	班会	语文	数学	体育	科学	美术	品社
5.1	语文	数学	科学	美术	英语	班会	数学	语文	音乐	体育	综合	英语
6.1	数学	语文	英语	体育	综合	班会	语文	数学	美术	科学	信息	校本

班级	星期三						星期四				
1.1	语文	数学	音乐	体育	写字	活动	数学	语文	写字	语文	美术	品生
2.1	语文	数学	美术	品生	英语	活动	数学	语文	写字	体育	语文	音乐
3.1	数学	语文	英语	体育	作文	作文	语文	数学	美术	校本	科学	综合
4.1	语文	数学	综合	信息	作文	作文	语文	数学	英语	音乐	体育	科学
5.1	语文	数学	美术	英语	作文	作文	数学	语文	品社	校本	科学	信息
6.1	数学	语文	音乐	体育	作文	作文	语文	数学	美术	英语	音乐	品社

班级	星期五					
1.1	语文	数学	体育	音乐	数学	语文
2.1	语文	数学	美术	品生	数学	语文
3.1	数学	语文	体育	英语	数学	语文
4.1	数学	美术	英语	语文	数学	语文
5.1	语文	数学	体育	音乐	语文	数学
6.1	数学	语文	英语	科学	数学	语文

胜园街道中心学校 2006——2007 学年度中学总课程表（3－1）

年级	星期一									星期二								
6	语	英	数	自	思	社	体	阅	班	英	语	数	微	思	语	英	体	数
7	语	数	英	地	物	阅	生	政	班	政	地	英	数	物	微	史	安	生	数	语	语
8	数	英	语	政	英	史	微	阅	班	数	数	英	语	物	数	政	化	音	安	语	语
9	语	数	英	物	阅	数	英	微	班	数	政	数	英	语	物	化	英	政	音	语	语

年级	星期三								星期四								
6	语	数	英	语	安	数	英	自	劳	数	英	语	数	社	作	作	音	思
7	数	英	语	物	史	政	地	数	劳	英	英	语	数	音	地	作	作	英	生	史	生
8	数	英	语	化	英	物	史	体	劳	物	化	数	英	化	物	作	作	体	英	政	史
9	语	数	英	政	化	英	数	语	劳	化	物	数	语	英	数	作	作	化	音	英	英

年级	星期五								星期六（第一行为单周课程，第二行为双周课程）							
6	英	语	数	自	写	语	美	社	数	语	语	语	英	英	语	英	自	自
										数	数	数	数	数	思	思	社	社
7	语	英	数	物	美	史	政	体	英	数	数	语	语	物	数	数	生	生	物	语
											地	英	写	英	地	史	史	政	政
8	数	英	语	化	史	政	物	数	美	英	英	英	语	物	物	化	化	语	语
											数	政	史	史	数	数	数	数	政
9	语	英	数	政	英	语	化	安	物	数	数	化	化	英	英	英	物	物	微	微
											数	数	政	政	数	语	语	音	音

济南市东方双语实验学校 2006——2007 学年度课程总表（3－1）

班级	星期一							星期二						
1.1	语	双数	数	书	思	阅	班	英	语	数	美	语	体	
1.2	数	语	美	英	阅	体	班	数	语	英	思	音	语	
1.3	英	语	数	剪纸	体	阅	班	语	数	双数	英	语	美	
1.4	语	英	阅	数	音	剪	班	数	语	体	英	书	思	
1.5	英	体	数	语	美	书	班	语	数	音	语	体	英	
2.1	语	数	阅	音	英	综	班	数	语	语	英	体	音	
2.2	数	语	英	阅	体	书	班	语	英	数	语	综	美	
2.3	数	语	音	体	书	英	班	数	语	英	美	语	综	
2.4	语	英	数	美	综	语	班	英	数	语	体	音	阅	
2.5	英	数	语	语	美	体	班	数	语	英	音	语	书	
3.1	语	英	数	体	科	语	班	英	数	数	音	作	作	
3.2	语	数	英	思	数	音	班	数	体	科	英	作	作	
3.3	数	思	美	英	数	阅	班	数	语	英	书	语	音	
4.1	数	英	语	美	双数	语	班	英	数	语	体	思	音	
4.2	语	数	英	科	音	数	班	数	双数	语	思	体	阅	
4.3	数	英	语	阅	体	美	班	语	数	语	音	书	科	
5.1	数	语	美	英	数活	思	班	数	英	语	书	科	体	
5.2	语	英	体	思	数	科	班	语	数	英	微	作	作	
5.3	微	数	语	美	英	书	班	语	数	体	音	阅	英	
6.1	数	语	英	微	数	体	班	数	科	英	语	作	作	
6.2	品	数	微	数	语	英	班	语	数	英	音	音	美	
6.3	语	英	体	语	数	微	班	数	英	阅	音	美	科	
7.1	数	英	语	历	微	生	班	自	语	数	英	音	政	地礼地
7.2	语	数	政	英	历	地	班	微	英	语	美	生	防心	数体
7.3	数	语	英	地	生	美	班	体	英	地	数	数	历	语语自
7.4	语	英	数	生	地	音	班	礼	数	数	防心	英	体	历生阅
8.1	数	历	地	英	生	语	班	音	英	数	物	语	美	政体阅
8.2	物	语	数	英	音	体	班	自	英	物	语	历	阅	数生微
8.3	语	数	体	政	英	地	班	语	英	美	微	自	地	阅
8.4	地	数	英	语	物	微	语	英	数	数	体	语	生	微历
8.5	历	物	数	英	语	阅	班	政	美	英	物	地	体	语语
8.6	数	英	物	历	语	生	班	音	语	英	数	生	政	微阅地
9.1	英	数	化	语	物	历	班	体	英	语	化	数	地	物政数
9.2	语	地	数	化	英	体	班	物	数	英	物	历	政	化语语
9.3	数	英	地	语	历	物	班	化	语	数	英	历	化	政体
9.4	英	语	物	数	化	生	班	历	数	物	英	语	体	政化生

济南市东方双语实验学校 2006——2007 学年度课程总表（3-2）

班级	星期三							星期四						
1.1	语	数	英	思	语	体		数	剪纸	英	体	音	语	
1.2	语	英	数	体	语	思		语	数	体	语	美	英	
1.3	语	语	体	数	音	思		数	英	语	音	书	体	
1.4	语	英	数	美	语	体		语	双数	数	思	音	语	
1.5	数	语	英	语	体	剪纸		数	语	音	语	音	思	
2.1	语	英	数	思	美	语		语	数	英	体	语	语	
2.2	语	数	英	音	思	语		数	语	音	英	体	语	
2.3	语	数	数	英	阅	语		数	英	语	音	语	体	
2.4	数	语	英	体	语	美		语	英	书	数	语	音	
2.5	语	数	体	英	语	思		英	数	语	美	综	语	
3.1	数	语	音	双数	美	阅		语	数	英	思	微	书	
3.2	语	数	英	书	语	美		语	微	数	双数	阅	综	
3.3	语	英	数	可	体	语		语	数	数	综	美	音	
4.1	数	科	英	数	微	语		数	语	英	体	阅	美	
4.2	微	英	数	音	语	美		数	语	美	英	音	书	
4.3	语	微	英	语	美	数		语	英	音	思	体	数	
5.1	语	数	外	音	作	作		数	语	英	美	阅	微	
5.2	数	语	音	外	美	数		美	英	语	音	阅		
5.3	语	外	数	数活	作	作		英	数	语	音	思	科	
6.1	数	语	英	体	数活	品		语	数	科	外	音	语	
6.2	科	数	数	英	作	作		语	语	外	数活	科	体	
6.3	语	英	数	数活	体	科		数	外	语	品	作	作	
7.1	生	英	数	体	语	语	微	阅	语	英	历	数	政	地	防	体
7.2	语	数	阅	微	英	生	礼	自	数	政	英	语	语	体		地
7.3	语	生	英	数	体	微	政	阅	数	英	生	语	礼	历	微	防
7.4	英	数	语	政	地	语	语	自	语	数	语	微	美	英		生
8.1	语	数	英	外	历	物	生	体	政	数	数	语	语	地		微
8.2	数	外	地	体	政	语	英	语	数	数	生	语	英	微	历	地
8.3	语	英	政	数	外	生	历	体	数	数	物	英	历	语	语	音
8.4	语	数	外	英	音	自	政	地	英	物	数	历	语	语	生	美
8.5	外	数	语	生	微	体	历	自	生	语	数	政	英	语		音
8.6	数	语	物	政	英	外	体	自	英	数	数	物	微	美		语
9.1	语	物	数	化	政	生	英	地	数	英	历	政	物	语		语
9.2	英	数	语	物	地	历	生	政	物	语	政	化	英	数		体
9.3	物	数	化	生	语	语	政	英	语	英	物	化	英	政	体	数
9.4	数	数	物	化	历	地	英	语	物	语	数	英	历	体	政	英

济南市东方双语实验学校2006——2007学年度课程总表（3-3）

班级	星期五						班级	星期五					
1.1	语	英	数	音	语	美		5.3	语	英	数	体	科	美
1.2	数	语	双数	书	剪纸	音		6.1	数	英	语	阅	美	音
1.3	数	语	英	美	语	思		6.2	阅	数	英	语	音	体
1.4	英	数	语	语	美	体		6.3	数	语	音	英	数	语
1.5	数	语	语	双数	思	美		7.1	数	英	外	美	语	生
2.1	语	数	数	英	美	书		7.2	外	数	音	生	历	语
2.2	语	英	语	美	数	数		7.3	政	数	英	外	音	语
2.3	英	语	数	语	思	美		7.4	历	外	政	数	语	体
2.4	数	语	语	英	数	思		8.1	语	数	物	英	自	微
2.5	语	数	英	数	语	音		8.2	物	英	数	美	语	政
3.1	语	英	数	体	美	综		8.3	英	物	语	微	生	数
3.2	体	数	美	英	音	语		8.4	英	数	体	政	阅	物
3.3	英	数	作	作	微	体		8.5	数	数	地	英	微	语
4.1	数	语	书	音	作	作		8.6	历	体	英	地	数	语
4.2	语	英	体	数	作	作		9.1	数	化	英	物	语	历	体
4.3	数	数	英	双数	作	作		9.2	化	数	英	英	历	生	语
5.1	语	数	科	英	音	体		9.3	英	数	数	历	地	语	生
5.2	数	语	英	科	体	书		9.4	历	英	地	化	数	语	语

博兴县店子镇第二中学

班级	星期一								星期二							
6.1	语	语	数	英	英	社	语	美	数	社	数	数	英	语	语	科	数	体	科	英
6.2	英	数	英	语	语	美	社	语	社	数	语	英	语	体	英	数	科	数	英	科
6.3	语	语	数	英	数	科	语	体	英	科	英	英	语	语	社	数	美	社	数
6.4	数	数	英	语	语	体	科	语	科	英	语	英	语	数	英	美	社	数	数	社
7.1	语	语	数	英	数	历	生	英	历	音	英	英	数	语	体	政	数	英	地	语
7.2	英	数	英	语	语	数	历	生	音	历	语	英	语	数	英	体	英	政	数	地
7.3	语	地	数	英	数	体	历	政	政	英	英	英	语	数	地	劳	生	生	语
7.4	英	数	英	地	语	政	体	历	数	政	语	英	语	数	英	生	地	劳	数	生
8.1	语	语	数	英	英	生	地	数	生	政	英	数	英	历	数	政	历	物	物	音
8.2	英	数	英	语	语	数	生	地	政	生	历	英	历	数	英	物	政	音	数	物
8.3	政	生	数	英	英	生	数	物	物	历	英	语	英	地	政	语	体	信	劳	地
8.4	英	数	英	生	生	物	政	数	历	物	政	英	地	语	英	信	语	体	地	劳
9.1	语	数	语	历	体	物	英	数	物	英	数	英	政	化	化	数	地	政	美
9.2	英	语	历	数	语	英	物	体	物	数	化	英	政	数	英	地	化	数	美	政
9.3	物	语	数	政	化	化	英	地	语	数	英	数	英	数	物	生	数	信	劳
9.4	英	数	政	语	数	地	化	化	政	语	物	英	历	数	英	生	数	物	劳	信

班级	星期三								星期四							
6.1	语	英	语	数	英	作	作	社	数	社	科	语	数	体	数	科	音	英	英	语
6.2	英	语	数	英	语	社	音	体	社	数	数	数	英	语	科	作	作	科	语	英
6.3	语	英	语	数	英	作	作	科	数	科	社	语	数	英	数	社	体	音	英	语
6.4	英	语	数	音	语	科	体	英	科	数	数	数	英	语	社	作	作	社	语	英
7.1	语	英	生	数	英	作	作	政	生	数	英	历	体	英	语	数	地	数	历	信
7.2	英	生	数	英	数	体	政	信	语	生	语	数	英	数	英	作	作	地	英	历
7.3	语	英	历	数	历	作	作	地	数	英	生	地	数	体	语	生	英	数	信	英
7.4	历	历	数	英	数	地	信	体	英	语	语	数	英	地	数	作	作	生	英	生

附录 4

班级	星期三								星期四							
8.1	化	英	地	数	英	化	体	美	语	数	英	英	数	物	数	作	作	历	物	语
8.2	英	地	数	英	化	作	作	化	数	语	语	数	物	英	英	历	数	体	美	物
8.3	物	英	物	体	英	历	美	数	语	数	英	地	数	英	数	作	作	化	语	化
8.4	英	物	数	英	物	作	作	历	数	语	语	数	英	地	英	化	体	数	化	美
9.1	英	英	物	数	数	作	作	历	语	物	数	化	数	英	语	体	生	劳	音	英
9.2	物	物	数	英	语	历	数	英	音	语	英	数	化	英	体	作	作	生	劳	数
9.3	英	英	政	数	体	作	作	化	数	语	物	政	数	英	语	物	美	音	物	英
9.4	语	政	体	英	数	化	英	数	美	音	英	数	英	政	数	作	作	物	语	物

班级	星期五								星期六							
6.1	英	数	英	语	社	社	信	数	语	英	科	科	体	数	数	英	语	科	数	语
6.2	社	英	语	数	数	信	数	社	英	语	数	体	数	科	科	科	英	语	语	数
6.3	数	数	科	体	科	英	语	科	语	英	社	英	语	数	英	数	信	社	数	语
6.4	科	科	体	数	数	科	英	语	英	语	英	语	数	英	社	社	数	信	语	数
7.1	生	数	英	语	语	地	美	数	英	劳	政	英	语	地	数	语	政	英	数	数
7.2	数	英	语	数	劳	美	地	英	生	语	数	语	地	英	政	政	数	语	数	英
7.3	数	数	英	语	语	历	英	政	英	政	英	语	数	数	语	数	美	音	语	数
7.4	英	英	语	数	数	政	历	语	政	英	数	语	数	英	英	美	音	语	数	语
8.1	语	数	地	语	物	生	数	物	信	生	地	英	语	历	政	政	劳	体	语	英
8.2	物	地	语	数	语	物	生	数	生	信	政	语	历	英	地	体	政	劳	英	语
8.3	语	数	历	语	政	地	政	数	历	音	英	数	语	英	生	生	语	语	物	物
8.4	政	历	语	数	语	政	数	地	音	历	生	语	英	数	英	物	生	语	物	数
9.1	语	数	物	语	数	政	英	地	物	政	数	语	英	化	信	历	生	化	语	英
9.2	数	物	语	数	语	地	政	英	政	物	化	语	化	英	数	信	历	生	英	语
9.3	语	数	生	语	数	历	化	体	化	英	数	英	语	历	物	数	英	地	语	英
9.4	物	生	语	数	体	化	英	历	语	化	物	语	历	英	数	英	地	数	英	语

参考文献

一、经典类

1. 《马克思恩格斯全集》（第三卷），人民出版社 1960 年版。
2. 《马克思恩格斯全集》（第 42 卷），人民出版社 1960 年版。
3. 《马克思恩格斯全集》（第 46 卷），人民出版社 1979 年版。
4. 《马克思恩格斯选集》（第一卷），人民出版社 1995 年版。
5. 《马克思恩格斯选集》（第二卷），人民出版社 1995 年版。
6. 《列宁全集》（第 38 卷），人民出版社 1958 年版。
7. 《列宁选集》（第一卷），人民出版社 1972 年版。

二、教育类

1. 联合国教科文组织国际教育发展委员会编：《学会生存——教育世界的今天和明天》，教育科学出版社 1996 年版。
2. 联合国教科文组织国际教育发展委员会编：《教育——财富蕴藏其中》，教育科学出版社 1996 年版。

3. [英] 怀特海著：《教育的目的》，徐汝舟译，三联书店 2002 年版。

4. [英] 麦克·扬：《未来的课程》，谢维和、王晓阳等译，华东师范大学出版社 2003 年版。

5. [英] 凯利：《课程理论与实践》，吕敏霞译，中国轻工业出版社 2007 年版。

6. [德] 雅斯贝尔斯：《什么是教育》，邹进译，三联书店 1991 年版。

7. [美] B. S. 布卢姆等：《教育评价》，邱渊等译，华东师范大学出版社 1987 年版。

8. [美] 布鲁纳：《布鲁纳教育论著选》，邵瑞珍、张渭城等译，人民教育出版社 1989 年版。

9. [美] 乔治·A 比彻姆：《课程理论》，黄明皖译，人民教育出版社 1989 年版。

10. [美] 拉尔夫·泰勒：《课程与教学的基本原理》，施良方译，人民教育出版社 1994 年版。

11. [美] 弗雷斯特·帕克、格伦·哈斯：《课程规划——当代之取向》，谢登斌、俞红珍等译，浙江教育出版社 2000 年版。

12. [美] 戴维·H. 乔纳森等编：《学习环境的理论基础》，郑太年等译，华东师范大学出版社 2002 年版。

13. [美] 莱斯利·P. 斯特弗. 杰里·盖尔主编：《教育中的建构主义》，华东师范大学出版社 2002 年版。

14. [美] 迈克尔·W. 阿普尔：《意识形态与课程》，黄忠敬译，华东师范大学出版社 2003 年版。

15. [美] 詹姆斯 A. 贝恩：《课程统整》，单文经等译，华东师范大学出版社 2003 年版。

16. [美] 小威廉姆 E. 多尔：《后现代课程观》，王红宇译，教育科学出版社 2003 年版。

17. [美] J. 莱夫，E. 温格：《情景学习：合法的边缘性参与》，王文静译，华东师范大学出版社 2004 年版。

18. ［美］小威廉姆 E. 多尔、［澳］诺尔·高夫主编：《课程愿景》，张文军、张华、余洁、王红宇译，教育科学出版社 2004 年版。

19. ［美］约翰·杜威：《民主主义与教育》，王承绪译，人民教育出版社 2005 年版。

20. ［美］约翰·古得莱得：《一个称作学校的地方》，苏智欣、胡玲、陈建华译，华东师范大学出版社 2006 年版。

21. ［美］约翰·杜威：《学校与社会·明日之学校》，人民教育出版社 2005 年版。

22. ［美］凯瑟琳·坎普·梅休等：《杜威学校》，王承绪、赵祥麟、赵端瑛、顾岳中译，教育科学出版社 2007 年版。

23. ［美］伊恩·卫斯特伯瑞主编：《科学、课程与通识教育——施瓦布选集》，郭元祥、乔翠兰主译，中国轻工业出版社 2008 年版。

24. ［美］埃利奥特·W. 艾斯纳：《教育想象——学校课程设计与评价》，李雁冰主译，教育科学出版社 2008 年版。

25. ［美］杰拉尔德·古特克：《哲学与意识形态视野中的教育》，陈晓端主译，北京师范大学出版社 2008 年版。

26. ［美］霍华德·加德纳：《受过学科训练的心智》，张开冰译，学苑出版社 2008 年版。

27. ［美］霍华德·加德纳：《未受学科训练的心智》，张开冰译，学苑出版社 2008 年版。

28. ［美］约翰 D. 迈克尼尔：《课程导论》，谢登斌、陈振中等译，中国轻工业出版社 2007 年版。

29. ［美］乔治·J. 波斯纳：《课程分析（第三版）》，仇光鹏、韩苗苗、张现荣译，华东师范大学出版社 2007 年版。

30. ［日］佐藤正夫：《教学论原理》，钟启泉译，人民教育出版社 1998 年版。

31. ［日］佐藤学：《课程与教师》，钟启泉译，教育科学出版社 2003 年版。

32. [日] 佐藤学：《学习的快乐——走向对话》，钟启泉译，教育科学出版社 2004 年版。
33. [巴西] 保罗·弗莱雷：《被压迫者教育学》，顾建新等译，华东师范大学出版社 2001 年版。
34. [奥地利] 伊万·伊利奇：《非学校化社会》，吴康宁译，（台北）桂冠图书股份有限公司 1992 年版。
35. 陈伯璋、许添明主编：《学校本位经营的理念与实务》，九州出版社 2006 年版。
36. 陈友松：《当代西方教育哲学》，教育科学出版社 1982 年版。
37. 《中国大百科全书·教育》，中国大百科全书出版社 1985 年版。
38. 金生鈜：《理解与教育》，教育科学出版社 1991 年版。
39. 陆有铨：《躁动的百年——20 世纪的教育历程》，山东教育出版社 1997 年版。
40. 单丁：《课程流派研究》，山东教育出版社 1998 年版。
41. 徐继存：《教学理论的反思与建设》，甘肃教育出版社 2000 年版。
42. 郝德永：《课程研制方法论》，教育科学出版社 2000 年版。
43. 刘本固：《教育评价的理论与实践》，浙江教育出版社 2000 年版。
44. 徐继存：《教学论导论》，甘肃教育出版社 2001 年版。
45. 李定仁、徐继存主编：《教学论研究二十年》，人民教育出版社 2001 年版。
46. 郝德永：《课程与文化：一个后现代的检视》，教育科学出版社 2002 年版。
47. 廖哲勋、田慧生主编：《课程新论》，教育科学出版社 2003 年版。
48. 杨明全：《革新的课程实践者》，上海科技教育出版社 2003 年版。
49. 李定仁、徐继存主编：《课程论研究二十年》，人民教育出版社 2004 年版。
50. 冯建军：《生命与教育》，教育科学出版社 2004 年版。
51. 任长松：《探究式学习——学生知识的自主建构》，教育科学出版社

2005 年版。

52. 强海燕：《中美加英四国基础教育研究》，人民教育出版社 2005 年版。

53. 骆玲芳、崔允漷主编：《学校课程规划与实施》，华东师范大学出版社 2006 年版。

54. 李吉林：《为儿童的学习——情境课程的实验与建构》，外语教学与研究出版社 2008 年版。

55. 涂艳国：《教育评价》，高等教育出版社 2007 年版。

56. 鲁洁：《论教育之适应与超越》，《教育研究》1996 年第 2 期。

57. 王斌华：《课程规划导论》，《外国教育资料》1997 年第 6 期。

58. 钟启泉：《"学校知识"与课程标准》，《教育研究》2000 年第 11 期。

59. 郝德永：《走向文化批判与生成的建构性课程文化观》，《教育研究》2001 年第 6 期。

60. 石中英：《波兰尼的知识理论及其教育意义》，《华东师范大学学报（教育科学版）》2001 年第 6 期。

61. 徐继存：《追寻教学意义重塑教学生活》，《教育科学研究》2002 年第 11 期。

62. 郝德永：《教师是课程的主人，有义务建构"自己的课程"》，《中国教育报》2003 年 11 月 20 日第 8 版。

63. 金志远：《课程文化研究述评》，《中小学管理》2004 年第 7 期。

64. 徐继存：《面向现实教学活动的师生关系建设》，《教育研究》2005 年第 1 期。

65. 崔允漷：《学校课程规划的内涵与实践》，《上海教育科研》2005 年第 8 期。

66. 许洁英：《国家课程、地方课程和校本课程的含义、目的及地位》，《教育研究》2005 年第 8 期。

67. 徐继存：《知识：作为课程资源和影响课程的因素》，《当代教育科学》2005 年第 10 期。

68. 蔡宝来：《生活世界观主导下的教学论反思》，《教育理论与实践》2006 年第 1 期。

69. 徐继存：《学生：作为课程资源和影响课程的因素》，《当代教育科学》2006 年第 2 期。

70. 靳玉乐、董小平：《论学校课程的规划与实施》，《西南大学学报》2007 年第 5 期。

71. 徐继存：《教育哲学是没有答案的学问》，《中国教育报》2008 年 3 月 24 日。

三、哲学、社会学类

1. ［古希腊］柏拉图：《理想国》，郭斌和、张竹明译译，商务印书馆 2002 年版。

2. ［古希腊］亚里士多德：《形而上学》，李真译，上海世纪出版集团 2005 年版。

3. ［英］迈克尔·波兰尼：《个人知识——迈向后批判哲学》，许泽民译，贵州人民出版社 2000 年版。

4. ［英］罗素：《人类的知识》，张金言译，商务印书馆 2005 年版。

5. ［英］大卫·麦克里兰：《意识形态》，孔兆政、蒋龙翔译，吉林北京：人民出版社 2005 年版。

6. ［英］约翰·B. 汤普森：《意识形态与现代文化》，高铦等译，译林出版社 2005 年版。

7. ［英］A. N. 怀特海：《过程与实在》，周邦宪译，贵州出版集团、贵州人民出版社 2006 年版。

8. ［德］卡西尔：《人论》，甘阳译，上海译文出版社 1985 年版。

9. ［德］马丁·海德格尔：《存在与时间》，陈嘉映、王庆节译，三联出版社 1999 年版。

10. ［德］哈贝马斯：《认识与兴趣》，郭官义、李黎译，学林出版社

1999年版。

11. ［德］黑格尔：《逻辑学》，梁志学译，人民出版社2002年版。

12. ［德］卡尔·雅斯贝斯：《时代的精神状况》，王德峰译，上海世纪出版集团、上海译文出版社2003年版。

13. ［德］马丁·海德格尔：《林中路》，孙周兴译，上海译文出版社2004年版。

14. ［德］康德：《纯粹理性批判》，邓晓芒译，人民出版社2004年版。

15. ［德］埃德蒙德·胡塞尔：《欧洲科学危机和超验现象学》，张庆熊译，上海译文出版社2005年版。

16. ［德］埃德蒙德·胡塞尔著、［德］克劳斯·黑尔德编：《现象学的方法》，倪梁康译，上海译文出版社2005年版。

17. ［德］埃德蒙德·胡塞尔著、［德］克劳斯·黑尔德编：《生活世界现象学》，倪梁康、张廷国译，上海译文出版社2005年版。

18. ［德］M. 石里克：《普通认识论》，李步楼译，商务印书馆2005年版。

19. ［德］卡尔·曼海姆：《意识形态与乌托邦》，黎鸣、李书崇译，商务印书馆2007年版。

20. ［美］杜威：《经验与自然》，商务印书馆1960年版。

21. ［美］D.C. 菲立普：《社会科学中的整体论思想》，吴忠、陈昕、刘源译，人民出版社1988年版。

22. ［美］大卫·格里芬编：《后现代科学——科学魅力的再现》，马季方译，中央编译出版社2004年版。

23. ［美］戴维·玻姆：《整体性与隐缠序——卷展中的宇宙与意识》，洪定国、张桂权、查有梁译，上海科技教育出版社2004年版。

24. ［美］尼古拉斯·雷舍尔：《复杂性——一种哲学概观》，吴彤译，上海世纪出版集团2007年版。

25. ［法］皮埃尔·布迪厄、［美］华康德：《实践与反思—反思社会学导引》，李猛、李康译，邓正来校，中央编译出版社1998. 2005年版。

26. [法]莫里斯·梅洛—庞蒂:《知觉现象学》,姜志辉译,商务印书馆 2001 年版。
27. [法]皮埃尔·布尔迪厄:《科学的社会用途——写给科学场的临床社会学》,刘成富、张艳译,南京大学出版社 2005 年版。
28. [法]米歇尔·福柯:《知识考古学》,谢强、马月译,三联书店 2007 年版。
29. [瑞士]皮亚杰:《发生认识论原理》,王宪钿等译,商务印书馆 1997 年版。
30. 金岳霖:《知识论》,商务印书馆 1983 年版。
31. 《中国大百科全书·哲学 II》,中国大百科全书出版社 1985 年版。
32. 洪汉鼎:《斯宾诺莎哲学研究》,人民出版社 1993 年版。
33. 倪梁康:《现象学及其效应——胡塞尔与当代德国哲学》,三联书店 1994 年版。
34. [苏]采赫米斯特罗:《新整体论》,孙慕天编译,黑龙江教育出版社 1996 年版。
35. 冯平:《评价论》,东方出版社 1995 年版。
36. 包亚明译:《文化资本与社会炼金术—布尔迪厄访谈录》,上海北京:人民出版社 1997 年版。
37. 杨善华主编:《当代西方社会学理论》,北京大学出版社 1999 年版。
38. 金吾伦:《生成哲学》,河北大学出版社 2000 年版。
39. 周宏:《理解与批判——马克思意识形态理论的文本学研究》,上海三联书店 2003 年版。
40. 王路:《"是"与"真"——形而上学的基石》,人民出版社 2003 年版。
41. 昌家立:《关于知识的本体论研究——本质、结构、形态》,四川出版集团 2004 年版。
42. 石中英:《知识转型与教育改革》,教育科学出版社 2005 年版。
43. 胡军:《知识论》,北京大学出版社 2006 年版。

44. 徐向东：《怀疑论、知识与辩护》，北京大学出版社 2006 年版。

45. 《荀子·解蔽》，安小兰译注，中华书局 2007 年版。

46. 苗东升：《系统科学大学讲稿》，中国人民大学出版社 2007 年版。

47. 高伟：《生存论教育哲学》，教育科学出版社 2008 年版。

48. 董晋骞：《整体论的科学性问题初探》，《社会科学辑刊》2000 年第 5 期。

49. 石中英：《波兰尼的知识理论及其教育意义》，《华东师范大学学报（教育科学版）》2001 年第 6 期。

四、英文类

1. Eliot, C. W., *Letters to The New York Time*, Vol. 72, No. 23946, Aug. 7, 1923

2. Jerome S. Bruner, *The Process of Education*, Harvard University Press, Cambridge, 1961.

3. Jerome S. Bruner, *Toward a Theory of Instruction*, The Belknap Press of Harvard University Press Cambridge, Massachusetts, 1971.

4. Daniel Tanner, Laurel N. Tanner, *Curriculum Development*, Macmillan Publishing Co., Inc. New York, Collier Macmillan Publishers, London, 1975.

5. Adolphe E. Meyer, *Grandmasters of Educational Thought*, McGraw-Hill Book Company, New York, 1975.

6. C. M. Charles, David K. Gast, Richard E. Servey, Houston M. Burnside, *Schooling, Teaching, and Learning: American Education*, The C. V. Mosby company, 1978.

7. Michael W. Apple, *Ideology and Curriculum*, Routledge & Kegan Paul, London, Boston and Henley, 1979.

8. Schwab, J. J. (1983). *The Practical 4: Something for Curriculum*

Professors to Do. Curriculum Inquiry, No. 13, 1983.

9. John D. McNeil, *Curriculum: A Comprehensive Introduction*, Little, Brown and Company, 1985.

10. William H. Schubert, *Curriculum: Perspective, Paradigm, and Possibility*, Macmillan Publishing Company, 1986.

11. L. D. Wacquant, *Towards a Reflexive Sociology: A Workshop with Pierre Bourdieu* [J], Sociological Theory, Vol. 7, 1989.

12. Flake, C. L. (1993), *Holistic Education: Principles, Perspectives and Practices*. Brandon: Holistic Education Press, p. 37.

13. Andy Hargreaves, *Changing Teachers, Changing Times: Teachers' Work and Culture in the Postmodern Age*, Cassell Villiers House, 1994.

14. Miller, J. P. (1996), *Education and the Soul*, http://www.hent.org/world/papers/education_soul.com

15. William F. Pinar, *Contemporary Curriculum Discourses*, Peter Lang Publishing, Inc., New York, 1999.

16. Miller, R (Winter 2001), *Make Connections to the World: Some Thoughts on Holistic Curriculum*. Encounter: Education for Meaning and Social Justice, Vol. 14, No. 4, p. 31.

17. *Thinking about Schools—Past and Future*, http://www.pathsoflearning.net/holistic_Thinking_About_Schools.php.

后 记

历经了茫然、焦虑、紧张之后，本以为会兴奋、激动的心情反而异常平静。我的头脑中自然而然地涌现出一个个让我感动的故事。

回想起十二年前，我决定放弃让人羡慕的一切，奔向求学之路的高端——博士。虽然当时不懂得这意味着什么，只是为了功利的目的——做出办学的项目，但今天看来，历经挫折、失败、无助、心痛……这一切原来是命中注定的。

我真的很幸运，在攻读硕士和博士期间遇到了改变我人生之路的两位导师。

经车丽娜师姐的介绍，我带着"优秀学生"的光环拜见了徐继存教授。他在百忙之中接见了我。他对我说的话不多，但我感受到了他对我的关心，感受到了他的师者之尊，感受到了他的严格，感受到了他的与众不同……当时我就决定，一定要考上，获得跟他学习的机会。

开始阶段很顺利，徐老师给了我一个非常喜欢的题目。没想到，半年后，我始终不能进入研究状态，不仅自己着急，徐老师更着急。结果我第一次被徐老师严厉地批评一顿。虽然我早已耳闻徐老师的批评力度，但一直力求做得很出色的我，还是体验到了什么是不知所措。从徐老师严厉的目光和话语中，我感受到的却是他对我的关爱和期望，也感受到了真的辜负了徐老师对我的教诲。我真的认识到了自己离学术研究境界是那么远。曾经眼睁睁地看着别人发表了一篇关于课程规划的文章，而我如果理解了徐老师的指导，如果听他的话，我原本可以先发表的，几乎从来不失眠的我为此一夜未眠。今天看来，这次被批仅仅是开始，徐老师开始担心我了，越来越着急，他一次次耐心地指导我如何做研究，如何突破研究的困境，最后论文应该是什么样子……

我有时也自我感觉良好。因为在今天看来，虽然我还只是刚刚起步，刚刚踏上学术研究之路，但我努力了，论文基本上达到了徐老师当初让我做学校课程规划研究时的要求，我也多多少少放下了惶恐心情，因为徐老师治学严谨，强调尊重学术，我真的怕无法跟别人提起我是他的学生。

在论文研究过程中，导师郝德永教授的教诲也时常回荡耳边。当遇到暂时无法突破的困境时，我想起了郝老师对我的鼓励；当书到用时方恨少时，我想起了郝老师语重心长的教导。郝老师非常关心我的论文研究情况，每次回锦州，他都耐心地和我交流观点，给我建议。他经常给我讲述他写博士论文的过程，这不仅帮助我易于进入研究状态，而且我也被他从事学术研究的精神所感动和激励。

此时，我还要感谢顾明远教授、陆有铨教授在开题时的指导。感谢赵承福教授、戚万学教授、张全新教授、马和民教授、杜时忠教授、赵昌木教授、高伟教授和唐汉卫教授在论文开题的写作过程中的指导。

我要感谢高伟教授的指导与帮助。高老师和我们相处得非常好，他是我们的良师益友。当我思路不清时，经常请高老师指点。他用学者的睿智逐渐帮助我走出困境。通过高老师的课，我走进了存在论的世界。

虽然博士学习期间，我仅拜访过老师几次，但她真诚、热情地待人还是给我留下了很深的印象。

我要感谢赵颖教授。在我博士学习期间，她关心我的学习进展情况，帮助我调整心态，还照顾我的妻子，这使我能够很安心地在济南学习。

很幸运，我们2006级博士生在开学之初达成共识，起名为"桐路人"小组。"桐路人"小组使我的学习生活丰富多彩，我们一起探讨学术、争论观点。田道勇师兄的多次指教使我提高了工作能力，我们互相倾听观点，互相建议，乐在其中！刘吉林师兄虽远在美国，还经常关心我的学习和工作情况；薛忠祥师兄的"存在、存在者"论述使我接近了存在论；孙宽宁师妹的建议使我的论文渐趋完善；杨旻师妹的聪明才智使我大开眼界。

我要感谢张茂聪教授、车丽娜博士给我提供机会参加山东省中小学校的调研活动。感谢向海英博士、路书红博士、车丽娜博士、王玲博士、吉标博士、李德林博士、王爱菊博士对我的大力帮助。感谢赵振宏处长三年来对我的照顾。感谢房国勇中校及夫人的大力帮助。感谢张文宇博士在春节期间还帮我统计数据。

也很幸运，能够和田智祥博士一起学习三年。他的"立足大地"治学格言经常提醒我在研究时要面对学校课程事实本身。我不分时间地让他听我的观点、思路，给我建议，一直持续了三年。他既是室友、也是学友、一定意义上还是老师。

感谢父亲、母亲的养育之恩，感谢岳父、岳母的鼎力支持，感谢小妹的支持，感谢苏丹夫妇的关心，感谢蓉蓉的新年鼓励，感谢鑫鑫给我带来的快乐！

最后，我要"不惜笔墨"地感谢我的妻子。我们结婚十二年。这十二年正是我挣扎的十二年。欢乐和痛苦并存，而痛苦往往更让人难忘。她和我一次又一次的面对挫折，面对失败，一次又一次地承受着心痛。为了安慰我，她心在流泪而面带微笑。她背地里不知痛哭过多少次。因压力，我无数次烦躁，无数次小题大做，无数次与她争吵，她默默地承受着……三年来，她和我一样地承受孤独、承受压力。不为什么，只因她是我的好妻子！还好，一切都是为了新的开始！